KB186648

"꽃이 피면 같이 웃고 꽃이 지면 같이 울던"

가요로 쓴 한국 현대사

트롯의 부활

김장실

조갑제닷컴
CHOGABJE.COM & NATIZEN.COM

차례

들어가는 말

저는 아주 어려서부터 노래를 참 좋아했습니다. 특히, 남의 노래를 수동적으로 듣는 것보다 내가 직접 부르는 것을 즐겨했습니다. 그러다보니 저는 이력서의 취미나 특기를 묻는 난에는 거의 예외 없이 노래 부르기라고 적습니다.

그런 연유로 직장은 물론 학교 동창회 혹은 향우회 등 여러 모임이나 이런저런 연유로 갖게 되는 각종 사적인 회식자리에 자청(自請)으로 혹은 타인의 권유에 의하여 반주 없이 육성으로 노래를 부르는 경우가 종종 있습니다. 음식점에서의 회식 후 2차로 이어지는 노래방에 가면 제가 노래 부르는 것을 좋아하고, 또 제법 구성지게 부른다는 것을 알고 있는 지인(知人)들의 호의로 마이크를 제일 오래 동안 잡고 노래를 많이 부르는 특전을 누립니다.

제가 이렇게 된 데에는 아마도 우리 집안의 내력, 즉 선대로부터 물려받은 피와 가풍(家風)이 크게 작용한 것으로 보입니다. 하루 종일 노래를 불러도 지치지 않고 잘했다는 할머니의 영향을 받아서인지 저를 포함해 우리 4형제들은 모두 노래를 못하지는 않았습니다. 제가 초등학교 저학년 시절 어느 여름날 우리 형제들은 반달처럼 휘어진 모래사장을 둘러싼 송림을 지나는 바람이 규칙적으로 일으키는 해조음(海潮音)을 지척으로 들을 수 있는 우리 집 마당에 멍석을 펴놓고 초저녁부터 돌아가면서 노래를 부르기 시작해서 밤 늦은 시각에야 끝난 적이 있습니다.

이 책을 읽는 독자들은 제가 동요나 부르며 지낼 그렇게 어린 나이에 청소년기를 넘어 성년기에 접어든 형님들과 겨룰 만큼 어떻게 그렇게 노래를 많이 알 수 있느냐고 의아해할지 모르겠습니다. 그때 비록 제가 어렸지만 여러 경로를 통해 제가 좋아하는 대중가요를 많이 접할 수 있었습니다.

특히, 제 고향 경남 남해군 상주면 상주리에 소재한 은모래 해수욕장을 드나드는 연락선이 오고가며 들려주는 노래를 듣고 뜻도 모른 채 따라 부르며 소위 말하는 유행가를 배웠습니다. 라디오 방송을 청취하는 것 외에는 즐길 만한 오락이 별로 없었던 시절이라 저는 학교 가기 전이나 다녀온 이후 시간만 나면 라디오 방송에서 나오는 유행가를 듣는 것은 물론 아는 노래가 나오면 따라 부르며 몸에 익혔습니다. 그 시절 특별한 계기만 주어지면 몇몇 마을 단위로 수시로 개최되었던 노래경연대회(소위 콩쿨 대회)의 맨 앞자리에 앉아 밤이 이슥해질 때까지 참가자들의 노래와 찬조 출연한 인근 지역에서 가수로 대접받고 있는 분들의 노래를 들으며 나직이 따라 불렀습니다.

이렇게 배운 노래들은 소 먹이러 가거나 풀을 벨 때 혹은 나무하러 갈 때 등 시간만 나면 혼자 흥얼거리며 실습을 했습니다. 이런 식의 연습을 통해 익숙해지면 이제 학교 소풍을 갈 때나 추석 혹은 설날과 같은 큰 명절 때 친구들끼리 모여 한 사람씩 돌아가면서 노래를 부를 때 친구들이 잘 부른다며 다른 노래를 불러달라고 요청하는 경우가 제법 있게 됩니다. 초등학교 4학년 고향 동리(洞里) 인근 마을 천하수원지에 갔던 가을 소풍의 오락시간에 이미자의 〈정동대감〉을 불러 만장의 박수를 받았고, 그 이후 저의 별명이 '정동대감'으로 불려졌던 그 황홀한 경험을 아직도 잊지 못하고 있습니다.

그렇게 어릴 때부터 노래를 부르며, 익혀왔기 때문에 노래 부르는 것이 아주 습관으로 굳어진 것 같습니다. 중학교와 고등학교를 거쳐 대학교에 입학해서도 일상적으로 노래를 배우고, 부르며 지내는 생활은 전혀 변하지 않았습니다.

청춘의 꿈이 봄날의 햇살처럼 빛나던 대학시절 친구들과 어울려 놀러 가거나 하다못해 제가 다니던 대학 동기들과의 회식 모임이 있는 날이면 저는 어김없이 앞에 나가 〈울어라 기타줄아〉와 같은 흘러간 노래들을 부르며 모임 분위기를 선도했습니다. 우수(憂愁)가 뚝뚝 흐르는 어느 가을날 대학 입학 이후 몇몇 친구들과 함께 만든 작은 친목 단체인 '행로회' 모임이 열렸던 경북 청도군 매전면으로 가는 차 안에서 그 당시 김부자가 리메이크해서 크게 히트했던 〈카츄사의 노래〉를 친구들과 합창했던 기억이 아직도 생생합니다.

저는 대학 2학년 때부터 대학 고시반에서 공부를 했는데, 그 힘겨운 고시공부 중에도 짬이 나면 노래를 부르며 그동안 쌓인 스트레스를 풀었습니다. 간간이 있었던 고시반 동료들과의 회식자리에서 우리들은 어느 누구의 선창(先唱)에 따라 손뼉을 치거나 술상에 젓가락 장단을 맞추며 신나게 노래를 불렀습니다. 그러다가 치기(稚氣)가 발동하면 흘러간 대중가요를 주제별, 시기별로 주제를 정해놓고 누가 마지막까지 노래가 바닥나지 않는지를 시험하곤 했습니다. 그런 경우에도 저는 끝까지 남아 신나게 노래를 부를 수 있는 몇 사람 중의 하나였습니다.

또한 점심이나 저녁을 먹고 난 후 배가 불러 공부가 잘 되지 않으면 슬그머니 밖으로 나와, 다니는 사람들이 거의 없는 농축산대 목장 곁으로 난 오솔길을 홀로 걸어가면서 흘러간 노래를 신나게 불렀습니다. 그렇게 부른 내 노래가 메아리되어 은은히 울리다가 이내 붉은 저녁놀과 함께 지평선 저 너머로 사라집니다. 이렇게 노래 부르기를 통해 고시공부 중에 쌓인 스트레스를 푸는 방식은 습관처럼 굳어져 제가 경북 경주시 백율사나 경남 남해군 용문사에서 고시공부할 때 늘 그렇게 했습니다.

1979년 서울대 행정대학원에 진학해서도 노래를 부르며 삶의 향취와 여유를 음미하는 그런 행태는 반복되었습니다. 신림동에 있는 조그마한 음식점이나 간이술집에서 대학원 동기들과 함께 당시 인기가요였던 가수 혜은이의 〈제3 한강교〉는 물론이고 한국전쟁 후 이해연이 불러 대중들의 사랑을 한 몸에 받았던 〈단장의 미아리 고개〉와 같은 흘러간 노래를 합창하며 고시 준비로 지친 우리의 젊은 청춘을 달래곤 했습니다.

그때 저는 경제적인 어려움 때문에 염치 불구하고 강남구 내곡동 헌인릉 인근에 위치한 샘마을에 있는 중학교 친구 누나의 좁은 단칸셋방에 기식하며 대학원에 다니고 있었습니다. 1970년대 초 서울의 철거민들이 집단으로 이주한 곳으로 이때쯤에는 돈을 번 사람들의 다수가 이 곳을 떠나고 그럴 처지가 되지 못한 소수의 사람들이 잔류하는 곳이었습니다. 이 마을은 서울 양재동과 성남 간을 지나는 큰 간선도로에서 제법 멀리 떨어져 있기 때문에 저는 버스에서 내려 15분 정도 걸어갔습니다. 이 동네는 논과 밭, 그리고 구불구불한 길을 따라 이곳저곳에 산재(散在)한 몇 군데의 무덤이 있는 전형적인 시골 모습 그대로를 간직하고 있었습니다. 그곳을 밤 11시 가까이 되어 지나가면서 어둠과 한적함으로 인해 밀려오는 밤의 적막감과 무서움을 노래를 부르며 쫓았습니다.

1979년 말 이곳에서 행정고시를 합격한 저는 대전의 중앙공무원연수원, 경남도청, 남해군청을 거치면서 오랜 수험생활에서 오는 억압에서 해방된 기쁨을 술과 노래로 달래며 좋은 시절을 보냈습니다. 그 시절 여흥시간이 주어지면 고시 동기들과는 물론이요, 고향 마을의 젊은 청년들과 한 시절 획을 그었던 인기가요들을 돌아가면서 부르며 뒤늦게 다가온 청춘의 낭만을 한껏 구가했습니다.

1981년 본격적으로 문화예술 행정을 하는 문화공보부에 발령을 받았으나 저는 저의 개인적 취미와 상관없는 공보 분야에 배치되었습니다. 그런 직무배치가 노래에 대한 저의 애정을 식게 할 수 없었습니다. 근무가 끝난 후 문화공보부 청사가 있는 경복궁 인근의 음식점이나 술집에서 많이 노래를 불렀습니다. 특히, 그때 막 나오기 시작한 가라오케 시설이 있는 선술집에 2차 혹은 3차로 가서 100원짜리 동전 몇 개를 넣고 그 반주에 맞춰 동료들과 신나게 합창을 하곤 했습니다. 또한 1년 중 한두 번 있는 국별(局別) 야외체육대회가 열리면 저는 여러 사람의 공개지명을 받아 〈하룻밤 풋사랑〉이나 〈진도 아리랑〉 같은 노래를 부르면 직원들이 나와 춤을 추는 모습이 연출되곤 했습니다.

1980년대 중반부터 시작된 청와대 사정비서실과 정무비서실에서의 생활은 당시의 사회 분위기만큼이나 무척 엄숙했고 바쁜 나날이었습니다. 그런 분주한 생활 중에도 아는 사람들과 노래 부르기 이벤트를 통해 점점 박제화되어가는 저의 삶에 활력소를 불어넣었습니다.

그 중에 특별히 기억에 남는 것은 당시 월간조선(月刊朝鮮) 차장이었던 조갑제 형과 변호사 박인제 형들과 함께 몇몇 친한 사람들을 모아 '항심회'라는 모임을 만들어 자주 노래방에 노래를 부르러 다녔습니다. 또한 항심회원들이 각자 자기가 가장 좋아하는 애창가요와 관련된 개인적 체험과 소회를 담은 수필들을 모아 '오늘도 걷는다마는'이라는 제목의 회보를 만들어 주변 분들에게 배포한 바 있습니다.

당시 가깝게 지내던 인권변호사 조영래 형과 월간조선 조갑제 차장 등과 함께 잠실 석촌호수 인근에 있는 '호수장 여관'의 지하 레스토랑 '길목'에서 피아노 반주에 맞춰 자주 노래를 불렀습니다. 1987년 대선이 끝난 12월 말 어느 날 우리 세 사람은 그 음식점에서 모여 저녁 9시경부터 새벽 3시 정도까지 노래를 불러 노래와 음식 값으로 십 수만 원을 지불한 바 있습니다. 그런 일이 있은 후 '길목'에서 늘 같이하던 그분들이 동석한 가운데 저의 애창곡인 〈목포는 항구다〉라는 노래를 부르는데 술이 좀 취한 어떤 아줌마가 무대 쪽으로 나와 울음을 터뜨리면서 자신이 목포 출신이라고 큰 소리를 내는 바람에 종업원들이 달려가 진정시키고 좌석을 정리하는 통에 노래가 중단된 적도 있었습니다.

그렇게 열심히 일하면서 여분의 시간에 아는 사람들과 풍류를 즐기는 생활을 하다 1989년 8월 미국 하와이 대학교 대학원 정치학과 박사과정으로 유학을 떠나게 되었습니다. 영어도 서툰 데다 선택하는 과목마다 교수들이 엄청나게 많은 과제물을 부과했습니다. 밤을 낮으로 삼고 열심히 읽고 또 읽었지만 발표하는 것, 쓰는 것을 포함하여 학습에 필요한 모든 것이 역부족으로 느껴져 큰 고통을 겪었습니다. 그렇게 힘든 시간을 거쳐 유학 1년차를 지나 조금 여유를 가지게 되자 집사람과 큰 딸아이를 데리고 하와이 호놀루루 시내에 있는 교포들이 운영하는 노래방에 가끔씩 가서 공부로 쌓인 스트레스를 풀었습니다. 하와이 한인 교포가 운영하는 방송(KBFD)에서 일주일에 한 번씩 방영해주는 한국방송(KBS)의 '가요무대'를 매주 시청하면서 이국생활에서 오는 향수를 달래기도 했습니다.

이 시절 저는 우연히 그곳에서 공부하는 외국 학생들을 상대로 한국에 관한 얘기를 할 기회를 얻었습니다.

하와이는 역사적으로 우리 교포가 1903년 처음으로 미국 땅에 발을 디딘 곳인데다 아직도 비교적 많은 한국인이 살고 있습니다. 또한 지리적으로 미국 본토에 비해 한국과 가깝고 나무 밑에 들어가면 시원한 느낌이 절로 나는 아열대성 기후, 온갖 꽃들이 사시사철 만발하는 아름다운 자연 풍광과 섬이라는 지리적 특성을 잘 살린 시설 등으로 세계적으로 알려진 유명한 관광지라 많은 한국인들이 자주 방문하는 곳입니다. 하와이 대학에는 한반도 문제를 전문적으로 다루는 한국학센터와 미국 연방의회가 설립한 미국 연방정부 산하 연구소인 동서문화센터(EAST-WEST CENTER)가 있어 학계, 실업계는 물론 정관계(政官界)의 거물들이 이곳에 와서 한국에 관한 얘기들을 공개적으로 혹은 비공개적으로 많이 하고 갑니다. 그럴 경우 그들은 대체로 한국의 안보, 정치, 경제 등 그 당시 불거진 현안문제를 중심으로 얘기를 한다고 보겠습니다. 그런 저명한 분들에 비해 아직 우리나라 문제에 관해 이런 자리에서 공개적으로 토론할 만큼 식견이 부족한 저는 망신당하지 않기 위해 다른 주제를 선택하지 않을 수 없었습니다.

궁리 끝에 비교적 제가 잘할 수 있는 한국의 대중가요에 대해 말하기로 결심했습니다. 한국의 학부와 대학원에서 행정학을 공부하고, 미국 하와이대에 와서는 정치학을 연구하는 사람이므로 이 분야를 사회과학적으로 재해석하는 것으로 일단 주제를 잡기로 했습니다. 며칠간 이렇게 두루뭉술하게 생각을 거듭하다 보니 차츰 어떻게 이 분야를 풀어나갈지에 대한 구상들이 점차 뚜렷해지기 시작했습니다.

우선 시기적으로 대중가요가 발생한 1920년대부터 비교적 저에게 익숙하고 잘 아는 1970년대 가요까지 분석하는 것이 좋겠다고 생각했습니다. 왜냐하면 1980년대부터 본격적으로 직장생활을 시작하여 늘 바쁘게 살다보니 최신가요를 따라갈 틈이 없었고, 1990년대 이후에 등장한 랩송 등 각종 가요들은 가사가 직설적이고 지나치게 빨라 나의 성정(性情)에 맞지 않아 의도적으로 배우지 않았기 때문에 실제로 아는 노래가 별로 없습니다.

또한 분석 기간에 나온 노래들을 다 취급할 수 없으므로 10년 단위로 구획을 지어 그 시대를 풍미한 히트 곡 몇 개를 찾아 그 속에 담긴 시대정신을 확인하는 작업부터 시작했습니다. 그런 연후에 그 중에 가장 대중적인 호응도가 높았을 뿐만 아니라 지난 100년 간 롤러코스터를 탄 것처럼 격렬한 형태로 드러난 국가와 민족의 부침(浮沈) 속에 온갖 신산(辛酸)과 영예를 겪은 우리 민족의 파란만장한 삶과 관련하여 상징성이 강한 대표적인 노래 하나를 선택해서 그 시대의 주요한 정치사회적 사건들과 연관시켜 설명하고 노래를 부르는 방식을 택했습니다.

강의의 부드러운 진행을 위해 가사를 영어로 번역하기보다는 우리말 가사를 그대로 부르기로 했습니다. 사실 번역한다 해도 그 당시 저의 영어 실력으로 가사의 원뜻을 제대로 살린 번역이 어려웠던 것이 사실이었습니다. 제가 모든 노래를 다 부르기보다는 미국으로 올 때 가져왔던 관련 테이프를 틀어주고 그런 것이 없으면 제가 직접 부르는 것으로 계획을 잡았습니다. 최종적으로 강의 제목을 무엇으로 할까 고민 끝에 마침내 제가 의도하는 주제의식을 가장 잘 드러낸 '한국대중가요의 정치사회학(The Political Sociology of Korean Popular Song)'으로 정했습니다.

이런 식의 준비 끝에 한국대중가요와 한국의 정치사회적 변화를 연관시켜 설명하고, 노래를 부르는 저의 강의는 서툰 영어에도 불구하고 상당히 호응을 받았습니다. 아마도 간략한 설명이 있은 연후에 곧바로 제 육성(live)으로 노래를 부르거나 유명한 한국 가수 테이프를 틀어주는 등 특이한 진행방식 때문일지 모르겠습니다. 아니면 테이프를 통해서 흘러나오는 한국 대중가수들의 절창(絶唱)이 그들의 영혼에 와 닿았을 수도 있겠습니다.

그때 그 일은 일회성으로 끝났습니다. 사실 저도 그 후 3년이라는 아주 짧은 기간 내에 박사학위를 끝내기 위해 집중적으로 공부를 한 데다, 학위를 받고 귀국한 후 있었던 문화부와 청와대, 총리실 근무 등 바쁜 일상 속에 매몰되었습니다. 그래서 딴 것을 생각할 여유가 없이 하루하루를 보내면서 이를 학문적으로 탐구하는 일은 완전히 잊고 있었습니다.

그 와중에 여흥을 위해 직장 동료나 친구들과 함께 가끔씩 노래방

등에서 노래를 부르곤 했습니다. 그 무렵 아직도 기억이 생생할 정도로 특이한 일도 겪게 되었습니다. 1999년 10월께 제가 국립중앙도서관 지원연수부장으로 근무할 때 윤희창 도서관장님을 비롯한 직원 몇 분과 함께 강남구 안세병원 사거리 근처 피아노 반주에 맞추어 노래하는 곳에 갔을 때입니다. 저는 그곳에서 조미미의 〈여자의 꿈〉이라는 노래를 부르고 내려오는데, 갑자기 나이 드신 어떤 분이 자신에게 오라고 손짓을 했습니다. 그래서 그 자리에 갔더니 "자네. 노래를 누구한테 배웠나" 하고 물었습니다. 그래서 "특별히 저는 지도받은 분이 없이 라디오 등에서 나오는 것을 따라 부르며 배웠다"고 말씀드렸더니, "노래를 참 잘하네. 나는 작사가(作詞家) 정두수네. 매주 금요일 등 이틀은 오니까 여기 와서 노래 좀 불러주게"라고 말씀하셨습니다. 작곡가 박춘석, 가수 이미자와 콤비를 이루어 1960년대와 70년대 한국대중가요를 주름잡았던 분의 칭찬이, 그 이후 비록 직업가수는 아니지만 노래에 대한 저의 애정을 계속 살려나가는 원동력이 되었습니다.

2006년 문화부 종무실장으로 근무할 당시 갑자기 이 분야를 제대로 공부해야겠다는 생각을 하게 되었습니다. 시간이 날 때마다 직장 주변의 교보문고와 국립중앙도서관, 국회도서관 등 유관기관을 찾아다니며 자료를 수집했습니다. 자료가 입수되면 즉시 읽고 주제별로 정리하면서 간단히 글을 쓰기 시작했습니다. 이렇게 쓴 글들을 직장동료와 학교 동기 등 주변 사람들에게 보여주면 대체로 많은 사람들이 대단히 흥미롭게 받아들였습니다. 대중가요에 대한 자기 체험 위주의 인문학적 서술이 다수를 이루는 그 당시 출판계의 사정을 들면서 어떤 이는 신선하다고 했습니다.

바쁜 직장생활 속에 학자와 같은 전문적인 연구자처럼 많은 자료를 일시에 소화하는 일은 어려웠습니다. 그러나 관심을 가지고 꾸준히 읽고, 쓰면서 차츰 이 분야에 대한 제 나름대로 논리가 서게 되어 체계를 잡을 수 있습니다.

우선 한국대중가요가 탄생한 1920년대부터 1930년대 초 중반까지의 10년간 식민지 조선에서 크게 히트한 가요들을 찾아보았습니다. 1928년에 나온 〈황성옛터〉, 1934년 〈목포의 눈물〉, 1934년 〈타향살이〉와 1938년 〈애수의 소야곡〉, 1938년 〈눈물 젖은 두만강〉 등이 있었습니다. 각각의 노래들이 다루는 소재들은 폐허가 된 고려왕궁, 타향, 나를 떠난 님 등 다양하지만 이런 노래들이 일관되게 드러내고자 하는 주제의식은 바로 '나라 잃은 민족의 슬픔'이었습니다. 그래서 이 시기의 주제를 그렇게 정하고, 이런 노래들 중 많은 한국인들이 불렀던 최초의 히트곡이자 식민지 조선인들의 가슴을 많이 울렸던 〈황성옛터〉를 대표곡으로 선정했습니다.

1930년대가 되면 조선이 일본의 식민지가 된 지 20년이 넘게 됩니다. 이때쯤에는 나라를 되찾는 희망도 많이 사라지고, 그동안 간간히 있었던 대규모 독립운동(예: 3·1운동, 6·10 만세운동 등)도 없이 소수의 선각자를 제외한 일반 국민들은 각자 생존에 급급했던 시기입니다. 1931년 만주사변과 1932년 괴뢰 만주국 건립 이후 일본과 식민지 조선사회에 불기 시작한 만주 붐을 타고 많은 사람들이 만주로 가게 됩니다. 자연히 만주를 소재로 한 여러 노래들이 쏟아져 나왔습니다. 그 수많은 노래 중에 만주라는 장소적 특성과 대중의 열광적 반응 등을 고려하여 1939년에 나온 진방남의 〈꽃마차〉로 하기로 했습니다.

아울러 일제 하 기생 등 화류계 여인들의 삶과 사랑, 그리고 이별을 소재로 큰 인기를 얻었던 〈홍도야 울지 마라〉를 선택하였습니다.

1940년대 전반은 연합군을 상대로 힘에 버거운 전쟁을 수행 중인 일제가 내린 전시(戰時) 총동원체제로 인해 한국대중가요는 암흑기를 맞이합니다. 1930년대 초반 만주를 선취(先取)한 일제는 1937년에 중국 본토를 침략합니다. 여기에 만족하지 못한 그들은 1941년 하와이 진주만을 공격함으로써 미국을 상대로 태평양전쟁을 벌이게 됩니다. 독립에 대한 희망이 전혀 없던 시기에 미국의 압도적 군사력에 밀린 일제가 히로시마와 나가사키에 원자폭탄이 떨어져 상상할 수 없는 큰 피해가 발생하자 갑자기 항복을 하게 되어 우리는 뜻밖에 해방을 맞게 됩니다. 일제의 압제에 신음하던 절망적 상황에서 벗어난 우리나라에서 당연히 해방의 기쁨을 드러내는 노래가 많이 나왔습니다. 그 중에 이인권이 부른 〈귀국선〉이 대중들의 호응도나 가사의 상징성에서 제일 뛰어난 수작(秀作)이라 생각됩니다.

일제 식민통치에서 벗어난 이후 우리 민족 모두가 이제 자유, 민주, 통일, 복지가 구현되는 좋은 나라를 만들고 싶어 했습니다. 그러나 나라 밖으로 미국을 위시한 자유진영과 소련을 우두머리로 한 공산진영과의 대결이 전 세계적 차원에서 치열하게 진행되면서 한반도에서 격렬한 형태로 표출되고 있었습니다. 국내 제 정파 간에도 통일조국을 만드는 방법에 대한 견해가 크게 엇갈렸습니다. 이승만을 필두로 한 우파진영은 유엔감시 하에 총선거가 가능한 남한만이라도 우선 정부를 구성하자는 단정론(單政論)을 펼쳤습니다. 그러나 박헌영을 위시한 남로당 계열은 줄기차게 미 군정을 흔드는 사회혼란을 획책하면서 공산주의 사회를 만들려고 했습니다. 한편 김구와 김규식 등 중도파는 남북한을 아우르는 통합정부 구성을 주장하였으나 극단적인 이념대결이 진행 중인 한반도의 현실에 막혀 실패했습니다. 이런 혼란스런 정치적 대결과정에서 미국을 비롯한 여러 나라의 지지를 얻은 이승만의 단정론에 따라 유엔감시 하의 총선거를 통해 1948년 남한에는 대한민국 정부가 수립되었고, 이것을 거부한 북한에는 공산주의 정권이 들어섰습니다. 그러자 민족과 국토의 분단을 안타까워하는 노래들이 유행했습니다. 그 대표적인 노래가 바로 남인수가 부른 〈가거라 삼팔선〉, 〈해도 하나 달도 하나〉입니다. 그 중에서 〈가거라 삼팔선〉을 택해, 이를 정치사회적 관점에서 분석해보기로 했습니다.

1950년대를 특징짓는 가장 큰 사건은 아마도 한국전쟁일 것입니다. 남한에서는 정부수립 이후 별다른 전쟁 대비태세 없이 지내고 있었습니다. 그러나 북한은 소련과 중국을 설득하여 대규모 지원을 받은 후 1950년 6월25일 새벽을 기해 남침을 해왔습니다. 대한민국은 거의 무방비 상태에서 당한 기습이라 서울을 3일 만에 내주는 등 속수무책으로 패주(敗走)를 거듭하여 그해 8월에 임시 수도를 부산으로 옮기고, 낙동강을 경계로 경북과 경남의 일부지역만 남기고 모두 적화(赤化)되었습니다. 이후 미국을 비롯한 우방국의 도움을 받아 반격을 거듭해 1950년 11월 말경에는 압록강과 두만강까지 진격하는 등 국토를 거의 수복했으나 중공군의 참전으로 다시 밀려 1951년 1월4일에는 수도 서울을 다시 적(敵) 치하에 남겨두어야 했습니다. 전열을 재정비한 국군과 유엔군이 다시 반격에 성공해 지금의 휴전선 일대에서 소모전을 거듭하다 1953년 7월에 휴전을 했습니다.

이 전쟁으로 국토의 80% 정도가 파괴되고, 남북한과 유엔군, 그리고 중공군까지 포함한 사상자가 400만 명이 넘으며, 천만의 이산가족이 발생하는 등 이루 말할 수 없는 피해가 발생했습니다. 이처럼 처참한 전쟁을 겪으며 온갖 어려움을 견디고 있는 한국인들의 마음을 달래주는 주옥같은 대중가요들이 이 시기에 많이 나왔습니다. 그 많은 노래 중에 풀잎에 맺힌 아침이슬처럼 전쟁 중에 사라져간 수많은 청춘의 아픔을 노래한 〈봄날은 간다〉와 온갖 신산을 겪으며 피난살이를 하다 휴전협정과 함께 그동안 정들었던 부산을 떠나면서 느끼는 회한과 서울로의 귀향에 따른 기대감 등을 절묘하게 표현한 〈이별의 부산정거장〉을 대표곡으로 선정하였습니다.

한국전쟁이 끝난 후 우리에게 시급한 것은 그 전쟁으로 완전히 파괴된 나라를 재건하고 안보를 굳건히 하는 한편 좋은 정치로 국민을 한마음으로 뭉치게 하는 일이었습니다. 그러나 이승만 대통령의 자유당 정권은 장기집권을 획책하며 점점 비민주적 권위주의 체제로 치닫고 있었습니다. 이런 분위기 속에서 1956년 자유당의 이승만 후보와 민주당의 신익희 후보 간의 대통령선거가 열렸으나 선거 열흘을 앞두고 호남 유세에 나선 신 후보가 갑자기 돌아가셨습니다. 이 일이 있고난 후 국민 일각에서 가졌던 정권교체의 희망이 사라진 절망적 분위기를 타고 그 직전에 나왔던 손인호의 〈비 내리는 호남선〉이라는 노래가 히트하게 됩니다. 4년 후인 1960년에 실시되었던 대선을 앞두고 야당의 유력한 후보인 조병옥 박사가 치료차 미국을 갔다가 돌아가시자 야당과 학생, 재야인사들의 상심은 매우 컸습니다. 자연스럽게 이러한 정치적 허무주의가 사회적으로 만연해지면서 〈유정천리〉라는 귀거래사(歸去來辭) 풍의 우울한 노래가 유행을 하였습니다.

한국전쟁으로 10만의 전쟁고아와 50만의 전쟁미망인이 생겼습니다. 배고픔과 사랑에 목마른 고아들이 거리를 헤매고 다녔습니다. 이런 사회적 분위기를 타고 고아들의 어려운 처지를 드러내는 노래들이 나왔는데, 그 대표적인 것이 백설희의 〈가는 봄 오는 봄〉, 김용만의 〈생일 없는 소년〉입니다. 그중 〈가는 봄 오는 봄〉을 택해, 이 시기 고아문제를 생각해 보았습니다.

깡패를 동원한 폭력, 여론조작과 부정선거로 얼룩진 이승만 정부의 장기집권 계획은 1960년의 4·19의거로 막을 내렸습니다. 곧이어 국민의 압도적 지지 속에 등장한 민주당 정부는 신파와 구파의 대립, 연일 계속되는 파업과 데모 등으로 정치적, 사회적 불안정이 계속되었습니다.

이 상황을 예의주시하던 박정희 소장 등 일단의 군부가 군사쿠데타를 일으켰습니다. 그들은 혁명공약을 통해 반공주의와 경제적 근대화를 내걸고 정부주도형 발전전략을 통해 한국사회의 총체적 변화를 위해 노력했습니다. 그때부터 '한국 사람은 안 된다'는 무기력과 패배주의를 몰아내고, '우리도 할 수 있다'는 긍정적인 자신감을 가지게 되었습니다. 최고지도자에서부터 거리의 보통사람들까지 밤낮없이 일하고, 또 일했습니다. 이 결과 고도 경제성장이 본격화되면서 외국 사람들이 놀라워하는 '한강의 기적'을 이루어내었습니다. 이제 '보릿고개'를 넘기 힘들 정도로 밥을 굶던 한국인의 삶에 총체적 변화가 일어난 때가 바로 1960년대입니다.

이 시기에 가장 뚜렷한 사회적 변화 중의 하나는 농촌에 있던 수많은 유휴인력들이 기회를 찾아 도시로 몰려갔던 것입니다. 도시와 그 주변

지역에는 날로 공장이 들어섰기 때문에 일자리를 얻기가 쉬웠고, 또 그와 관련된 사업을 해서 돈도 벌 수가 있으며, 공부도 할 수 있었기 때문입니다. 한마디로 도시는 바로 기회의 땅이었습니다. 그렇게 주어진 기회를 잘 활용한 많은 사람들은 부(富)와 명예, 권력을 거머쥐는 소위 말하는 출세를 거듭했습니다.

이 시기는 대체로 경제가 빠르게 성장하면서 정부나 사기업체(私企業体)의 볼륨이 커지게 되어 자연스럽게 직위가 높아지면서 출세를 한 경우가 대부분입니다. 사업하는 사람들은 돈도 많이 벌었습니다. 많은 사람들이 빠른 계층상승과 하강 이동을 경험하고 있었던 시기입니다. 그런 사회변화의 와중에 불법과 탈법, 그리고 반칙이 없을 수 없습니다. 비슷한 출발선상에 서 있던 사람들이 어떤 식이든 기회를 잘 잡아 이렇게 빠르게 출세를 하면 그렇지 못한 사람들의 상대적 박탈감과 시기, 질투심은 클 수 밖에 없습니다.

어떤 사람이 이처럼 급격한 사회 변동기를 잘 헤쳐 나가 출세를 하면 그렇지 못한 사람들과 사회적 거리감이 생깁니다. 특히 가깝게 사귀었던 여인과의 관계도 변화가 일어납니다. 이렇게 계층상승 이동을 하면 옛날 사귀었던 여인과의 관계가 파탄나는 경향이 있습니다. 이미자의 히트곡 〈동백 아가씨〉를 이런 관점에서 한번 살펴보았습니다.

1960년대 중반 이후 있었던 월남전쟁, 중동건설, 해외유학 등과 관련하여 한국사회는 국제적 이산(離散)에 직면하면서 가족해체 등 수많은 사회문제를 양산합니다. 1969년에 나온 이미자의 〈기러기 아빠〉를 국제적 이산의 과정에서 생겨난 가족해체라는 관점에서 살펴보았습니다.

1970년대가 되면 그동안 추진되었던 경제근대화의 성과들이 본격적으로 나오기 시작합니다. 세계가 놀랄 만한 경제기적에 '하면 된다'는 국민적 분위기가 생기기 시작하였습니다. 정부에서도 〈팔도강산〉과 같은 영화와 노래를 만들어 이를 홍보했습니다. 관(官) 주도 홍보물 외에 이런 경제발전의 성과를 체감하고 스스로 표출하는 민간의 자발적 노력들이 대중가요에서 더러 나왔습니다. 그 대표적인 것이 바로 남진이 부른 〈님과 함께〉입니다.

근대화의 빛과 함께 그늘도 드리워지기 시작하였습니다. 성공하겠다는 큰 희망을 품고 농촌에서 도시로 온 사람들이 좌절합니다. 그들은 떠나온 고향을 몹시 그리워하면서도 사회의 실패자로 낙인을 찍힌 상태에서 고향을 가기가 싫습니다. 추석이나 설 등 명절에도 너도나도 다 가는 고향에 가지를 않습니다. 1970년대 초중반에 이런 분들을 겨냥한 고향 노래가 우리 대중가요에서 많이 나옵니다. 그 중 나훈아의 〈고향역〉을 들어 그런 사회적 배경을 살펴보겠습니다.

급속한 근대화 과정에서 권위주의 정부가 조성한 경직된 정치사회 체제와 그 행태에 대한 도전과 비판이 야당, 대학생, 재야세력 등 야권으로부터 끊임없이 제기되었습니다. 그들은 데모현장에서나, MT 등 수련회에서 김민기가 작곡하고 양희은이 노래한 〈아침이슬〉을 부르며 동지의식을 다졌습니다. 그러나 이 노래는 남녀노소 누구나 다 부르며 사랑을 받는 노래는 아니었습니다. 정부에 대한 직접적인 공격은 없으나 현실체제를 은유적으로 비판하면서 대중적인 인기를 끈 노래가 바로 송창식이 부른 〈고래사냥〉입니다.

6·25 전쟁 등 격렬한 체제대결을 펼치던 남북은 1970년대 들어와 적십자회담, 당국자 회담 등 여러 채널로 대화를 시작합니다. 북한은 그런 대화국면에도 남한의 지도자를 위해하려는 시도를 끊임없이 해왔습니다. 그 결과 일어났던 것이 바로 1974년 8·15 경축식장에 있었던 박 대통령 영부인 육영수 여사 시해(弑害) 사건입니다. 이를 계기로 중앙정보부 주도로 1975년부터 시작된 재일 조총련계 모국방문 사업과 관련하여 인기를 얻은 노래가 조용필이 부른 〈돌아와요 부산항에〉입니다.

1983년 KBS는 휴전협정 30주년을 기해 천만 이산가족의 마음을 달래주는 이산가족찾기 특별방송을 했는데, 이에 대한 반응이 가히 폭발적이었습니다. 이런 분위기를 바탕삼아 설운도가 부른 〈잃어버린 30년〉이 인기를 얻게 됩니다. 또한 1970년대부터 본격화된 강남개발을 타고 강남은 한국의 부, 명예, 권력, 그리고 유흥의 중심지가 되었습니다. 1980년대 강남을 중심으로 한국의 유흥문화가 찬란하게 빛나던 시절입니다. 바로 이 시기에 강남의 유흥 풍속도를 보여주는 주현미의 〈신사동 그 사람〉이 나왔습니다.

대체로 이 책은 이렇게 시대정신과 연계된 큰 역사적 사건의 흐름 속에 대중의 마음을 사로잡았던 대중가요를 선별하여 정치사회학적 입장에서 거시적으로 설명하는 데 주안점을 두었습니다. 아울러 작사가, 작곡가, 가수, 음반제작자 등 가요 관계자와 팬 사이에 있었던 에피소드를 연예사적 관점에서 미시적으로 살펴보려 했습니다.

이렇게 관점을 정리하고 논점을 보완하면서 2010년을 전후한 몇 년 사이에 대학교, 지자체, 각종 모임 등에 가서 이 주제로 강의를 많이 했습니다. 특히 숙명여대에서는 제 강의가 다시 듣고 싶은 강의 1위로 선정된 적도 있습니다. 그러는 사이에 제가 대중가요를 사회과학적으로 해석하는 사람으로 서서히 알려졌습니다. 가끔 방송도 출연해서 노래도 부르곤 했습니다. 특이하게도 문화체육관광부 제1차관을 마친 2009년 말에는 홍성우 변호사 등이 주도하는 옛 가요 사랑 모임 〈유정천리〉에서 주최하는 제1회 트로트 경연대회에 참가하여 대상(大賞)을 받은 적도 있습니다.

2015년 부산 KNN 방송의 아침 프로그램에 나가 '부산과 대중가요'를 얘기하면서 노래 몇 곡을 불렀는데, 상당히 화제가 되었습니다. 이것을 인연으로 이 프로그램의 진행자였던 정희정 아나운서의 소개로 미국 뉴욕에서 활동하고 있는 좋은 기획자를 만나 그해 11월에 영광스럽게도 뉴욕 카네기홀에서 공연을 하게 되었습니다.

오랫동안 이 작업을 하면서 저에게 도움을 주신 분들이 정말 많습니다. 과거 국립중앙도서관에 같이 근무하며 도움을 준 여러 사서들과 국회도서관, 한국영상자료원, 국립한글박물관, 송파책박물관, 한국해양수산발전연구원 관계자 등 일일이 열거할 수 없을 정도입니다. 또한 오랫동안 물심양면으로 저를 격려해 주시고, 성신여대와 서울사이버대에서 석좌교수로 임용하여 한국 대중가요에 관한 강의와 저술을 할 수 있도록 해주신 이세웅 서울사이버대 이사장님께 심심한 사의를 표합니다. 아울러 가보(家寶)로 내려온 귀중한 가요 필사본을 전해준 19대 국회의원을 역임한 최봉홍 의원님께도 감사드립니다.

2020년 후반기부터 조갑제TV에서 '김장실의 트로트 이야기'를 진행하도록 해주시고, 이 책의 출판을 허락해주신 조갑제닷컴의 조갑제 사장님께 특별히 고맙다는 말씀을 드립니다. 또한 여러 측면에서 부족한 저의 글을 이처럼 좋게 편집하여 이 세상에 나올 수 있도록 해준 조갑제닷컴과 디자인을 맡아주신 조의환 대표님과 오숙이 디자이너 등 관계자 여러분께 감사드립니다. 이런 분들의 격려와 지도가 이 책을 제대로 마무리하는 데 정말 큰 힘이 되었습니다.

이와 함께 문화부 제1차관을 마치고 쉬고 있을 때 한국대중가요를 연구하고 있는 저에게 서울대 아시아연구소의 학술연구비를 지원해 주신 서울대 사회대 학장과 아시아연구소 소장을 역임한 임현진 학술원 회원님과 아시아연구소 관계자 여러분께 깊은 감사를 드립니다. 아울러 이 책을 집필하는 동안 많은 조언을 해주신 수많은 학자와 가요 관계자 여러분들에게도 감사의 인사를 드립니다.

마지막으로 제 아내와 아이들의 끊임없는 관심과 뒷받침에 대해 정말 고맙다는 말을 하고 싶습니다. 특히 아내와 둘째딸은 교정에 힘을 보태 주었습니다. 여러 가지로 부족한 제가 이룬 지금까지의 성취는 이들이 없었으면 불가능합니다.

2021. 3

혜화동에서

동초 김장실

황성옛터

왕평 작사
전수린 작곡
이애리수 노래
1928년

황성옛터에 밤이 되니 월색만 고요해
폐허에 서린 회포를 말하여 주노라
아! 외로운 저 나그네 홀로 잠 못 이뤄
구슬픈 벌레소리에 말없이 눈물져요

성은 허물어져 빈터인데 방초만 푸르러
세상이 허무한 것을 말하여 주노라
아! 가엾다 이내 몸은 그 무엇을 찾으려
끝없는 꿈의 거리를 헤매어 있노라

나는 가노라 끝이 없이 이 발길 닿는 곳
산을 넘고 물을 건너 정처가 없이도
아! 한없는 이 심사를 가슴 속 깊이 품고
이 몸은 흘러서 가노니 옛터야 잘 있거라

〈황성옛터〉 나라 잃은 민족의 설움

나라 잃은 민족의 서러움을 잘 드러낸 〈황성옛터〉를 저는 초등학교 다닐 때 라디오나 동네 콩쿨대회에서 가끔 들었습니다. 그 후 친구나 직장 동료들과의 회식 자리 등 계기가 있을 때 부르곤 했지만, 이 노래가 가진 진미(眞味)를 제대로 드러내기가 쉽지 않아 자주 애창하는 편은 아닙니다. 나이가 들어 가사가 가진 깊은 뜻을 알게 되면서 이 노래를 만들고 부른 분들의 심정을 이해하게 되었습니다. 감정을 가다듬고 가사 하나하나를 음미하면서 곡의 흐름을 따르다 보면 민족적 비애감이 들면서 저절로 눈물이 납니다. 이제 〈황성옛터〉의 탄생과정부터 알아 보도록 하겠습니다.

〈황성옛터〉의 탄생 배경

조선의 예인(藝人)들은 1910년에서 1940년 사이에 '나라를 잃은 시대의 젊음과 꿈', '헌신적인 사랑과 배신' 그리고 '한 많은 인생의 쓰라린 눈물' 등 고전적 주제를 악극(樂劇)으로 만들어 국내외 여러 곳을 다니며 공연을 하는 경우가 많이 있었다. 그들 중에는 집시처럼 거리 흥행으로 힘들게 살아가는 유랑극단이 있는가 하면, 특정 지역의 특정 무대(예:서울 단성사)를 기반으로 하여 다른 지역으로 가서 공연하는 순회극단도 있었다.

옛날 남사당처럼 천대받는 인생으로 살아가는 유랑극단보다는 조금 화려하다 하지만 배우 등 단원과 단장을 포함하여 겨우 15~20여 명으로 구성된 순회극단도 흥행 성적이 일정하지 않았다. 공연이 잘 되었을 때 벌었던 얼마간의 수입은 이내 바닥이 나 싸구려 여관방에 투숙하는 것은 흔히 있는 일이었다. 흥행이 좋지 않을 때에는 노숙(露宿)에다 장날의 국수 등으로 끼니를 때우며 어렵게 생활하였다.[1]

그렇게 어렵게 살아가는 그들에게도 열렬히 호응하는 관객이 있기에 견딜 수 있었다. 순회 악극단이 만주를 돌 때면 고향을 떠나온 조선 사람들이 그 공연을 보고 감격하여 우는 것이 흔한 일이었다.

1927년 지두한을 단장으로 하는 순회악극단 연극사(硏劇舍)는 연극단체 취성좌(聚星座)를 이끄는 천한수가 쓴 대본에, 그가 연출한 '유랑의 남녀'를 가지고 봉천(奉天), 국자가(局子街), 안동(安東) 등 만주지방을 돌았다. 곧이어 그들은 신의주, 평양, 진남포, 개성 등 한반도의 관서지방을 거쳐 황해도 배천의 어느 여관에 짐을 풀고 공연을 준비하고 있었다. 이 순회악극단에는 무대감독이자 작가이며 연기자인 왕평(본명 이응호)과 작곡가이며 바이올린 주자이자 일제 때 유명한 클래식 음악가인 홍난파가 이끌던 연악회 멤버였던 전수린은 물론 가수 이애리수가 소속되어 있었다. 이와 함

〈황성의 적(荒城의 跡)〉이라는 제명으로 1932년 4월 빅타레코드사에서 발표했고, 1933년 〈황성옛터〉로 고쳤다.

께 작곡가 김교성, 배우 전기현 등 당대 1급 예술인이 같이 다니고 있었다.[2]

경북 영천 출신의 왕평은 〈알뜰한 당신〉, 〈대한팔경〉, 〈비단장사 왕서방〉 등 159편의 가요를 만든 이름 있는 작사가이다. 그는 연극 대본 집필, 만담 창작, 연극 및 영화배우, 포리돌 레코드 문예부장 등 다양한 분야에서 역량을 발휘한 바 있다.

1911년 서울에서 태어나 열네 살부터 바이올린을 연주했던 작곡가 전수린은 박승희가 이끄는 연극단체 '토월회'에도 관여했고, 연극단체 취성좌의 가요부에 소속되어 연극 개막곡을 창작하였다. 그는 1920년대 후반에 〈사양의 비도〉와 1930년대 박단마의 출세작 〈나는 열일곱 살이에요〉와 황금심이 노래하여 히트했던 〈알뜰한 당신〉을 작곡했던 재주 있는 예술인이다.

전수린은 마침 장마철이라 추적추적 내리는 비 때문에 가설극장에서의 예정된 공연이 불가능한지라 배천의 여관방에서 굶주린 상태에서 하릴없이 죽치며 지내고 있었다. 창 밖에 내리는 빗발을 보면서 그는 자신의 고향이자 고려왕조의 도읍지였던 개성에서의 공연 도중 작사가인 왕평과 함께 방문했던 만월대 등 고려왕조의 영화(榮華)가 사라진 문화유적지 현장의 이미지와 함께 악상(樂想)이 떠올랐다.

그날 밤 그의 머리에 떠오른 개성의 고려 왕궁 터는 주춧돌과 잡초만 남아 있는 폐허로 변하여 한때나마 화려했던 흔적을 찾을 길이 없었다. 인적(人跡)도 끊기고, 나라 잃은 민족의 아픔을 탄식하는 듯이 풀벌레 우는 소리만 요란하여 슬픈 감정을 더욱 자극하였다. 황성지(皇城趾)를 비추는 달빛으로 인해 더욱 '황량한 폐허'라는 인상을 강화시켰을 뿐만 아니라 인생의 허무함을 더욱 부채질하였다. 이런 정서는 일제의 강탈로 나라를 잃은 식민지 조선인의 처지를 다시금 되돌아보게 하였던 것이었다. 작곡가 전수린은 즉시 바이올린으로 악상을 가다듬으며 곡을 마무리했고, 당시 동행했던 포리돌 레코드사 문예부장이던 작사가 왕평은 곡의 분위기를 그대로 살린 좋은 가사를 완성하였다.[3]

1927년 가을 가수 이애리수가 서울 단성사에서 열린 극단 취성좌(聚星座)의 공연 중 막간에 처음 이 노래를 불렀다고 한다. 망국의 슬픔을 애조가 넘치는 가락으로 풀어내는 이애리수의 이 노래를 들은 관객들은 눈물을 흘리고, 발을 구르며 적극적으로 호응하였다.

특히 이애리수는 진보적 연극단체 '토월회'가 주최하는 연극 공연의 막

〈황성옛터〉를 부른 이애리수.

간에 나와 이 노래를 불러 선풍적인 인기를 끌었다. 그녀가 공연하는 극장에서 이 노래를 들은 관객들은 망국의 한을 다시 새기며 울다가 드디어 합창을 하였다. 일부 청중들은 극장의 의자를 발로 차며 일제 식민치하에서 쌓인 가슴 속 한을 일시에 토해 놓았다. 극장에 임석한 일본 경찰은 이 노래 하나로 민족의식이 폭발하는 현장을 보고 그 공연을 즉각 중단시켰다. 그들은 전수린과 왕평을 종로경찰서로 불러다 조사를 하였다. 일제는 너무 슬퍼서 사람들을 비탄에 젖게 하고, 민족주의적 감정을 자극할 우려가 있다는 이유를 들어 금지가요로 규정하여 더 이상 부르지 못하게 하였다. 일본사람들도 '조선의 세레나데'라고 부르며 애창했던 이 노래가 죽어가던 조선의 민족혼을 불러일으키자 인정사정 볼 것 없이 탄압하였던 것이다.[4]

일제가 총칼과 위협으로 막으려 해도 이 노래에 대한 조선인의 호응을 막을 수 없었다. 한번은 이애리수가 망국의 설움을 음미하며 이 노래를 부르다가 3절에 이르러 치밀어 오르는 서러움을 이기지 못하고 목이 메여 그만 노래를 부르지 못했다. 노래를 직업으로 삼고 있는 프로 가수로서는 치명적 실수를 한 셈이었다. 그녀는 허리 굽혀 인사를 하며 자신의 실수에 대해 관객들에게 양해를 구했다. 그러자 관객들은 우레와 같은 박수를 치며 앵콜을 요청하였다. 다시 목청을 가다듬고 노래를 시작하였으나 3절에 와서 노래를 부르는 것인지, 우는 것인지 모르는 상태가 되어버렸다. 걷잡을 수 없을 정도로 눈물을 흘리던 관객들이 뜨거운 박수와 함께 재청(再請)을 요구하였다. 이때 사회자가 무대 앞으로 나와 다음 막이 열리니 조용히 해달라고 부탁했으나 관중들의 거듭되는 재청을 이기지 못해 그녀는 할 수 없이 또 부르기 시작하였다. 이 이야기가 널리 퍼져서 연극보다는 그녀의 노래가 더 인기를 얻었기 때문에 극장은 항상 만원이었다.[5]

'민족의 연인'이라 불리던 이애리수가 공연장에서 이 노래를 부를 때마다 관객들이 합창을 하는 바람에 일제 경찰이 그녀에게 발길질하고, 머리채를 잡아 무대에서 끌어내린 일이 있다고 한다. 대구의 어느 학교 교사가 음악시간에 이 노래를 가르치다가 파면된 후 구속된 일이 있었다. 심지어 죽어가는 사람이 자신의 아내에게 이 노래를 부르게 한 후 눈을 감고 죽었다는 얘기가 떠돌 정도였다니 무엇을 더 덧붙일 필요가 없다.[6]

이 노래는 원래 〈황성의 적(荒城의 跡)〉이라는 이름으로 1932년 4월 이애리수가 빅터레코드사에서 발표되었다가 1933년 〈황성옛터〉로 고쳤다. 그녀가 1932년 일본의 빅터레코드사에서 취입한 이 노래는 SP 5만 장을 팔았을 정도로 크게 히트하였다. 1933년 이 노래는 다시 '비극의 여왕'으로 세간에 크게 알려졌을 정도로 이 분야에 정통한 배우이자 가수였던 이경설이 〈고성의 밤〉으로 제목을 바꾸어 재취입하여, 포리돌 레코드사에서 발매하였다.[7]

〈황성옛터〉가 인기 있는 이유

이 노래가 그 당시 이렇게 인기를 얻게 된 것은 나라 잃은 슬픔을 개성 고려왕궁터 만월대의 폐허와 연상시킨 가사가 좋은 것은 말할 것도 없다. 바이올린이 토해내는 처량한 음색의 전주곡에서 시작되는 아름답고 애절함이 흘러넘치는 곡조도 좋다. 이런 분위기를 슬픈 목소리로 나라 잃은 민족의 비애를 제대로 표현해 낸 가수 이애리수의 뛰어난 역량도 한몫 했을 것이다. 그러나 무엇보다도 일제의 가혹한 식민통치에 시달리는 우리 민족의 울분을 이 노래가 그대로 '위로하고 대변'해 주었기 때문일 것이다.[8]

이런 시대적 배경을 바탕으로 탄생한 〈황성옛터〉는 나라 잃은 조선인의 텅 빈 가슴을 달래주는 '마음의 벗'이 되었다. 더 나아가 그 노래가 담고 있는 허무주의적 패배의식과 민족적 분노감이 일제에 대한 저항감으로 발전되어 애국적 감정으로 승화되면서 한국인의 마음과 마음을 하나로 묶어주는 '민족가요'로 발전하였다.[9]

일제로부터 해방된 이후에도 이 노래는 우리나라 사람들에게 사랑을 많이 받았다. '우리나라에서 가장 사랑받는 가요가 무엇인가'를 두고 1968년 주간한국이 설문조사를 했는데, 선정된 10곡 중 〈황성옛터〉가 당당하게 1등을 차지하였다고 당시 이 조사에 참여한 정홍택 기자(전 한국영상

자료원 이사장)가 증언하였다.

특히, 돌아가신 박정희 대통령이 이 노래를 아주 좋아하였다고 하며, 계기가 있을 때마다 즐겨 불렀다고 한다. 1976년 부산시 연두순시 업무보고를 마친 후 해운대 극동호텔에서 저녁 식사가 끝나고 그 자리에서 술을 하면서 당시 수행원과 보고에 배석했던 국회의원들 앞에서 박정희 대통령이 이 노래를 멋지게 부르는 것을 보았다며 최근 박찬종 전 의원이 필자에게 얘기해 주었다.

한편 1932년 7월 콜럼비아레코드사에서 낸 이애리수의 신보 〈고요한 장안〉(이현경 작사, 전수린 작곡)을 녹음할 때 일본의 유명한 시인(詩人) 사이조 야소(西條八十)는 〈황성옛터〉가 품고 있는 조선의 감성에 감탄하였다. 그는 즉각 일본어로 가사를 다시 만들고 이 노래의 제목을 〈원망스런 정(情)〉(사이조 야소 작사, 전수린 작곡)으로 정했다. 그 후에 이애리수는 '리아리스'라는 일본식 이름으로 이 노래를 다시 녹음하여 동년 10월 발매하였는데 그녀가 일본 히비야 공회당에서 리사이틀을 열 정도로 상당히 인기를 얻었다. 일본 출판사 하쿠분칸에서 발간되는 〈신세이넨(新青年)〉의 음악 가십란 〈스리몽키〉에서 당시 인기가 있었던 고가 마사오(古賀政男)의 〈술은 눈물이냐 한숨이냐〉라는 노래가 〈황성옛터〉를 모방했다며 비난하였으나, 그 진실 여부는 알 수가 없다.[10]

이애리수의 평범하지 않는 삶과 불운 끝에 얻은 사랑

이처럼 연기와 노래로 인기를 얻은 이애리수는 1910년 개성에서 태어났으며, 본명이 이음전이다. 아홉 살 때 신극좌의 배우로 데뷔한 후 윤

〈황성옛터〉 탄생의 배경이 된 개성 만월대. 사진은 일제시대 발행된 조선고적도보에 실린 것.

백남의 민중극단을 거쳐 김소랑이 이끄는 취성좌로 옮겼다. 1928년 〈약혼한 처녀〉의 주연을 맡고, 가극 〈화차생활〉, 〈무언의 회오〉 등에 출연하는 등 악극단의 연극배우로 관객들의 사랑을 받았다. 한편 막간에 노래를 부르는 막간 가수로도 활동하다가 〈황성옛터〉라는 민족적 애환을 다룬 노래로 인해 식민지 조선인들에게 몹시 인기를 끌었다. 1932년에는 〈고요한 장안〉, 〈에라 좋구나〉 등을 불러 연속적으로 대중의 이목을 집중시켰다.[11]

그녀의 인기가 얼마나 높았는가를 짐작할 수 있는 여러 에피소드가 널리 회자될 정도였다. 예를 들어 1929년 6월 이애리수는 개인사정으로 잠시 무대에 오를 수 없게 된 일이 있었는데, 이를 알게 된 관객들이 소동을 피울 정도였다. 이런 대중적 인기에 편승하여 조선총독부 기관지이자 일본어 신문인 경성일보는 1933년 1월7일에서 20일까지 총 4회에 걸쳐

'가희(歌姬) 이애리수와 그'라는 제목의 기사를 내었다. 경성일보는 이 기사에서 그녀를 '귀여운 모습, 명랑한 목소리, 섬세한 연기'로 극단의 스타가 되었으며, 날이 갈수록 기량이 높아가 최고의 실력을 인정받고 있다고 아주 호의적으로 평가하였다.[12]

노래와 연기로 대중의 인기를 한 몸에 얻은 그녀지만 자신이 좋아하는 한 남자의 사랑을 온전히 차지하는 길은 참으로 험난했다. 그녀는 연희전문 학생이자 부잣집 외아들이며 유부남인 배동필과 사랑하였다. 남자 측 부모가 그녀와의 만남을 반대하는 바람에 1933년 1월 단성사 뒤에 있는 한 여관에서 약을 마시고 제1차 자살을 기도했다. 다행히 여관 주인이 신음하는 그녀를 발견하여 경성제국대학병원에 입원하여 목숨을 구하였다. 그런 일이 있은 뒤 빅터레코드 문예부장 이기세가 남자 부모를 잘 설득하여 본처와는 이혼을 하지 않은 채 그녀는 배동필과 동거를 하였다. 1935년 본처가 다시 이들 사이에 들어와 삼각관계가 심각해지자 이애리수는 다시 제2차 자살을 시도하였으나 이번에도 미수에 그쳤다.[13]

그 후 배동필의 가족들은 이애리수가 가수생활을 중단하고, 결혼생활 중 가수였다는 사실은 발설하지 않을 것과 결혼식도 올리지 않는다는 두 가지 조건을 제시하였다. 이 조건을 기꺼이 동의한 그녀는 본처와 관계를 정리한 배동필과 정식으로 결혼을 하였다. 이로 인해 1934년 〈꽃각시 설움〉을 발표한 이후 그녀는 일체의 연예활동을 중단하였다. 심지어 그녀의 아들 배두영조차 어머니가 가수였다는 것을 대학교 다닐 때까지 잘 모를 정도로 평범한 주부로 평생을 살아갔다. 그녀는 2남 7녀를 낳고 2009년에 99세로 사망하였다.

1920년대 중후반과 1930년대에는 이처럼 〈황성옛터〉를 비롯한 민족의 비애를 불러일으키는 몇몇 노래들이 조선 민중의 인기를 얻었다. 일제의 가혹한 식민통치 정책의 내용과 성격을 잠깐 살펴보는 것이 그 이유를 아는데 도움이 될 것 같다.

일제 식민지 하의 피지배 조선인의 서러운 삶

우리나라는 일제의 강압으로 1905년 외교권을 박탈당하고, 1910년 한일합방으로 나라를 완전히 잃었다. 그들은 헌병과 경찰로 위협을 가하여 식민통치에 대한 조선인의 불만을 잠재우는 이른바 '무단통치(武斷統治)'를 자행하였다. 주로 군인 출신의 총독이 부임한 조선총독부와 그 산하기관 상위직 공무원의 95%는 일본인이고, 17만 9000명의 일본군인(1940년)과 6만 명의 경찰(1941년)이 배치되었다. 또한 관리와 교원도 제복을 입고, 긴 칼을 차는 일제의 강압적 식민통치는 서구의 식민지배와 비교해 볼 때 유례가 없을 정도로 무도하고, 잔악하였다.[14]

또한 일제는 한반도를 식량 등 원료를 일본에 공급하는 기지이자, 일본산 제품의 주요 판매시장으로 만들었다. 이를 위해 그들은 1912년에서 1918년까지 토지조사 사업을 실시하여 정해진 기간에 등록하지 않는 농민의 경작 토지와 문중과 마을 소유의 땅 등이 식민당국의 소유로 되었다. 이에 따라 1930년 총독부가 소유한 논밭과 임야는 전국토의 40%나 되었다. 1920년부터 식민지 조선에서 산미증산(産米增産) 계획을 시행하였다. 이에 따라 한반도에서 증산된 쌀보다 훨씬 많은 쌀을 일본에 가져갔으며, 조선인들은 부족한 쌀 대신에 만주에서 가져온 좁쌀, 옥수수, 콩 등 잡곡

으로 살아가야 했다.[15]

일제가 추진한 이런 대변화의 과정에서 적응을 하기가 어려운 조선 농민들은 고리대금업자의 악덕상술에 걸려 빚을 지는 등 그들의 경제적 기반은 완전히 와해되었다. 1924년 조선총독부 통계에 의하면 적자농가가 64.6%이고, 1930년대 농촌 노동력의 48.7%가 '과잉'이어서 농촌에서 먹고 살 수가 없었다. 막다른 골목에 몰린 수많은 조선의 농민들은 산골로 들어가 화전을 일구거나, 도시로 나가 날품팔이를 하기 위해 고향을 등졌다. 국내에서 도저히 희망을 찾을 길 없는 사람들은 조선을 떠나 일본이나 만주로 살 길을 찾아 나섰다.[16]

또한 그들은 조선인을 '조센징'이라 부르며 2등 국민으로 취급하면서 멸시하고 천대하였다. 이와 함께 민족정신을 말살하기 위해 우리 말과 글을 사용하는 것을 적극 규제하고, 언론기관을 심하게 통제하였다. 아울러 조선인의 말과 행동을 포함하여 모든 것을 철저하게 감시하였다. 한 마디로 말해 조선인은 오직 일본을 위해 존재하는 부속품의 하나로 취급되었기 때문에 심한 '이질감, 모멸감, 적대감'을 느끼며 결코 행복할 수 없었다.[17]

일제에 의한 이런 식의 강압 통치는 영국 등 다른 서구국가들의 식민통치에 견주어도 정도가 심했다. 이렇게 식민지 치하에서 제대로 숨도 못 쉬고 살고 있는 조선 사람들은 국가라는 울타리를 잃고 나서 비로소 그것이 얼마나 소중한 것인가를 인식하게 되었다.

일제 식민지배에 대한 저항

조선인들은 1919년 3월1일 민족대표 33인을 중심으로 조선민족의 독립의지를 대내외적으로 과시하는 비폭력 운동을 시작하였다. 이를 계기로 독립만세운동이 요원의 불길처럼 번져 3·1 운동이 일어난 1년 사이 한반도는 물론 해외에서도 총 1542회의 집회를 개최하였고, 모두 202만 3089명이 참가하였다.[18]

일제는 3·1운동에서 나타난 조선 사람들의 식민통치에 대한 불만을 해소하기 위해 종전의 강압적인 무단통치에서 문화통치로의 변화를 모색하였다. 그들은 헌병이 담당하던 조선인에 대한 일상적 감시업무를 보통경찰에게 넘기고, 조선일보와 동아일보 등 우리 말 신문과 잡지의 발간을 허용하였다.

3·1운동은 일제의 무지막지한 탄압으로 일단 진압되었지만 민족독립을 향한 불씨가 여전히 잠재되어 있었다. 이런저런 좌절과 불만들이 1926년 6월10일 마지막 왕 순조의 장례일 계기로 일어난 만세사건으로 1000명 정도가 투옥되는 사건이 일어났다. 또한 1929년에는 민족의식을 자극하는 광주학생사건이 터졌으나 일제의 폭력 앞에 이내 진압당했다.

이런 일을 당하고 난 뒤 이제 조선이 일제로부터 해방을 얻는다는 것이 더욱 어렵다는 사실을 구체적으로 느꼈다. 뜻있는 애국지사들은 민족독립을 위해, 일제의 경제적 수탈 때문에 살기가 힘들어진 일반 민중들은 살 길을 찾아 일본이나 만주, 연해주 등 낯설고 물설은 타국으로 대거 떠났다. 국내에 남은 사람들은 일제의 혹독한 식민 지배 아래서 노예 같은 삶을 묵묵히 견디며 지내는 방법 외에는 별다른 탈출구가 없었다.

특히 이 시기의 조선인은 피식민지인이라는 민족적 비애 말고도 일제 식민당국이 추구한 근대화로 인해 전통사회가 급격히 해체되면서 나타나는 격심한 '인간적 소외'라는 이중고에 시달리고 있었다. 일제가 추진한 '식민지적 근대성'은 전통을 거추장스러운 것으로 여기고, 일본을 거쳐 들어온 양풍(洋風)을 무조건 추종하는 '모던 보이', '모던 걸'로 표현되는 '낭만주의적 퇴행성'으로 나타났다. 다른 한편 일제라는 거대한 힘에 대한 체념과 순응은 '신파적 비극미'로 표현되는 문화양상이 표출되었다.[19]

민족적 비애감과 절망적 심리상태를 드러낸 노래들

이 불행한 시대를 살아가고 있는 의식 있는 조선인들은 푸른 하늘과 맑은 강, 그리고 산 속에 핀 한 떨기의 꽃과 한 그루의 나무만 보아도 조국을 빼앗긴 서러움과 서글픈 마음이 떠올랐다. 이런 민족적 비애감과 절망적 심리상태가 1920년대 초중반에 허무주의적이고 비탄조의 노래로 나타나기 시작했다. 1920년에 홍난파가 작곡한 〈봉선화〉, 1923년에 나온 윤극영 작사·작곡의 〈반달〉과 같은 동요, 1926년에 히트한 윤심덕의 〈사의 찬미〉와 영화 '낙화유수'의 주제가 〈강남달〉, 〈세 동무〉, 〈사양의 비도〉와 같은 가요는 이런 시대적 분위기를 대표하는 노래들이다.[20] 또한 '장한몽'의 주제가 〈이수일과 심순애〉, 〈사랑에 속고 돈에 울고〉의 주제가 〈홍도야 울지 마라〉와 같은 신파적 비극미가 극적으로 표현된 노래들이 대중의 마음을 사로잡았다.

특히 1929년 광주학생의거가 일어났을 때 크게 히트했던 강석연의 〈낙화유수〉에서 님은 바로 조국이요, 구름은 조국을 침탈한 일제를 가리킨다. 그러기에 님을 잃은 조선 사람들은 갈 곳이 없고 마음을 어디에 둘지를 몰라 언덕에 홀로 서서 한밤을 지새울 수밖에 없음을 슬프게 표현하고 있다.

이와 같은 조선인의 허무주의적 감정은 시간이 흐름에 따라 우리의 대중가요에서 여러 양상으로 드러난다. 우선 부모와 형제, 사랑하는 애인, 더 나아가 소중한 조국 등 정든 것과 이별로, 온갖 추억이 깃든 따뜻한 고향을 잃은 슬픔으로, 어느 곳으로 가야 할지를 모르는 정처 없는 방랑으로 좀더 구체화되어 나타난다.

윤심덕의 〈사의 찬미〉를 기점으로 우리나라의 대중가요가 본격적으로 태동되면서 1930년대 중후반까지 식민지 조선인들의 심금을 울리며 크게 히트한 우리 대중가요의 대부분이 나라 잃은 민족의 서러움을 이런 '고향의 상실', '오지 않는 님', '이별'과 '방랑'을 주제로 하여 표현하고 있다.[21] 이는 아마도 1930년대 중반 이후 강화된 일제의 검열을 피해가기 위해 식민 치하 조선인이 겪고 있는 망국의 설움과 수난의 삶을 이렇게 은유적으로 표현하였던 것이다. 이런 노래들에는 대체적으로 일제의 압도적인 힘에 짓눌린 조선민중의 '자학'과 '자기 연민'의 슬픔, 그리고 '무력감'과 '체념'[22]이 짙게 묻어난다.

〈황성옛터〉, 〈목포의 눈물〉, 〈타향살이〉, 〈나그네 설움〉, 〈애수의 소야곡〉, 〈눈물 젖은 두만강〉, 〈번지 없는 주막〉 등 주옥같은 노래가 바로 일제시대에 표출된 조선인의 그런 정서를 대표하며, 그들의 슬픈 마음을 어루만져 준 대표적인 가요들이다.

김능인 작사, 손목인 작곡, 고복수 노래의 〈타향살이〉는 잃어버린 조국에 대한 강렬한 그리움과 이국에서의 신산(辛酸)스런 삶을 잘 나타내고 있다. 서정적이며 감상적인 가사와 선율이 서글픈 감정을 자극하는 이 노래는 '빼앗긴 조국에 대한 설움이 은유적으로 표현'되고 있다. 특히 으악새가 슬피 울고, 단풍이 휘날리는 가을날 문득 일어나는 비감(悲感)으로 인해 여울에 아롱졌은 조각달과 길녘에 피어 있는 임자 없는 들국화만 보아도 나라 잃은 설움이 복받치는 심정을 제대로 드러내고 있다.[23]

이부풍 작사, 박시춘 작곡, 남인수가 노래한 〈애수의 소야곡〉은 1938년 1월에 오케레코드사에서 〈눈물의 해협〉으로 발표한 것을 가사와 제목을 바꾸어서 다시 취입하였다. 이미 떠나버려 언제 올지 모르는 조국이라는 이름의 님에 대한 체념이 담겨 있는 이 노래는 나라 잃은 민족의 애수(哀愁)를 제대로 드러낸 대표 가요 중의 하나이다.[24] 이와 함께 백년설의 〈나그네 설움〉은 물결치는 대로 이곳저곳을 떠다니는 부초와 같이 한 곳에 뿌리박지 못하고 이리 갈까 저리 갈까 정처 없이 헤매는 식민지 조선 사람들의 한을 구구절절이 표현하고 있다.

같은 논리의 연장선상에서 식민지 조선인들의 가슴을 울렸던 〈목포의 눈물〉을 좀더 자세히 살펴보자. 1934년 조선일보사는 OK레코드사와 함께 민족 고유정서를 기르는 문화사업의 하나로 '향토노래가사'를 공모했다. 이 대회에서 작사가 문일석은 〈목포의 노래〉라는 가사를 제출하여 1등으로 당선되었다. 그 후 작곡가 손목인은 이 가사에 망국인의 애달픈 한과 이별의 정서를 담은 곡을 완성하였다. 제작 과정에서 〈목포의 눈물〉로 제목을 바꾼 이 노래를 가수 이난영이 불러 공전(空前)의 히트를 하였다.

곡창 호남평야를 등 뒤로 하고 영산강과 만나는 포구에는 온갖 어물들이 풍성하고 인심이 후하여 옛날부터 목포는 사람이 살기 좋은 곳으로 알려졌다. 유달산과 삼학도를 낀 풍광도 너무 아름다워 많은 시인들의 시심을 자극하였던 곳이다. 그러나 일제의 침략으로 조선에서 수탈한 쌀들이 이 항구를 통해 일본으로 건너가고, 생활의 터전을 잃은 보통사람들이 일본과 만주 등 다른 나라로 떠나며 사랑하는 사람들과의 이별을 서러워하며 목을 놓아 우는 눈물과 탄식의 항구로 바뀌었다.[25]

이시우 작곡, 김정구 노래의 〈눈물 젖은 두만강〉은 나라 잃은 민족의 한을 은유적으로 표출하였다.

1930년대 중반 어느 늦가을 날 작곡가 이시우는 극작가 김춘광이 이끄는 순회극단 '예원좌(藝苑座)'의 단원으로 동만주(東滿洲) 일대를 돌며 공연하다 두만강 건너 길림성 도문의 한 여관에 머물렀다고 한다. 그날 밤 잠을 청하려 하는데 어떤 여인의 통곡소리가 하도 처량하여 도저히 잠을 이룰 수가 없었다. 여관 주인에게 그 여인이 우는 사연을 물어보니 3·1 운동 이후 항일투쟁을 한다며 집을 나간 남편을 찾아 도문으로 왔다가 여인의 남편은 일제에 의해 붙잡혀 형무소에서 총살을 당했다는 소식을 들었다고 한다. 마침 그날이 죽은 남편의 생일날이라 술 한 잔을 부어놓고 기념하려던 차에 남편을 알고 있던 여관 주인이 제사상을 차려주었다고 한다. 이 여인의 서러운 사연을 여관 주인으로부터 듣자마자 이시우 씨는 망국(亡國)의 한을 다시 떠올리며 한밤중에 두만강으로 나가 이 노래를 오선지에 담았다고 한다.[26]

도문에서 만난 한명천이 지은 1절로 된 가사에 기타로 멜로디를 붙여 임시로 완성한 노래를 이시우가 동료 악극단원들에게 들려주니 반응이 좋았다고 한다. 그날 밤 도문 연길극장에서 있었던 공연장에서 막간을 이용하여 이 노래가 탄생된 배경을 설명해주며, 이 극단에 소속된 소녀 가수 장성월에게 부르게 하였다. 숙연하게 이 노래를 듣고 있던 관객들은 노래의 끝부분인 '그리운 내 님이여 그리운 내 님이여 언제나 오려나' 하는 대목에서 울기 시작하여 끝내 통곡으로 변하였다. 이 일이 있은 후 관객들의 열화와 같은 요청으로 극단 예원좌의 도문 공연은 며칠 연장되었다.[27]

중국 순회공연을 끝내고 돌아온 이시우 씨는 그 당시 무명 악사(樂士)에 불과한지라 평소 잘 알고 지내는 인기가수 김정구 씨에게 이 곡의 레코드 취입을 도와줄 것을 부탁하였다. 김 씨는 그 당시 작곡가로 이름을 날리던 박시춘에게 곡을 보여주며 도움을 요청하였다. 잠시 악보를 본 박 씨는 멜로디가 괜찮다며 1절만 되어 있는 가사를 2절과 3절까지 완성해 올 것을 요구하였다. 김정구는 CMC 밴드에서 드럼을 치며 작사를 하고 있던 김용호에게 부탁하여 민족의 한을 담은 가사를 3절까지 완성하였다. 이 노래는 1938년 2월에 OK레코드사에서 김용호 작사, 이시우 작곡, 박시춘 편곡으로 발매되었으나 기대만큼 아주 좋은 반응을 얻지는 못했다.[28]

이 가사에서 그리운 님은 바로 일제가 침탈한 조국이며, 일단 떠나간 님이 언제 오려나 하는 식으로 반복적으로 언급하여 님이 떠난 절망감이 조국 광복에 대한 염원으로 바뀌고 있음을 알 수 있다. 1943년 조선 총독부는 이 노래가 강한 민족성을 지녔다는 이유를 들어 레코드의 발매와 가창을 금지하였다.[29] 가수 김정구의 트레이드 마크였던 이 노래는 일제 치하에서 신음하던 우리 민족의 한을 드러낸 대표곡이었다. 6·25 전쟁 이후에도 꾸준히 불려지던 이 노래는 1960년대 KBS 라디오 방송국의 5분 드라마 '김삿갓 북한 방랑기'의 시그널 뮤직으로 사용되어 다시 크게 인기를 끌었다.

이처럼 피식민지 조선인의 한과 서러움을 대변하는 여러 노래들 중에서 1920년대와 30년대의 암울한 시대 분위기를 대표하면서 망국의 한을 가장 잘 드러낸 노래는 아마도 〈황성옛터〉일 것이다. 이 노래의 인기에 힘입어 남인수, 김정구, 이미자, 나훈아, 조용필, 한영애, 심수봉 등 많은 가수들이 리메이크한 바 있다.

주

1) 고은, 1991, p.341.
2) 고은, 1991; 이중연, 1998, p.469; 최창호, 2000, p.177.
3) 고은, 1991, p.342; 이중연, 1998, p.469; 최창호, 2000, p.177; 이동순, 2007, p.208.
4) 고은, 1991, p.342, 최창호, 2000, p.66~72.
5) 최창호, 2000, p.70~71.
6) 작사가 반야월의 증언, 조선일보, 1990. 8. 5; 이중연, 1998, p.469; 이동순, 2007, p.208; 박찬호, 2009, p.212~213.
7) 고은, 1991, p.343; 문옥배, 2004, p.75; 박찬호, 2009, p.213.
8) 이동순, 2007, p.208.
9) 고은, 1991, p.342~343; 최창호, 2000, p.72.
10) 박찬호, 2009, p.215~217.
11) 김명환, 2005. 11.5; 박찬호, 2009.
12) 박찬호, 2009, p.213~214.
13) 박찬호, 2009, p.218~219.
14) 김충남, 2006, p.37; 박찬호, 2009, p.44.
15) 김충남, 2006, p.41; 박찬호, 2009, p.44~45.
16) 장유정, 2006, p.313; 박찬호, 2009, p.44~45; 정찬일, 2019, p.27~28.
17) 주익종, 2006, p144.
18) 김충남, 2006, p.38; 선성원, 2008, p.20~21; 박찬호, 2009, p.52~53.
19) 고석규, 1998, p.70.
20) 김지평, 2000, p.80~89; 최창호, 2000, p.69.
21) 이영미, 1984, p.104.
22) 이영미, 1998, p.68~78;최창호, 2000, p.78.
23) 최창호, 2000, p.83.
24) 정영도, 2008, p.67.
25) 최창호, 2000, p.79~81.
26) 이중연, 1998, p.476; 오창규, 문화일보, 2007년 9월1일; 김용옥, 중앙일보, 2007년 9월21일.
27) 최창호, 2000, p.132; 김명환, 2005. 9.24; 정영도, 2008, p.24~25.
28) 김명환, 2005. 9.24; 2005. 10.1.
29) 이중연, 1998, p.476.

꽃마차

반야월 작사
이재호 작곡
진방남 노래
1039년

노래하자 꽃서울 춤추는 꽃서울
아카시아 숲속으로 꽃마차는 달려간다
하늘은 오렌지색 꾸냥의 귀걸이는 한들한들
손풍금 소리 들려온다 방울 소리 울린다

울퉁불퉁 꽃서울 꿈꾸는 꽃서울
알곰삼삼 아가씨들 콧노래가 들려온다
한강물 출렁출렁 숨쉬는 밤하늘엔 별이 총총
색소폰 소리 들려온다 노래소리 들린다

푸른 등잔 꽃서울 건설의 꽃서울
뾰족 신발 바둑길에 꽃양산이 물결친다
서울의 아가씨야 내일의 희망안고 웃어다오
만돌린 소리 들려온다 웃음소리 들린다

〈꽃마차〉 韓人의 만주 진출 시대

저는 2000년대 중후반 이후 '한국대중가요의 정치사회학'라는 이름 아래 각종 대학과 지자체, 소모임 등에 강의를 많이 했습니다. 그때 〈꽃마차〉가 탄생한 지리적 배경이 일제 하 많은 조선인들이 거주했다는 만주인데, 냉전체제가 굳어지면서 가사가 좀 바뀌었다는 사실을 알려주면서 노래를 부릅니다. 관중들은 이 노래 특유의 경쾌한 선율을 따라 박수를 치며 합창하다가, 끝내 그 흥을 참지 못해 무대로 나와 춤을 추곤 합니다. 그러면 저도 더욱 신나서 몸을 흔들며 노래를 불렀습니다. 2009년 경기도 포천시 문예회관에서 있었던 강의에서 관중들이 보인 열광적 반응을 아직도 잊을 수 없습니다.

이렇게 신나는 〈꽃마차〉라는 노래가 어떻게 탄생했는지 알아보도록 하겠습니다.

〈꽃마차〉는 일제 하 만주찬가의 대표곡

일제 하 200만 명의 조선인들이 만주에 거주하고 있었기 때문에 우리나라 문화예술인들의 작품세계와 활동공간도 만주를 무대로 왕성하게 전개되었다. 특히, 많은 레코드 회사와 극단들이 경영난을 타개하기 위하여 조선팔도는 물론 만주공연을 첨가하여 수익을 올리려 하였다. 그런 과정에서 보게 되는 만주의 풍경이나 생활감정을 담은 문화예술 작품이 많이 나와 인기를 얻었다. 그들은 원래 고조선, 부여, 고구려, 발해 등 우리 조상들이 세웠던 왕국의 발자취가 풍부한 만주에 대한 친근감을 가지고 있었다. 그러나 막상 만주에 와서 실향민으로 지내는 동포들을 보면 나라 잃은 민족의 서러움이 사무치도록 강렬했다.

먼저 이 시절 만주를 소재로 한 노래들부터 살펴보자.

우선 1938년에 나온 조명암 작사, 손목인 작곡, 남인수 노래의 〈울리는 만주선〉을 들 수 있다. 이 노래는 일제 탄압 등으로 살기가 힘들어 떠나든가 아니면 강제이주 정책에 따라 정든 고향을 버리고 황량한 벌판이 끝없이 전개되는 만주로 가는 가차를 탄 식민지 조선인들의 애환이 가사의 행간에 많이 묻어난다.[1]

제각기 꿈과 희망을 안고 국경을 건너 만주로 온 많은 조선인들의 마음과 정서를 가장 잘 소화한 대표적인 노래는 아마도 1939년에 나온 반야월 작사, 이재호 작곡, 진방남이 노래한 〈꽃마차〉이다.

아세아악극단은 북선(北鮮) 지구를 거쳐 만주로 돌아오는 공연을 기획하면서 당시 인기가수였던 진방남과 백난아를 거액의 출연료를 지불하고 특별 출연시켰다. 그들이 가는 곳마다 흥행은 성공하였고, 만주 여러 곳

일제의 1931년 만주 침략 이후 안전농촌이라는 이름으로 한인 이주가 강행됐다. 1934년부터 연변 항일 유격 근거지 주변지역과 산간지에 거주하는 한인들을 강제 이주시켜 집단부락을 세우고 항일유격구를 무인지대로 민들었다. 사진은 춘흥촌 한인 집단부락.

을 거쳐 하얼빈에 머물게 되었다.

그곳에서 가수 진방남 씨는 만주에 관해 평소 느꼈던 감상을 정리하는 가사를 쓰기 시작했다. 만주공연이 끝난 후 공연단이 평북 영변에 머물 때 그는 하얼빈에서 완성했던 〈넋두리 이십년〉, 〈꽃마차〉 등 여러 작품들을 이번 공연에서 진방남과 백난아의 매니저로 참가한 지휘자 겸 작곡가 김교성에게 보여주었다.

이 가사를 받아본 김교성 씨는 평소 노래만 부르는 가수로만 보았던 진방남 씨의 작사 실력에 놀라 '이거 자네가 쓴 거 맞아? 야 제법인데. 이거 노래 되겠다. 곡을 붙여 발표하자'고 말하였다 그 후에 서울로 돌아와 전기현, 이재호 씨 등에게 작곡을 맡기었다. 여러 어려움을 겪은 끝에 가수가 된 것만 해도 황송하다는 생각을 가졌던 진방남 씨는 처음에는 작사가가 누군지 밝히지 않다가 레코드 취입이 다 끝나고 레코드 라벨과 가사지가 인쇄될 때 비로소 자신이 가사를 만들었음을 실토하였다.[2]

이 노래를 담은 레코드가 발매되자 곧 인기를 얻었다. 일제 시절은 물론 광복 이후에도 계속 많은 사람들의 사랑을 받았다. 해방 이후 좌우이념 충돌이 점차 심해지다 결국 한반도가 38선을 경계로 남북이 갈라지자 만주는 갈 수 없는 중화인민공화국의 영토가 되었다. 그래서 반야월 작사자는 원곡 가사에 있는 하얼빈을 꽃서울로 바꾸는 등 이 노래의 가사 일부를 시의(時宜)에 맞게 수정하였다. 바꾼 가사에도 만주지역 특유의 오렌지색 하늘, 중국 소녀를 의미하는 꾸냥, 이국적 풍경의 손풍금과 마차 등 중국 동북지방을 포함한 북국(北國)을 연상시키는 소재들이 가사의 전면에 등장하고 있다.[3]

가요와 함께 영화도 그 당시 식민지 조선에서 불고 있었던 만주열풍을 피할 수 없었다. 단적인 예로 고려영화사와 만주영화협회가 만주를 무대로 하여 1941년에 공동으로 만든 국책영화 '복지만리(福地萬里)'를 들 수 있다. 이 영화는 일본이 추진하는 '신동아 건설의 기둥'이라는 '선만일체(鮮滿一體)'[4]를 드러내기 위해 제작되었다. 김영수 극본에 전창근 감독이 메가폰을 잡고 유계선, 전옥, 전택이 등이 주연으로 출연하였다.

제목 '복지만리'라는 표현이 상징하듯 만주는 끝없이 펼쳐진 아주 기름지고 풍요로운 땅으로 상정하고 있다. 특히 1941년에 나온 이 영화의 주제가 〈복지만리〉(김영수 작사, 이재호 작곡, 백년설 노래)와 〈대지의 항구〉(남해림 작사, 이재호 작곡, 백년설 노래)는 만주에 가면 새로운 세상이 펼쳐진다는 점을 강조하고 있다. 이런 식의 분위기가 조성되자 많은 조선인들이 만주에 대한 낙관적 환상을 가지고 만주로 이민을 가는 데 일조하였다.[5] 또한 이 노래들을 부른 백년설은 당시 최고의 인기가수가 되었다.

복지만리
(김영수 작사, 이재호 작곡, 백년설 노래, 1941년)

달 실은 마차다 해 실은 마차다
청대콩 벌판 우에 휘파람을 불며 불며
저 언덕을 넘어서면 새 세상의 문이 있다
황색기층 대륙길에 빨리 가자
방울소리 울리며
백마를 달리든 고구려 쌈터다
파묻힌 성터 우에 청노새는 간다 간다
저 고개를 넘어서면 새 천지의 종이 운다
다함없는 대륙길에 빨리 가자
방울소리 울리며

대지의 항구
(남해림 작사, 이재호 작곡, 백년설 노래, 1941년)

버들잎 외로운 이정표 밑에
말을 매는 나그네야 해가 졌느냐

쉬지 말고 쉬지를 말고 달빛에 길을 물어
꿈에 어리는 꿈에 어리는 항구 찾아 가거라

흐르는 주막등 동서라 남북
피리 부는 나그네야 봄이 왔느냐
쉬지 말고 쉬지를 말고 꽃잡고 길을 물어
물에 비치는 물에 비치는 항구 찾아 가거라

구름도 낯설은 영을 넘어서
정처 없는 단봇짐에 꽃비가 온다
쉬지 말고 쉬지를 말고 바람을 앞세우고
유자꽃 피는 유자꽃 피는 항구 찾아 가거라

청나라를 건국한 만주족은 1658년 백두산 이북 400km에 해당하는 동북지역(오늘날 단동, 봉성, 관전)에 다른 민족의 유입을 금하는 봉금(封禁)정책을 실시하였다. 만주족의 발원지인 이곳은 유사시 중원으로부터 후퇴할 경우를 대비하여 개간과 경작은 물론 사람의 출입을 금지하면서, 심지어 만주족들도 모두 서쪽으로 이주시켰다.[6] 이런 이유로 산지와 황야로 이루어진 드넓은 만주는 오랫동안 인적이 드물고, 잡초만 무성한 황무지로 버려져 있었다.

이처럼 넓고 황량한 만주지역에 대체로 다음과 같은 3단계를 거쳐 200만 명 정도의 조선인들이 대거 이주하게 된다.

그 첫째가 1860년에서 1910년까지의 자유이주 시기이다. 조선 후기에 오면 한반도의 서북지방은 농사를 지을 수 있는 땅은 좁고 척박하여 수확량이 적은데다 수차례의 홍수와 가뭄, 충해(蟲害) 등 연속적으로 자연재해를 겪게 되었다. 특히 1869년과 1870년 함북과 평북지방에 엄청난 기근이 들어 전답은 폐허가 되고, 길가에 굶어죽는 사람이 여기저기 널려있을 정도였다. 설상가상으로 조선의 농민은 농사의 풍흉(豊凶)과 상관없이 정액지대(地代)를 받는 조선의 조세제도 등으로 소작지마저 잃고 농업노동자나 유민으로 전락하였다. 사정이 이렇게 악화되자 그들은 국경을 건너지 말라는 국법을 어겨 처벌을 당하더라도 강을 건너 사냥도 하고 산삼도 캐며 농사를 지었다.[7]

조선과 청나라의 국경지대에 있는 두만강 유역은 특히 수량이 감소할 때는 걸어서 건널 수 있는 곳이 10여 곳이나 될 정도였다. 더구나 청나라 말기 통치력이 약화되어 봉금령도 느슨하게 집행하였다. 이 지역에 사는 조선 농민들은 이 기회를 이용하여 처음에는 아침에 강을 건너 경작하고, 저녁에는 집으로 돌아오는 식으로 농사를 지었다. 그 후 점차 대담해진 그들은 봄에 소를 끌고 농기구를 가지고 강을 건너가 농사를 짓고 가을에 추수를 하고 타작까지 마친 다음 고향으로 돌아오는 '계절출가이민' 방식으로 전환하였다.[8]

이처럼 국경을 넘나들며 숨어서 농사를 짓다가 나중에는 아예 압록강이나 두만강 주변 지역에 정착하면서 농사를 지었다. 1850년 이후에는 황무지를 개간하려는 청나라는 조선인의 토지소유권은 인정하지 않았으나, 거주는 묵인하였다. 이에 따라 1869년에 압록강과 두만강 건너 중국지역에서 황무지를 개간하여 농사를 지으며 살고 있는 사람이 10만여 명에 달했다. 1870년을 전후하여 집안(輯安)에 1000여 가구가 모인 것을 포함하여 임강(臨江)과 혼강(渾江) 연안의 산간지역에도 제법 많은 조선인들이 농사를 짓고 있었다.[9]

1872년 동변도(東邊道) 지역, 1881년 간도(間島) 지역 등 중국 동북지역에 대한 청나라의 봉금령이 공식적으로 폐지되자 더 많은 조선 농민들이 만주로 이주를 해왔다. 1876년 조선과 일본이 강화조약을 체결하자 청나라 조정은 조선과의 관계를 더욱 밀접하기 위해 조선인이 귀화하면 토지소유권을 인정해 주었다. 또한 귀화하지 않는 사람들은 소작인으로 거주할 수 있도록 하였다. 1900년 들어 청나라는 동만주 지방에 거주하는 조선인이 귀화하지 않고도 공동으로 자본을 투자하면 귀화한 한인의 소유로 등기해주는 '전민제도(佃民制度)'를 실시하자 조선인의 이민이 더욱 증가하였다. 1909년 체결된 '간도협약'으로 두만강을 경계로 조선과 중국 간의 국경이 획정되면서, 동시에 중국은 한국인에게 거주권, 토지소유권, 재산소유권을 인정하기로 합의하자, 동만주 지역은 만주에 거주하는 한인들의 중심지가 되었다.[10]

이런 분위기에 힘입어 1904년 연변 지역에는 5만여 명의 조선인들이 살았으나, 불과 5년 뒤인 1909년에는 18만 4800명으로 증가하였다.[11]

1910년에서 1930년까지의 대량유입 시기

둘째로 한일합방이 이루어진 1910년에서 1930년대까지 토지조사 사

지금의 길림성 화룡현에 위치한 청산리와 토산자 집단부락 건설장면.

업, 식량증산 계획 등 일제의 수탈정책으로 인해 조선인들의 삶은 더욱 어려워졌다. 그들은 살 길을 찾아서 혹은 일제의 압제에 벗어나 자유롭게 독립투쟁을 하기 위해 만주로 많이 갔었다.

조선총독부 경무국 조사에 의하면 1910년에서 1911년 사이에는 2만 4000명이 두만강을 건너 간도로 왔으며, 1만 9000명이 압록강을 건너 요동으로 이주하였다. 청나라가 망한 1912년 이후에는 매년 1만~2만 명의 조선인이 중국 동북지역으로 거주지를 이전하였다.[12]

1919년 3·1운동의 영향으로 일제의 탄압이 더욱 심해지고, 1920년을 전후하여 간도에서 토지를 구입할 수 있게 되자 조선인 이주자가 더욱 급증하였다. 1920년까지 이곳에 조선인 19만 명이 새로 유입하여 1922년 3월의 통계에 의하면 44만 명이었으나, 그 해 말에는 51만 5000여 명이 만주 지역에 거주하였다. 이런 추세는 계속되어 1925년에는 53만 명, 1930년에는 60만 명을 넘는 조선인들이 중국 동북3성에 살고 있었다.[13]

1920년대 중국 동북지역으로 이주한 조선인을 상대로 한 여론조사에서 93.6%가 경제적 곤란을 그 이유를 들었고, 4% 정도가 정치적 이유로 조국을 떠났다고 밝혔다. 그러나 일제의 강압통치를 피하기 위해 신분을 숨기고 이곳저곳을 다녀야 하는 사람들이 많았음을 감안해 볼 때 생활고로 이주한 사람 60%, 정치적인 이유 등으로 이주한 사람이 40%라는 주장도 있다.[14]

셋째로 일본과 식민지 조선에서 불고 있는 만주 유토피아 열풍과 일제의 강제이주 정책을 들 수 있다.

1930년대 만주 유토피아니즘과 일제의 강제이주 정책

만주는 종전에 '마적들이 출몰하는 황폐하고 살기 힘든 황무지'로 인식되었다. 그러나 1931년에 일어난 만주사변을 계기로 일본제국주의는 만주를 풍요로운 땅으로 보는 관점이 크게 유행하였다. 즉, 만주는 '산더미처럼 묻혀 있는 철광석, 번쩍이는 금덩어리, 대두, 목화, 밀, 사탕수수를 낳는 비옥한 토지'[15] 등 풍요를 상징하는 존재가 되었다.

이와 같이 많은 신문과 잡지, 책자, 그리고 라디오와 영화 등 대중매체가 만주를 '마르지 않는 보물단지', '풍요의 뿔', '개발을 기다리는 광활한 처녀지', '샘솟는 자원의 땅', '벌판을 달리는 유랑마차' 등 꿈과 낭만이 있는 곳으로 그렸다. 이는 만주를 포함한 대제국을 건설하려는 일본의 우익장교, 개혁적 관료, 혁명가들의 상상력을 마음껏 자극하는 역할을 함으로써 일본인 특유의 맹목적 애국주의(jingoism)를 불러 일으켰다.[16] 다시 말해 만주는 기존 일본을 뛰어넘는 정치사회적 개조를 위한 실험에 거의 모든 일본인들이 참여하는 '거대한 합작 프로젝트'[17]가 가동되는 곳이기도 했다.

이처럼 대륙침략을 위한 전초기지이자 신일본의 선진모델로 삼고 있는 만주의 개발을 위해 일제는 정부 차원에서의 연구와 조사, 그리고 투자를 주도하였다. 또한 미츠비시, 미츠이, 스미모토, 오쿠라 등 일본의 재벌들이 철도, 통신, 석유, 화학, 제분 산업을 일으켰다.[18]

일본에서의 만주에 관한 이런 열풍은 정도의 차이는 있었지만 일제 식민치하에 있었던 조선에서도 예외 없이 불어닥쳤다.

만주사변이 일어난 1931년 이후 10년 정도 조선에서 발행하는 일간신문은 물론 《삼천리》, 《동광》, 《별건곤》 등 수많은 잡지 등에서 만주 정세분석 등 관련기사와 소개 글, 기행문 등을 다루어 조선에서의 '만주 붐'을 선도하였다.[19] 소설가 이태준은 그의 소설 〈농군〉에서 '안개 속에서 떠오르는 땅, 신세계'라고 만주를 표현했다.

이처럼 만주에 대한 환상과 열기 때문에 농민, 지식인, 장사꾼 등 많은 이들이 만주로 이민을 떠났다. 심지어 그곳에서 풍찬노숙(風餐露宿)을 하며 독립운동을 하는 사람들도 만주에서 우리 고대사의 영광을 재현할 것을 꿈꾸었다. 그런 의미에서 일제 식민 치하에서 압박과 설움 속에 살아가는 조선인에게 어떤 의미에서 만주는 '유사(類似) 해방감'을 맛보고, 일본인보다는 못하지만 만주인보다는 나은 '의사 제국주의자'로서의 자세를 취할 수 있는 '대리 공간'이었다.[20]

1932년 3월 만주국을 건립한 일제는 일본인, 조선인, 만주인, 중국인, 몽골인 등 다섯 나라 민족이 소위 '오족협화(五族協和)'와 평등을 건국이념으로 조화롭게 사는 세상을 만들겠다고 선전하면서 만주에 대한 이민을 장려하였다.

일제는 일본의 식민치하 조선에서 피압박 국민으로 살아가는 한국인이 만주에 거주하면 '만주국인(滿洲國人)' 혹은 '선계일본인(鮮係日本人)'으로 부르고, 만주국 관료로 채용하는 등 통치보조 수단으로 이용하는 조치를 취하였다.[21]

만주는 식민지 조선인이 일제의 힘을 배경으로 중국인의 삶을 위협해가는 존재이면서, 다른 한편 신생 만주국의 '일등국민'으로 될 수 있다는 환상을 꿈꾸는 공간이 되었다.[22] 이와 같은 환상을 갖도록 한 일본의 선전은 공염불에 불과하지만 식민 치하에 있는 조선인에게는 일단 매력적으로 다가왔으므로 이것이 '허망한 도취'라는 것을 스스로 깨닫기가 쉽지 않았다.

예를 들어 사범학교 졸업 후 교사로 근무할 때 단지 일본인 교사라는 이유 때문에 월급을 더 받는 현실에 비애를 느껴 '차라리 만주국 관리가 낫다'라는 생각으로 만주국 고등문관 채용시험에 합격하여 만주 신경세무서장으로 근무하였던 김규민(전 상공부차관) 씨의 경우가 바로 이런 경우에 해당한다.[23]

일제의 강제적인 만주 이민정책 시기(1931~1945년)

만주는 넓은 땅에 비해 사람이 너무 없으므로 일제는 만주열풍을 일으켜 단기간 내에 많은 사람들이 자발적으로 이주하도록 유도하는 정책을 취하였다. 그러나 자발적 이민만으로는 부족하기 때문에 '국가의 보호를 받는 국책이민'[24]으로 포장된 조선인의 강제적인 만주이민 책략을 추진하였다.

만주에 진출한 일본 관동군 참모부는 1936년 이후 향후 20년간 100만 호 511만 명의 농업이민 송출, 일본인 인구 10%를 포함한 인구 5000만의 국가를 만들겠다는 '만몽영유계획(滿蒙領有計劃)'을 세웠다. 이에 따라 일본은 1941년 8월까지 4만 가구 10만여 명에 이르는 435개의 일본인 '이민개척단'을 중국 동북지역에 보냈다.[25]

일본의 강제적인 만주이민 정책에 발맞추어 조선총독부도 조선의 과잉인구를 만주로 보내 조선사회를 안정시키는 것이 긴요하다고 보았다. 아울러 만주국의 통치에 조선인을 동원하는 것이 좋다고 보았다. 이를 위해 일제는 동아권업주식회사, 만선척식주식회사를 이용하여 한국인의 대규모 이민을 추진하였다.[26]

1932년 8월 일제 관동군은 만철경제조사회를 발족하여 조선인 이민대책요강을 작성하고, 조선인에 대한 통제방침을 수립하는 등 노골적으로 만주에 대한 조선인의 강제 이주정책을 밀고 나갔다. 조선총독부는 만주로 이주하는 조선인에게 주민증을 발급하고, 이주 후에는 효과적인 통제를 위해 집단부락에 거주하도록 하였다.[27]

1936년 8월 일본 관동군의 지시를 받아 만주국이 작성한 '재만조선인지도요강(在滿朝鮮人指導要綱)'에 따라 '만선척식주식회사(滿鮮拓植株式會社)'를 설립하고, 39개의 이주지역을 설정하여 매년 1만 가구(5만여 명)의 조선인들을 강제적으로 만주에 보낼 계획을 세웠다.[28] 실제로 '집단 개척민'이라는 이름으로 1937년에서 1940년까지 1만여 가구에 달하는 조선 농민들이 중국의 동북 3성으로 이민을 갔다. 1941년에서 1944년 사이에 조선 농민 6만 4000여 명이 일제의 지배전략 차원에서 중국 동북지역으로 강제로 이주하였다.

조선과 만주의 경제적인 관계도 더욱 깊어지고

만주지역에 이주하는 조선인들의 숫자가 많아지면서 만주와 식민지 조선과의 경제적인 관계도 더욱 긴밀해졌다. 특히 만주사변 이후 조선총독부는 일본, 만주, 조선 등 세 지역을 한데 묶어 '엔블럭 경제'를 만들어 날로 높아지는 국제적인 보호무역주의 움직임에 효과적으로 대응하려고 하였다. 즉, 그들은 중화학 및 정밀기계 공업이 중심이 된 일본과 경공업지대인 식민지 조선, 그리고 농업지대인 만주 사이에 분업체계가 형성된다고 보았다. 식민지 조선의 자본가들은 비록 일본 대기업의 하청을 담당하는 조연이긴 하지만 이런 기회를 잘 활용하면 조선의 '종속적 발전'이 가능하다고 보았다.[29]

1930년대 만주와 중국에 대한 일본의 경제적 지배가 본격화하자 이 기회를 활용하려는 조선의 기업가들도 이 두 지역에 적극적으로 진출하기 시작하였다. 이에 따라 1936년 조선산업경제조사회의 폐회사(閉會辭)에서 당시 조선총독 미나미 지로(南次郎)는 일본은 몸체, 조선은 팔, 만주

만주 벌판을 달리는 만철(남만주철도회사), 아래 왼쪽부터 1등칸, 전망차와 식당칸 내부.

는 손으로 표현하여 경제나 군사면에서 일본, 조선, 만주는 서로 긴밀한 관계임을 강조하였다.[30]

조선 기업인들의 만주 열풍은 바로 이 지역에 대한 수출입 실적의 급증으로 나타났다. 일본과의 무역을 제외한 조선의 해외무역은 1929년 3500만 엔이었으나, 1939년에는 2억 6900만 엔으로 10년 사이에 거의 여덟 배나 증가하였다. 이 중 조선의 만주에 대한 수출 비중은 1933년 77%, 1937년 63%, 1939년 76%를 차지하였다. 한편 조선총독부 통계연보 자료에 따르면 1934년 식민지 조선의 주요 수입국은 만주(59%), 중국(10%), 미국(6%) 순으로 나타났다.[31]

일제는 끊임없이 전개되고 있는 대외침략전쟁 수행에 필요한 인력과 물자를 보충하기 위해 1937년에서 1945년 사이에 약 700만 명의 노동자들이 국내외에서 일제의 전쟁 놀음에 강제로 동원되었다. 이런 과정에서 많은 조선인들이 만주 등 해외로 가게 되었다.[32]

중국 동북지방에 살고 있는 조선인 수는 시간이 갈수록 급속히 늘어갔다. 1931년 63만여 명에서 1936년에는 85만 4000명, 1937년 93만 명, 1939년 말 116만 명에 이르렀다. 그 이후 만주에 이주하는 조선인의 숫자는 더욱 빠른 속도로 늘어 1942년 151만 명, 1944년에는 165만 명, 1945년에는 216만 명이나 되었다.[33]

참고로 일제하에서 한민족들의 대부분은 이처럼 지리적으로 가까운 중국 동북지방에 거주하였다. 그러나 중국 산해관(山海關) 이남의 화북, 화중, 화남지역에도 상당수의 사람들이 살았는 바, 1937년에는 약 3만 명이었던 조선인들이 1945년 해방 당시에는 약 10만 명에 달했다.[34]

주

1) 이영미, 1998, p.89; 박찬호, 2009, p.575.
2) 반야월, 2005, pp.120~122.
3) 이영미, 1998.
4) 이승연, 2000, p.118.
5) 이영미, 1998, p.96.
6) 임계순, 2003, p.24.
7) 임계순, 2003, p.52.
8) 임계순, 2003, pp.24~25.
9) 정신철, 2000, p.15;임계순, 2003, p.53.
10) 신주백, 2010, pp.67~68.
11) 정신철, 2000, pp.15~16; 임계순, 2003, p.55; 김영번, 2007. 11.6.
12) 임계순, 2003, p.67.
13) 정신철, 2000, p.16; 임계순, 2003, pp.67~68; 김영번, 2007. 11.6.
14) 강재언, 1984, p.151; 임계순, 2003, pp.65~66.
15) 김철, 2006, pp.510~511.
16) 김철, 2006, p.510; 조우석, 2009, p.195.
17) 조우석, 2009, p.194.
18) 조우석, 2009, p.201.
19) 김철, 2006, pp.512~514.
20) 김철, 2006, pp.521~522; 조관자, 2006, p.549.
21) 신주백, 2010, p.74.
22) 김철, 2006, pp.485~497.
23) 김규민, 2005, p.223.
24) 조관자, 2006, p.549.
25) 김철, 2006, p.515; 정신철, 2000, p.18.
26) 신주백, 2010, p.74.
27) 임계순, 2003, p.84.
28) 정신철, 2000, p.18.
29) 전우용, 2010, p.113.
30) 에커트, 2006, pp.611~614; p.633.
31) 에커트, 2006, p.610; 손해용, 2007.
32) 소정희, 2006, p.457; 조관자, 2006, p.539; 김영번, 2007.
33) 정신철, 2000, p.190; 임계순, 2003, p.84; 김영번, 2007. 11.6.
34) 정신철, 2000, p.20.

홍도야 울지 마라

이서구 작사
김준영 작곡
김영춘 노래
1939년

사랑을 팔고 사는 꽃바람 속에
너 혼자 지키려는 순정의 등불
홍도야 울지 마라 오빠가 있다
아내의 나갈 길을 너는 지켜라

구름에 싸인 달을 너는 보았지
세상은 구름이요 홍도는 달빛
하늘이 믿으시는 네 사랑에는
구름을 거둬주는 바람이 분다

홍도야 울지 마라 굳세게 살자
진흙에 핀 꽃에도 향기는 높다
네 마음 네 행실만 높게 가지면
즐겁게 웃을 날이 차차 오리라

〈홍도야 울지 마라〉

화류계 여인의 삶과 사랑

화류계 여인의 사랑과 이별을 다룬 노래인 김영춘의 〈홍도야 울지 마라〉를 저는 초등학교 다닐 때 처음 접했습니다. 그러나 그때는 아무 의미도 모른 채 불렀습니다. 대학을 입학하고, 고시공부를 하면서 같이 공부하는 분들과 회식할 때나 공부가 잘 안되어 산사(山寺) 주변을 돌면서 가사와 곡조에서 애조가 물씬 풍기는 이 노래를 부르다 보면 구슬픈 감정이 슬금슬금 생기는 것을 느낄 수 있습니다.

특히 1970년대까지 한국의 많은 누나와 여동생들이 가난과 병고에 시달리는 집안을 위해 자신을 희생하는 일이 많았습니다. 그들이 도시로 와서 여공, 식모, 버스 안내양 등으로 장시간, 저임금 상태에서 일하다 돈을 잘 벌 수 있다는 유혹에 넘어가 유흥가로 빠져 불행한 삶을 살아가는 경우가 있었습니다. 독자 여러분도 〈홍도야 울지 마라〉의 사회적 배경을 생각하면서 부르면 듣는 이들을 감동시킬 수 있을 것입니다.

이 노래의 주인공인 홍도는 기생 출신입니다. 우선 일제 시대 기생과 관련된 노래부터 알아보겠습니다.

기생을 주인공으로 하는 노래와 '홍도야 울지 마라'의 탄생

술과 밥을 파는 요정과 식당을 매개로 남성들과 무시로 접촉하며 정(情)을 주고받는 기생들을 주인공으로 하는 노래들이 1930년대 등장하여 대중들의 인기를 끌었다. 1933년 5월 폴리돌 레코드사는 편월 작사, 에구치 요시 작곡의 인정비극 〈항구의 일야〉를 발표하였다. 기생 탄심과 유부남 이철의 사랑과 이별을 다룬 이 비극은 대중들의 인기를 많이 끌어 4편까지 만들어졌다. 주인공 탄심 역에는 일제 시절 비극의 여왕으로 알려진 전옥이, 이철 역에는 작사가 왕평이 출연하였다.[1]

1936년 7월 극단 청춘좌는 신파극 〈사랑에 속고 돈에 울고〉를 동양극장에서 초연한 후 관객들의 호응에 힘입어 인기 절찬리에 공연하고 있었다. 이 작품은 배우 문예봉의 남편인 임선규라는 당대의 인기작가가 당시 최고의 인기배우 중에 하나였던 차홍녀와 황철을 염두에 두고 집필하였다. 홍해성이 연출한 이 연극은 그 당시 사회적 모순을 드러내어 기생을 비롯한 관객들의 폭발적인 인기를 얻었다. 비극에 특별히 뛰어난 차홍녀와, 희비극을 가리지 않고 잘하는 문정복 두 사람이 주인공 홍도 역으로 더블 캐스팅되었다.[2]

순정비극인 이 연극의 내용은 다음과 같다. 일찍 부모를 잃은 주인공 홍도는 오빠를 출세시키기 위해 기생이 된다. 그녀는 오빠가 대학교를 졸업한 이후 순사가 되자 기생생활을 청산하고 오빠 친구 심영철에게 시집을 간다. 그러나 남편이 일본 유학을 간 사이에 기생을 했던 것이 드러난 홍도는 시어머니의 미움과 구박을 받다 결국 시집에서 쫓겨나게 된다. 한편 유학을 다녀온 남편은 부잣집 딸 김해영과 재혼을 하게 된다. 극도로 실망한 홍도는 제정신이 아닌 상태에서 전 남편과 새로 혼인하는 부잣집 딸을 칼로 찌르나 사람들이 밀치는 바람에 실패한다. 순경이 된 오빠가 그녀에게 수갑을 채우고 갔는데, 재판 과정에서 무죄가 된다. 미안하다며 사과하는 전 남편을 꾸짖고 시골로 떠나는 것으로 연극은 끝난다.

이 연극이 올라간 극장 주변은 연일 공연장을 찾는 사람들로 인산인해(人山人海)를 이루었다. 특히 주인공 차홍녀에 대한 인기는 날로 높아갔으며, 관객들의 눈물로 극장은 울음바다가 되었다.

연극의 주제가 화류계 여성의 사랑과 불행한 이별, 특히 '사랑에 속고 돈에 우는' 기생들의 처지를 정확하게 표현한 이 악극에 감동하였다. 수많은 기생들은 인력거를 타고 와서 화류계 생활의 설움과 억울함, 그리고 박복한 삶을 공명(共鳴)하고 눈물지으며 이 연극을 보았다. 그래서 권번 기생 500명이 한꺼번에 구경하는 바람에 서울의 요정이 텅 비었다거나 술집이 영업을 할 수 없었다는 얘기가 항간에 나돌았다. 또 이 연극을 본 나이가 18세인 기생 임선월은 홍도의 운명과 자신의 그것이 너무나 흡사하다는 생각을 하면서 한강에 투신하여 자살했다. 대중들의 인기를 한 몸에 받은 이 연극은 그 후 1938년 1월 설날에 부민관에서도 다시 공연되어 조선 연극사상 최장기 최다 관객 동원 공연으로 기록된다.[3]

한편 이 연극은 기생 외에도 주부, 여학생, 특히 신여성들이 환호하였다. 평범한 주부와 여학생들은 어려운 처지에 놓여있는 기생들의 사랑과 이별을 동정하게 되면서 이 연극을 좋아했다. 유부남과 사귀는 일부 신여성들은 첩과 후처의 위치[4]로 자리매김해지는 자신들의 불우한 처지를 되돌아보면서 이 연극에 관심을 보이게 되었다.

원래 이 연극을 위해 이서구 작사, 김준영 작곡, 김영춘 노래의 〈홍도야 울지 마라〉와 이고범 작사, 김준영 작곡, 남일연 노래의 〈사랑에 속고 돈에 울고〉라는 두 노래가 만들어졌다. 곧이어 제작된 음반의 앞면은 〈사랑에 속고 돈에 울고〉이고, 그 뒷면에는 〈홍도야 울지 마라〉를 배치했다. 악극 관계자들이나 음반 제작자들은 당초 이 악극의 제목에서 드러나듯이 〈사랑에 속고 돈에 울고〉라는 노래가 더 히트할 것으로 기대했으나 결과는 정반대로 〈홍도야 울지 마라〉가 훨씬 인기를 얻게 되었다. 〈사랑에 속고 돈에 울고〉라는 악극의 제목도 후일 〈홍도야 울지 마라〉로 통칭될 정도였다.[5] 이 노래가 이렇게 장안의 화제가 되면서 그렇지 않아도 인기를 얻고 있는 악극이 더욱 비상(飛翔)할 수 있도록 날개를 달아주었다.

이 연극이 장안의 인기를 얻자 1939년 영화로 다시 만들어졌다. 1939년 4월 발매된 이 영화의 주제가 〈홍도야 울지 마라〉는 수만 장이 팔렸다고 한다. 이 음반을 찾는 사람이 많아지자 콜롬비아 레코드사는 부산항과 경성역에 직원들을 더 많이 배치시켰다고 한다.[6]

특히, 이 연극과 영화에 열광적인 반응을 보인 기생들은 건실한 남성과 진실한 사랑을 꿈꾸며, 그 행운이 자신들에게 오기를 기다리고 있다. 자신의 신분이 드러나지 않기를 희망하면서 그들은 돈을 좀 벌면 얼른 이 생활을 마감하고 자신이 좋아하는 사람과 사랑을 하며 행복한 삶을 살 수

1936년 임선규가 집필하고 동양극장 전속극단인 청춘좌가 초연한 '사랑에 속고 돈에 울고'는 1939년 동명의 영화로도 제작되었다. 또한 1965년 개봉된 '홍도야 우지 마라'는 전택이 감독이 연출을 맡고 김지미·신영균이 출연했다.

있으리라 기대한다. 그러나 현실적으로 그렇게 전개되기가 힘들다. 기생생활을 했다는 사실이 남에게 드러나지 않기를 바라는 것도 무망(無望)한 일이다. 화류계 생활로 단시간 내에 돈을 제대로 모으는 것도 어렵고, 오히려 시간이 갈수록 몸만 망가지고 빚만 늘어간다.

화류계에 있으면서 사귄 사람과 불꽃같은 사랑을 꿈꾸지만 그 사랑은 비극적으로 끝날 수밖에 없다. 특히 상대가 유부남일 경우에는 지아비의 외도에 대한 분노에 찬 본처의 단호한 조처(예: 사법관서 제소, 물리적 폭력 행사 등)가 잇따르는 것은 당연한 일이다. 설혹 결혼을 하지 않는 총

각일 경우라도 그런 직업에 종사하는 여성들과의 교제를 허락할 수 없다는 남자측 부모의 결연한 입장 때문에 강력한 방해를 받아 끝내 좌초된다. 그런 방해물이 나타나지 않더라도 유흥가 주변을 맴돌면서 늘 새로운 사랑을 꿈꾸어 온 바람기 있는 남자들은 묽은 사랑을 던져버리고 새로운 사랑을 찾아 나선다. 이런 남자들의 배신과 무관심 때문에 그 사랑은 이내 파탄에 직면하게 된다.

이렇게 사랑하는 사람을 위해 아낌없이 자신이 가진 모든 것을 주어버린 기생들은 그런 희생과 헌신이 언젠가는 보답받을 수 있으리라 생각한다. 하지만 현실은 그렇게 흘러가지 않는다. 설혹 기생들의 희생과 헌신으로 사귀는 남자들을 성공시켜도 화류계 출신이라 순결하지 못하다는 이유로 버림을 받았다.[7] 그처럼 아낌없이 모든 것을 주었는데도 불구하고 그들의 삶은 이처럼 비참하고, 그 사랑은 휴지조각처럼 구겨지듯 비극적 파탄으로 귀결되는 경우가 많았다.

한때 진정으로 여겼던 사랑이 이렇게 파탄으로 끝나면 사찰에 출가하여 스님이 되는 등 탈속(脫俗)의 방법을 택하는 것은 그나마 삶에 대한 의욕이 조금이라도 남아 있는 경우일 것이다. 더 이상 그들을 짓누르는 삶의 무게를 이기지 못할 지경이면 자살이라는 극단적 방식으로 생을 마감하게 된다.

이루어질 수 없는 사랑과 정사(情死)로 끝난 비극적 종말

그 당시는 서양의 멋과 이념 등 소위 '양풍(洋風)'을 좇아가는 '모던 보이'와 '모던 걸'들이 서구에서 들어온 '자유연애주의 사상'을 수용하여, 이를 현실생활에서 모험적으로 추구하던 시대였다. 신문명에 물든 일부 남성들은 봉건적 유습에 따라 나이가 어릴 때 자신의 의사와 상관없이 부모가 정해준 배필을 어쩔 수 없이 아내로 맞이하기는 했었다. 이런 과정에서 일부 남성은 신여성 혹은 화류계 여성과 불륜관계에 빠지게 된다. 이때 본처는 이혼하지 않고 조강지처의 자리를 지킨다.[8] 결국 그러한 관계는 도덕적 지탄을 받으며 비극적 결말을 맞게 된다.

그 중 가장 극적인 방식으로 결말을 짓는 경우가 두 사람이 함께 삶을 마감하는 '정사(情死)'였다. 서지영의 설명에 의하면 정사는 근대 초기 "일부일처제 속으로 편입하지 못한 좌절된 연애들이 선택한 한 가지 방식"이었다. 1920년대와 30년대에는 이런 식으로 유부남과의 이루어질 수 없는 사랑을 하다 끝내 정사로 귀결되어 우리 사회에 많은 충격을 준 사건들이 연이어 발생하였다. 예를 들어 1921년부터 1940년까지 동아일보에 보도된 정사 사건이 모두 245건이다. 그런 사건 중에 상당부분은 조선에 거주하는 일본인들 사이에 일어났다. 원래 일본에는 메이지 시대 이후 '심중(心中)'이라는 이름의 정사 문화가 자리잡고 있었다. 일제의 식민통치 이후 이런 일본 풍조의 영향을 받은 식민지 조선인들 사이에서도 정사 사건이 제법 일어났다.[9]

'낭만적 사랑' 혹은 '자유연애'라는 새로운 사조(思潮)의 영향을 받은 식민지 조선의 신세대들은 결혼을 집안과 집안의 결합으로 보는 전근대적 관습과 충돌하여 좌절을 겪으면서 정사라는 극적인 방식을 택하게 된다. 특히 '사회적, 계급적 한계로 인한 염세주의'가 크게 작용하면서 도시의 저소득층 남성과 유흥산업에 종사하는 여자들 사이에 정사가 많이 일어났다. 서지영의 연구에 의하면 1920년대 정사 사건의 50% 정도는 창기, 작부, 기생 등 유흥 및 성(性)산업 종사자들 사이에 일어났다고 한다. 시간이 가면서 비율은 점점 높아져서 1931년에서 1935년 사이에는 56.5%, 1936년에서 1940년 사이에는 71.1%나 되었다고 한다. 그들이 정사한 원인을 살펴보면 생활난, 장애, 사업실패, 사회적 체면 상실 등으로 드러났다.[10]

1920년에서 1931년까지 일어난 554건의 정사 사건 중 약 10%인 57건이 기생의 자살과 관련된 사건이었다. 기생들이 정사를 하는 원인을 살펴보면 생활 곤란, 기생이라는 처지의 비관을 들고 있으나, 그런 일이 일어나는 가장 큰 이유는 사귀는 남성과의 결혼 좌절이나 실연 등이었다. 한 남성을 열렬히 사랑하며 헌신했으나, 그런 기생의 '순애보적 사랑'이 근대 연애결혼 제도에서 수용될 수 없는 한계를 드러내자 그들은 정사라는 최후의 방식으로 대응한 것으로 보인다.[11]

그중에서 평양 기생 출신 강명화 사건과 카페 여급 출신 김봉자 사건은 그 시절 대중의 관심을 가장 많이 모았던 가장 대표적인 정사 사건이다. 인텔리 출신인 소프라노 윤심덕 정사 사건도 그 당시 언론으로부터 큰 스포트라이트를 받았다.

강명화 사건

1923년 일어났던 평양출신의 기생 강명화의 정사사건을 살펴보자. 강명화(본명 강확실)는 1901년 평양 인근의 남형제산에서 태어났다. 모친의 삯바느질과 음식장사 등으로 벌인 얼마간의 수입조차 도박과 노름 등으로 탕진하는 부친의 방탕한 생활로 그녀의 집안 형편은 늘 어려웠다. 이런 비

평양기생학교.

참한 생활에 넌더리가 난 그녀의 어머니 윤 씨는 그녀를 일곱 살에 기생집에 보냈다. 기생집에서 가무(歌舞)를 배우며 기량을 닦은 그녀는 얼마 되지 않아 평양 일대에서 최고의 기생으로 이름을 날리다 서울로 진출하여 다동에 있는 대정권번(大正券番)에서 일하게 된다. 이곳에서도 출중한 미모와 실력으로 단숨에 장안의 화류계를 주름잡으며 많은 돈을 벌게 된다. 그러나 그녀는 웃음을 파는 이 생활을 더 지속하기보다 적절한 사람을 만나면 결혼하여 평범한 여인으로 사는 보통사람의 삶을 늘 그리워하였다. 그녀 나이 19세가 되던 1919년 늦봄 한강 인도교에 산보를 나왔다가 장병천이라는 청년을 만나 서로 사랑하게 되었다. 그는 경북 칠곡 출신 대지주이자 당시 경일은행 두취(대표이사)였던 장길상의 외아들이었다.[12]

장병천은 이미 본처가 있었고, 기생 출신 강명화를 첩이라는 위치라도 장 씨 집안의 사람으로 받아들일 여지는 거의 없었다. 아버지 장길상의 인정과 경제적 지원을 받지 못한 두 사람은 오로지 강명화가 기생을 하면서 벌어들인 수입으로 생활하였다. 그 후 기생도 그만둔 상태에서 새로운 활로를 모색하기 위해 두 사람은 동경으로 유학을 떠났다. 그들은 장 씨 집안의 지원을 받지 못하고 강명화의 모친이 집을 팔아 보내온 돈으로 어려운 생활을 하고 있었다. 동경유학 생활도 오래가지 못했다. 기생을 데리고 유학 온 방탕아라며 그들을 처단하려는 일부 조선 유학생들의 협박에 손가락을 끊어가며 그 진실한 사랑을 호소하였다. 그러나 이런 식으로 거듭된 비난을 이기지 못하고 일 년 반 만에 다시 서울로 돌아온다. 그녀는 대구로 내려가 장병천의 아버지에게 두 사람의 혼인을 승낙해 줄 것을 요청했으나 즉각 거절당하자 서울에 따로 방을 얻어 살림을 차렸다. 그들의 살림살이는 궁색했고, 그것마저도 장길상이 자신의 아들 장병천의 바깥출입을 강제로 막는 바람에 같이 살 수도 없었다. 앞길이 창창한 부잣집 아들 장병천이 기생 출신인 자신 때문에 신세를 망쳤다는 비난을 그녀는 견디기가 정말 힘들었다. 사랑하는 사람을 위해 자신이 사라지는 것이 좋겠다고 판단한 강명화는 1923년 6월11일 애인 장병천과 함께 한 이별 여행지 충남 온양온천에서 약을 먹고 23세로 생을 마감하게 된다.[13]

사랑하던 여인이 세상을 떠나자 장병천은 한동안 강명화의 혼령(魂靈)이 나타나는 바람에 심하게 앓았다. 부잣집 아들이지만 자기 마음대로 처분할 수 있는 돈을 가지지 않았던 그는 아버지로부터 경제적 지원도 받지 못했다. 또한 강명화가 떠난 후 삶의 의욕과 희망을 잃고 기생집을 전전하며 지내다 보니 부랑자로 소문이 나게 되어 집안의 신임을 얻는 것도 더 어려웠다. 이런 식으로 세상을 비관하며 지내던 장병천은 1923년 11월 29일 "내가 죽으면 이태원 공동묘지에 강명화와 합장해 달라"며 쥐약을 먹고 자살하였다.

이 사건은 어찌 보면 뜨거운 정념(情念)에 불타는 청춘남녀의 이룰 수 없는 비극적 사랑 정도로 간단히 끝날 수도 있었다. 그러나 그 시절 남녀 간의 연애도 흔치 않았을 뿐만 아니라, 장안의 제일가는 미녀와 영남 최고 갑부 집안 젊은 자제의 연애와 도피행각, 그리고 두 사람의 그 극적인 죽음이 가진 비극적 속성이 세인의 관심을 폭발적으로 증폭시켰다. 놀라운 것은 단순히 이 사건의 추이를 흥미롭게 관찰하는 것에 머물지 않고 "강명화를 따라 간다"며 정사한 사람들이 속출하는 등 식민지 조선사회에 엄청난 파문을 불러 일으켰다.

이와 함께 그 당시 강명화와 장병천의 비극적 사랑을 문학적으로 형상화하는 소설과 연극은 물론 영화와 노래가 연속적으로 나왔다. 1924년에는 〈강명화 실기〉, 1925년에는 〈강명화전〉과 〈강명화의 설움〉, 1935년에는 〈절세미인 강명화〉라는 그녀를 소재로 하는 소위 '딱지본 소설'이 여러 권이 나올 정도로 인기를 끌었다. 이 비극적 사랑은 1924년 하야카와라는 일본인 감독이 메가폰을 잡은 〈비련의 곡〉이라는 이름의 영화로 나왔다. 또한 1927년 우영식이 부른 〈강명화가〉라는 유행가가 일동레코드사에서 발매되었으며, 연극으로도 여러 번 만들어졌다. 이런 열기는 해방 이후에도 그대로 이어져 1964년에는 〈강명화의 죽음〉이라는 소설이 나왔고, 〈동백아가씨〉를 작곡하여 공전의 히트를 친 유명한 작곡가

소설 강명화전.

백영호 선생이 1967년에 만든 〈강명화〉라는 노래를 인기가수 이미자가 불러 많은 사람들의 심금을 울렸다. 이 노래를 바탕으로 인기배우 신성일과 윤정희가 주연한 영화 〈강명화〉가 같은 해 상영되어 10만 관객을 동원하였다.[14]

윤심덕 사건

윤심덕은 1897년 평양시 순영리에서 경제적으로는 그리 넉넉하지 않지만 자녀 교육에 열성적인 부모의 사남매 중 둘째 딸로 태어났다. 그녀는 고향에서 평양여자고등보통학교를 다니다 경성여자고등보통학교 사범과로 옮겨 1918년 졸업한 후 원주에서 교편을 잡게 되었다. 피아니스트인 그녀의 여동생과 바리톤 성악가인 남동생 윤기성이 음악계에서 활약하는 등 형제들이 다 음악에 소질을 보였다. 1년여 교편을 잡은 후 그녀는 총독부 장학금을 받아 일본 도쿄음악학교에 입학하였다. 키가 크고 목이 긴 그녀는 성격도 활발해 동경에 유학한 남자들과도 잘 지냈다고 한다.

1921년 윤심덕은 일본 유학생들이 만든 순회극단에서 와세다 대학 영문학과를 다니던 김우진을 만나 가깝게 되었다. 연간 쌀 2만 섬, 녹두 800섬을 거두며 100칸 규모의 대저택에 사는 부유한 아버지를 둔 김우진은 집안의 중매로 다른 여성과 결혼하여 아이를 둔 유부남이었다. 그는 1920년 극예술협회를 조직하고, 순회연극단을 운영하는 한편 살아 있을 때 48편의 시와 5편의 희곡, 20여 편의 평론을 썼던 이름이 상당히 알려진 예술인이었다.

1923년 서양음악을 일으킨다는 포부를 가지고 귀국하여 데뷔 무대에서 성공한 이후 윤심덕은 여러 공연장에서 스포트라이트를 받았다. 그러나 정통성악은 화려하고 명성을 높이는 데는 기여했지만 경제적으로는 별로 도움이 되지 않았다. 그래서 그녀는 할 수 없이 세미 클래식은 물론 대중가요도 부르면서 시를 낭송하며 사회를 보는 등 여러 가지 일을 하였으나 살림살이는 나아지지 않았다.

이렇게 경제적으로 어렵고 나이도 이제 28세가 되어 당시로서는 과년한 편에 속한 그녀는 함경도 출신 재력가와 혼담이 오갔으나 성사되지 못하고 오히려 세간의 입방아에 오르게 되었다. 당시 그녀가 미국유학을 하려는 남동생의 유학자금 때문에 만났던 장안의 부자 이용문의 애첩이 되었다는 소문이 돌아 하얼빈으로 피신하는 일이 있었다.

하얼빈에서 돌아왔을 때 그녀는 생계를 어떻게 꾸려갈까 걱정할 정도로 힘들었다. 그녀는 김우진의 소개로 연극단체 토월회에서 연극을 했으나, 연기가 서툴러 흥행은 참패하였다. 1926년 7월 그녀는 일본 오사카

美聲의 主人尹心悳孃

青年文士와 投身情死

洋行하는 아우를 餞送하랴갓든길에

主人을기다리는 寂寂空房에는

最後의 레코드 吹入

金祐鎭은 舞臺藝術研究者

數朔前부터 行方不明

出發時의 態度

動機는 悲觀이다

나는不信하오

시모노세키를 출발해 부산으로 향하던 관부연락선 덕수호를 타고 귀국하던 윤심덕과 김우진. 1926년 6월4일 오전 4시경 대마도 앞바다 부근에서 동반 투신했다. 사건을 다룬 1926년 8월5일자 조선일보 지면.

의 일동(日東)축음기에서 음반을 취입하기 위해 미국 유학길에 오른 여동생 윤성덕과 같이 일본으로 갔다. 〈매기의 추억〉, 〈어여쁜 새악시〉 등 당초 계획된 노래를 다 취입한 후에 회사 측에 부탁하여 특별히 한 곡을 더 녹음했다. 이 노래가 바로 루마니아 작곡가 요세프 이바노비치가 작곡한 〈다뉴브 강의 잔물결〉이라는 곡조에 윤심덕이 작사한 번안곡 〈사의 찬미〉이다. 염세적인 가사를 애절하게 부르는 윤심덕의 이 노래를 들은 녹음실 사람들이 모두 울었다고 한다.

한편 김우진을 오사카로 오게 한 윤심덕은 1926년 8월3일 그와 함께 일본 시모노세키에서 조선의 부산으로 오는 도쿠주마루라는 연락선을 탔다. 8월4일 오전 4시경 현해탄을 건너오다 두 사람이 같이 몸을 던져 죽는 사건이 크게 화제를 불러일으킨 바 있다.

두 사람의 동반자살은 언론의 대대적인 보도와 함께 많은 사람들의 구구한 억측을 자아내며 대중의 관심을 자극하였다. 특히 이름이 알려진 유부남과 처녀의 이루어질 수 없는 사랑이 이렇게 비극적으로 결말이 나자 주요 언론은 더욱 적극적으로 보도하였다. 동아일보는 8월5일자 사회면의 절반 이상을 할애하여 "현해탄의 격랑 속에서 청춘 남녀의 정사-남자는 김우진, 여자는 윤심덕"이라는 제하의 기사를 게재했다. 또한 8월6일부터 4회에 걸쳐 "'김윤 양인'이 정사하기까지"라는 기획물을 연재했다. 아울러 조선일보는 8월7일부터 '악단의 여왕 윤심덕 양의 반생'이라는 타이틀로 5회에 걸쳐 연재하였다.

이런 대중적 관심이 치솟는 가운데 그녀가 취입한 '사의 찬미'는 엄청나게 히트하였다. 이 노래는 오늘날 한국대중가요의 효시로 자리매김하고 있다.

死의 찬미

(윤심덕 작사, 이바노비치 작곡, 윤심덕 노래, 1926년)

광막한 황야에 달리는 인생아
너의 가는 곳 그 어데이냐
쓸쓸한 세상 험악한 고해에
너는 무엇을 찾으려 가느냐

눈물로 된 이 세상이

나 죽으면 그만일까
행복 찾는 인생들아
너 찾는 것은 허무

웃는 저 꽃과 우는 저 새들이
그 운명이 모두 다 같구나
삶에 열중한 가련한 인생아
너는 칼 위에 춤추는 자로다

눈물로 된 이 세상이
나 죽으면 그만일까
행복 찾는 인생들아
너 찾는 것은 허무

허영에 빠져 날뛰는 인생아
너 속였음을 네가 아느냐
세상의 것은 너에게 허무니
너 죽은 후에 모두 다 없도다
눈물로 된 이 세상이
나 죽으면 그만일까
행복 찾는 인생들아
너 찾는 것은 허무

그런 일이 있고 난 뒤 수많은 세월이 흘렀지만 그들의 정사에 대한 관심은 식지 않았다. 1991년 김호선 감독이 메가폰을 잡고, 장미희, 임성민, 이경영 등이 출연한 영화 〈사의 찬미〉가 만들어졌다. 또한 2013년에는 네오프로덕션에서 뮤지컬로 만들었고, 2018년에는 SBS에서는 이종석, 신혜선, 이지훈 등이 출연한 동명의 드라마(3부작)로 만들어졌다.

김봉자 사건

평양출신 명기(名妓) 강명화와 소프라노 윤심덕 정사사건이 1920년대에 사회적 반향이 큰 사건이었다면, 카페 여급 출신의 김봉자와 경성제대 부속병원 내과의사 노병운의 비극적 사랑도 1930년대 한국사회를 울린 대표적인 정사사건이다.

충북 옥천에서 태어난 김봉자는 집안이 가난하여 보통학교를 졸업한 후 17세 때 40세가 넘은 남자에게 시집을 갔다가 낳은 딸 하나를 데리고 집을 뛰쳐나왔다. '나이팅게일'을 꿈꾸며 서울로 올라온 그녀는 병원의 간호사로 일하였다. 같이 살고 있는 친정어머니와 딸을 부양하기에는 그녀의 수입은 턱없이 부족했다. 여러 번 망설이다가 카페 '태평양'에서 술을 따르는 생활을 시작하였다. 그 카페가 잠시 문을 닫자 그녀는 카페 '엔젤'로 자리를 옮겼다. 카페 '엔젤'에 '천사'처럼 아리따운 아가씨 봉자가 있다는 소문이 돌자 그녀를 보기 위해 손님들이 넘쳐났다. 여러 손님들이 그녀를 유혹하려 했으나 마음을 열지 않다가 1932년 봄에 노병운을 만나서 사랑에 빠졌다.[15]

1933년 9월27일 나이 20세가 되던 해 그녀는 한강 인도교에 뛰어내려 자살하였다. 가난, 학대 등 이런저런 이유로 여성들이 스스로 목숨을 끊는 일이 많았던 시절이라 처음에는 언론이 1단 기사로 간단히 취급하였다. 그러나 다음날 조간에는 그녀의 신원과 자살 동기를 좀 더 자세하게 다루고 있다. 언론에 의하면 딸 하나를 둔 그녀의 본명은 김갑순이고, "사슴처럼 큰 눈, 오똑한 코, 포동포동한 얼굴과 하얀 살결을 가진 미인"으로, 그 당시 그녀가 출입하는 카페 '엔젤의 여왕'으로 칭해지고 있다고 밝히고 있다. 아울러 그녀는 그곳을 출입하는 처자(妻子)가 있는 의사와 살림을 차렸는데 이를 알게 된 본부인의 급습을 받고, '난리'를 치른 후 급기야는 경찰서에서 조사를 받는 등 수차례 수모를 당했다.[16] 그 사람 없이 산다는 것은 상상할 수도 없지만, 그 사람과 이런 생활을 계속하는 것은 자신은 물론 사랑하는 그분과 그 가족까지 불행하게 만든다[17]는 자괴감과 주변 사람들이 던지는 따가운 시선을 감당할 수 없었다. 결국 그녀는 한강에 몸을 던져 스스로 생을 마감하였다.

그때까지 남아 있던 봉건제적 유습에 비추어 취약한 신분으로 여겨지는 카페 여급과 학벌이 좋은 유부남 의사의 사랑이라 언론의 관심을 끌 수 있었다고 볼 수 있다. 여러 신문들이 이렇게 이 사건을 상세하게 보도한 데에는 그녀가 "상해 공산당의 세포였다"는 소문이 한 몫을 했다. 실제로 어떤 신문은 구체적인 증거도 없이 김봉자가 "상해 국제공산당의 거물 김일선의 세포"로, 이를 안 경찰이 그녀의 집에 갑자기 들이닥치자, 이 사실이 밝혀지는 것을 두려워해서 자살했다는 식으로 오도했다.[18]

그런 보도가 있은 지 이틀 후에 봉자를 사랑하던 의사가 그녀가 죽었던 같은 장소에서 자살하는 일이 일어나 대중의 관심을 더욱 폭발시켰다. 이에 따라 언론도 이 사건을 보다 더 비중 있게 다루었는 바, 예를 들어 조선일보와 매일신보는 한 면의 절반 정도를 할애하여 이 사건을 보도하고 있다. 언론에 의하면 김봉자를 따라 죽은 남자는 경성제대를 졸업하고, 장래 박사를 꿈꾸며 경성제대 부속병원 내과에서 일하던 의사 노병운(28세)이었다. 그는 죽기 전에 자신의 근무처에 사표를 내고, 봉자가 근무했던 카페 '엔젤'의 주인에게 "애인의 뒤를 따라 저 세상으로 간다"는 투의 편지를 보냈다고 한다.[19]

당시는 아직 자유연애가 허용되지 않는 봉건적 유제(遺制)가 강한 사회였다. 이런 상황에서 남들이 부러워하는 지위와 명예를 자랑하는 의사 출신의 남자가 술집의 여급을 사랑하다 결국 죽음을 택했다는 이야기는 대중과 언론의 관심을 받기에 충분하였다.

비록 불륜이긴 하지만 보통사람들보다 훨씬 더 강렬한 메시지를 담은 사랑의 흔적들이 사후에 발굴되면서 이 사건은 언론의 집중적인 조명을 받았다.

그 중에 하나가 'R+K=RK=L, RK-K=死(Death)=D'라는 두 사람이 만든 사랑의 공식이 죽은 후에 발견되어 여러 사람의 관심을 끌었다. 즉 로에게 김을 더하면 그것은 '로김'이니 '라이프(사는 것)'이나, 로김에서 김을 빼면 그것은 죽음(death)이라는 뜻이라고 한다.

맑게 부는 가을바람은
살랑살랑 R과 K의 가슴을 스쳐
K의 가슴은 고요히 물결지노라
R이여!

K는 오늘과 같이 즐겁기보다도 거룩하고 깨끗한 느낌은 아마도 처음 인가 하노라

맑게 흐르는 저 물과 같이 R이여, 영구히 그리고 깨끗이 당신은 나를 사랑할 터이지요

아름답고 마음 맞는 오늘의 이 놀이여

영원히 우리에게서 떠나지 말어주렴---

현장을 취재했던 조선일보 기자가 그들이 주고받은 글귀가 담긴 편지를 책상 위에서 찾았는데,[20] 앞에서 인용한 대로 구구절절이 상대방에 대해 지극한 사랑의 감정을 쏟아내는 연시(戀詩)였다.

이렇게 두 사람의 정사가 대중의 집중적인 관심을 받자, 1934년 1월 콜롬비아 레코드사에서 '봉자의 노래'를 발표하였다. 5절로 된 이 노래의 가사는 사랑하던 사람을 두고 홀로 떠나야 하는 봉자의 심정을 잘 표현하고 있으며, 당시 인기 절정에 있던 가수 채규엽이 불렀다.[21] 〈봉자의 노래〉가 발표되고 한 달 후 콜롬비아 레코드사에서는 봉자의 연인이었던 노병운을 주제로 하는 〈병운의 노래〉를 발표하였다. 김동진이 작사하고, 당시 일본 최고 작곡가인 고가 마사오가 작곡했으며, 〈봉자의 노래〉를 부른 인기가수 채규엽이 다시 이 노래를 불렀다.

이 사건과 관련하여 위에서 말한 두 노래가 이미 나왔는데도 그들의 슬픈 사랑에 대한 보통사람들의 마음을 제대로 풀어내기에는 부족했던 것 같다. 1934년 가을에는 〈봉자의 노래〉 일부를 주제가로 담은 〈봉자의 죽음〉이라는 음반이 또 다시 발매되었다.

카페와 댄스홀에 출입하는 '모던 보이'와 '모던 걸'

한편 기생들이 근무하는 요정 외에 다른 양식의 밤문화가 식민지 조선에서 만들어지면서 점차 번성하기 시작했다.

1930년대가 되면 새로운 패션으로 차림을 한 '모던 보이'와 '모던 걸'들이 서울의 거리를 거닐었다. 짧은 치마에 화장을 한 '모던 걸'들과 멋들어진 옷을 입은 '모던 보이'들은 새로 생긴 서양식 카페와 술집이 많은 충무로, 명동 등 일본인 집단거주지에 드나들었다, 이런 카페는 나중 조선인들이 많이 찾는 선술집이 즐비한 북촌에도 생겼다. 춤에 빠진 젊은 사람들은 댄스홀 대신에 그곳의 유성기에서 나오는 음악에 맞춰 그 당시 유행하던 춤인 왈츠나 블루스를 추었다.[22]

1931년 만주사변 이후 조선총독부는 비상시국이라며 경성(지금의 서울)에 댄스홀의 개설을 불허하였다. 그러자 다방마담, 기생, 여급, 영화배우, 레코드회사 문예부장 등이 연명(連名)하여 총독부 경무국장에게 댄스홀을 허가해 달라고 공개탄원서를 내었다. 대외적으로 식민지 조선은 전시체제로 전환하고 있었지만 내부적으로 그만큼 이런 유흥산업에 대한 수요가 있다고 봐야 할 것이다. 이렇다 보니 총독부의 댄스홀 금지조치에도 카페에서의 불법적인 춤바람은 크게 유행하였다.[23]

정치적 탈출구가 막힌 식민 치하의 조선에서 일부 사람들은 이처럼 화류계 사람들과 술을 마시며, 사랑을 나누고 또 이별을 하였다. 그런 시절 분위기를 반영하여 해방 전 식민지 조선에서 화류계 여성의 허무한 사랑을 노래한 대중가요가 제법 많다.

1938년 조명암 작사, 박시춘 작곡에 남인수가 노래한 〈꼬집힌 풋사랑〉

도 이런 유형의 노래인데, 남인수의 히트곡 〈애수의 소야곡〉을 능가할 정도로 인기를 얻었다고 한다. 특히 영화배우 한은진이 읊은 '밤거리 사랑은 담뱃불 사랑 맘대로 피우다가 버리는 사랑'이라는 대사와 남인수의 절창이 어울려 크게 히트하였다고 한다. 청진동의 어느 기생이 자살했는데, 그녀의 머리맡에 있는 축음기에는 이 노래의 레코드 태엽이 끊긴 상태로 얹혀 있었다고 한다.[24]

또한 1939년 천야토 작사, 전기현 작곡, 백년설 노래의 '두견화 사랑'도 화류계 여인의 사랑을 다룬 노래인데 기생들에게 크게 인기가 있었다고 한다. 한편 김용환이 노래 잘한다는 소문을 듣고 경기도 부평의 술집에서 스카웃을 한 이화자가 1940년에 부른 〈화류춘몽〉(조명암 작사, 김해송 작곡)도 기생의 덧없는 사랑을 노래하고 있다.[25]

기생제도의 사회적 변화

기생의 역사적 기원은 삼국시대로 거슬러 올라갈 정도로 오래되나 그 체계가 제대로 잡힌 것은 조선시대이다. 원래 기생은 관청에 소속되어 주로 연회나 행사를 할 때 춤과 노래를 부르거나, 기타 의료와 바느질 등을 담당했던 사람들이다. 그들은 가야금 등 악기를 잘 다루고, 노래와 춤도 능숙하며, 시와 글도 잘하는 예능인[26]이었다.

조선조 중앙과 지방에 귀속된 기생들은 3만 명 정도이고, 그들 중 궁중잔치에 동원되는 경기(京畿)기생은 100~300명 사이였다고 한다. 원래 관청에 소속되었던 기생들은 18세기 상업이 발달하면서 새로 생긴 신흥부자 등 민간을 상대로 영업을 하게 되었다.[27]

일제시대에 만들어진 사진엽서에는 조선 기생 엽서가 많다. 흑백사진에 채색을 해 흡사 컬러 사진처럼 인쇄했다. 이 엽서 속 여인들은 평양기생들로 멀리 을밀대 모습이 보인다.

대한제국 말 기생이라는 신분제가 없어지고, 1909년 관기제도가 철폐되면서 그들은 일단 관청의 굴레에서 해방되었다. 그러나 그들은 다른 경제활동을 해서 살아본 경험이 없기 때문에 기생조합을 새롭게 결성하여 살 길을 찾아 나섰다. 조선정악전습소 학감 하규일은 기둥서방이 없는 기생들을 모아 '정악전습소 분교실'로 명명(命名)하여 운영하다가, '다동조합'으로 다시 이름을 바꾸었다. 한국 기생조합의 시작을 알리는 '다동조합'에

화창한 봄날 을밀대를 향해 나들이에 나선 평양 기생들 모습을 담은 사진엽서.

는 그 당시 300여 명의 기생이 있었다고 한다. 그 이후 서울기생이 중심이 되어 '광교조합'을 결성했는데 그 소속원이 400여 명이 되었다고 한다. 이 두 조합 외에도 '경화조합', '한남조합' 등이 있었다.[28]

한편 일본의 '요정문화'가 식민지 조선에 이식됨에 따라 기생조합은 1914년부터 권번(券番)이라는 일본식 이름을 사용하게 되었다. 그리하여 '다동조합'은 '조선권번', '한남조합'은 '한남권번'으로 개칭하였다. 기생들의 영업조직으로 기능하고 있는 권번은 다른 한편 그들에게 3년에 걸쳐 판소리 등 노래와 춤, 기악 등을 가르치는 전문적인 기녀(妓女) 양성기관의 역할도 하였다. 권번에 소속된 기생들의 평균 나이는 17~18세였다고 한다.

1936년 6월 서울에는 조선권번, 한양권번, 종로권번에 각각 500명씩 전부 1500명 정도의 기생이 있었다고 한다.[29]

한편 1909년 궁내부에서 궁중요리를 담당하던 주임관 및 전선사장(典膳司長) 안순환이 지금의 동아일보 광화문 사옥 자리에 명월관이라는 고급 요리점을 열었다. 조선 왕조의 몰락으로 직업을 잃은 궁중의 기생, 요리사와 악사들이 이곳에서 새로운 활로를 찾았다.

이 식당은 단순히 밥을 먹는 곳이 아니라 동석한 여인들로부터 여흥을 즐기는 일본식 요정문화가 가미되었다. '상류층 외식문화'와 '밤문화'가 이곳에서 본격적으로 시작되었다. 2층으로 된 명월관은 일본과 조선의 고관대작과 친일계 인물은 물론 문인, 언론인들이 드나들면서 번창하였다.[30] 그 이후 국일관, 식도원 등 일류 요정이 차례로 생겨나서 여러 권번에 있는 기생을 불러 연회장에서 손님들과 같이 놀게 하였다.[31] 그들은 인력거를 타고 오후 5시에서 6시 사이에 연회장에 갔다가 밤 11시경 숙소로 돌아왔다고 한다. 화대는 시간당 30전에서 1원 50전까지 다양했으며, 대체로 매월 35~40원 정도 벌었다고 한다.

원래 춤과 노래 등 예능 소질이 있는데다 권번에서 체계적으로 학습하고, 현장에서의 무수한 실전을 통해 실력을 기른 기생은 가무에 능한 일류 예인이 되었다. 그들은 이런 과정을 통해 '민속음악과 민속무용의 전승과 보급'에 기여하게 된다. 특히, 한일합방 이후 그들은 이 땅에 서서히 유행하기 시작한 레코드에 우리의 민요를 녹음하였고, 시간이 가면서 점차 대중가요를 불러 인기를 얻었다. 왕수복, 이은파, 선우일선, 김복희, 김연월, 이화자 등이 그 당시 이름을 날린 기생 출신 가수였다.[32]

이렇게 만들어진 노래들을 열렬하게 수요하는 사람들도 온갖 종류의 손님들 비위를 맞추며 살아가는 불우한 처지의 기생들이었다. 신세를 한탄하며 세월을 보내는 기생들의 슬픈 마음과 운명을 달래는 수단으로 유행가를 즐겨 들었던 것 같다.

주

1) 박찬호, 2009, pp.288~289.
2) 최창호, 2000, p.111.
3) 최창호, 2000, p.115; 박찬호, 2009, pp.525~526.
4) 이동순, 1995, p.134; 이승연, 2000, p.95.
5) 김지평, 2000, p.112.
6) 박찬호, 2009, p.527.
7) 이승연, 2000, p.90.
8) 이애숙, 2010, p.214.
9) 서지영, 2010.
10) 서지영, 2010.
11) 서지영, 2010.
12) 전봉관, 2008: 서지영, 2010.
13) 전봉관, 2008; 서지영, 2010.
14) 전봉관, 2008; 이준희, 가요 114.
15) 김영철, 2011.
16) 김영철, 2011.
17) 김지평, 2000, p.107.
18) 김영철, 2011.
19) 이준희, 가요 114; 김영철, 2011.
20) 김영철, 2011.
21) 박찬호, 2009, p.236.
22) 김명환, 2006, p.48~57.
23) 김명환, 2006, pp.56~57.
24) 박찬호. 2009, p.386.
25) 박찬호, 2009, p.413; p.458.
26) 김명환, 2006, p.19.
27) 김명환, 2006, p.22.
28) 박찬호, 2009, pp.262~264.
29) 김명환, 2006, pp.25~29; p.33.
30) 김명환, 2006, p.37.
31) 박찬호, 2009, p.264.
32) 박찬호, 2009, pp.264~265.

귀국선

손로원 작사
이재호 작곡
이인권 노래
1949년

돌아오네 돌아오네 고국산천 찾아서
얼마나 그렸던가 무궁화꽃을
얼마나 외쳤던가 태극깃발을
갈매기야 웃어라 파도야 춤춰라
귀국선 뱃머리에 희망은 크다

돌아오네 돌아오네 부모형제 찾아서
몇 번을 울었던가 타국살이에
몇 번을 불렀던가 고향노래를
칠성별아 빛나라 달빛도 흘러라
귀국선 고동소리 건설은 크다

돌아오네 돌아오네 백의동포 찾아서
얼마나 싸웠던가 우리 해방을
얼마나 찾았던가 우리 독립을
흰 구름아 날아라 바람은 불어라
귀국선 파도 위에 새 날은 크다

〈귀국선〉 해방조국의 희망

제가 이 노래를 언제 접했는지 기억이 잘 나지 않습니다. 다만 직장생활을 하고, 노래방에 드나들면서 부르기 시작한 것 같습니다. 그동안 노래방에서는 물론 대중가요 관련 강의를 하면서 여러 번 이 노래를 불러봤지만 해방의 기쁨을 이처럼 멋지게 표현한 〈귀국선〉을 잘 부르는 것은 쉽지 않았습니다.

근간에 조갑제TV에 출연하면서 이 노래를 어떻게 멋지게 소화할까 하는 마음에서 이인권의 원곡은 물론 여러 가수들이 리메이크한 노래들을 찬찬히 들어보았습니다. 개인적으로는 KBS 가요무대에서 설운도가 부른 노래가 제일 마음에 들었습니다.

독자 여러분도 애창곡을 잘 부르고 싶으면 우선 그 노래를 부른 가수들의 노래를 여러 번 들으시면서 노래의 고저와 강약을 어떻게 조절하는지를 잘 살피면 좋겠습니다.

그리고 다른 가수들이 이런 노래들을 어떻게 개성 있게 소화하는지를 살펴보시면 도움이 되실 것입니다. 그런 연후에 자신만의 개성을 입히시면 남들이 감동하는 좋은 노래를 만들어 낼 수 있습니다.

이제 해방의 기쁨을 표현한 대중가요부터 살펴보겠습니다.

해방의 환희를 표현한 노래들

일본 히로시마와 나가사키에 대한 미군의 원폭 투하 등으로 갑작스럽게 이루어진 일본의 항복 선언 끝에 찾아온 해방의 감격과 환희는 해방 직후 몇 년 동안 우리 대중가요의 중심 테마가 되었다. 그 중에 이러한 분위기를 상징적으로 드러내는 가장 대표적인 노래가 1945년에 나온 〈4대문을 열어라〉와 해방 1년 뒤인 1946년에 나온 장세정의 〈해방된 역마차〉와 대한민국 정부가 수립되던 해인 1948년에 나온 현인의 〈럭키 서울〉, 그리고 1949년에 나온 이인권의 〈귀국선〉이다.

1945년 8월22일 종로2가 기독교서적 빌딩 4층에 연예계 인사들이 모여 미국과 중국에서 곧 귀환할 이승만, 김구 등 주요 독립투쟁 요인들을 환영하는 준비모임을 가졌다. 이 자리에서 그들은 조국 독립과 해방의 기쁨을 드러내는 노래를 만들기로 하였다. 이런 뜻에 따라 만들어진 박영호 작사, 김용환 작곡의 〈4대문을 열어라〉를 기타와 아코디언 반주에 남녀혼성 합창단이 불렀다.

해방 후 만들어진 대중가요 제1호인 이 노래의 원래 제목은 〈인민의 노래〉이다.

4대문을 열어라
(박영호 작사, 김용환 작곡, 1945년)

4대문을 열어라 인경을 쳐라
반만년 옛터에 먼동이 튼다
노동자야 농민아 청년학도야
새 세상은 우리의 것 앞으로 앞으로

해방된 역마차
(조명암 작사, 김해송 작곡, 장세정 노래, 1946년)

해방된 역마차에 태극기를 날리며
사랑을 싣고 가는 서울거리냐
울어라 은방울아 세종로가 여기다
인왕산 바라보니 달빛도 곱네

연보라 코스모스 가슴에다 안고서
누구를 찾아가는 서울거리냐
달려라 은방울아 보신각이 저기다
가로수 흔들흔들 네온불 곱네

해방의 환희와 감동, 그리고 흥분이 가장 사실적으로 그려진 〈해방된 역마차〉는 처음 만든 시제품에는 〈울어라 은방울〉로 되어 있었다. 시대 분위기와 어울리지 않는다는 거래처의 지적에 따라 〈해방된 역마차〉로 제목을 바꾸어 출시(出市)하여 대단히 인기를 얻었다.

럭키 서울

(유호 작사, 박시춘 작곡, 현인 노래, 1948년)

서울의 거리는 태양의 거리 태양의 거리에는 희망이 솟네
타이프 소리로 해가 저무는 빌딩가에는 웃음이 솟네
너도 나도 부르자 희망의 노래 다 같이 부르자 서울의 노래
SEOUL SEOUL 럭키 서울

현인이 노래한 〈럭키 서울〉은 타이프 소리, 웃음, 청춘, 합창, 건설과 같은 단어들을 사용하여 희망으로 가득찬 서울의 역동적인 모습이 나타나고 있다. 이 노래는 해방된 고국을 제대로 건설하려는 꿈을 그리고 있는 수작이다.

이렇게 많은 희망과 기대를 안고 재외동포들이 귀국선을 타고 조국으로 돌아왔지만 국내 정치사정은 당초의 기대와는 달리 분단으로 귀결되고, 끝내 동족상잔의 전쟁까지 하게 되면서 지금까지 대치국면을 유지하고 있다.

이인권 〈귀국선〉의 탄생 일화

1945년 8월15일 일제에서 해방된 부산항은 해외에서 돌아오는 동포들과 일본으로 가려는 일본인들이 한꺼번에 몰려들면서 대단히 혼란스러웠다. 특히, 부산시민들은 귀국 환영단을 조직하여 태극기를 흔들고, 대한

독립만세를 외치며, 애국가와 아리랑을 부르면서 부산부두에서 일본 등 해외에서 귀국하는 동포들을 맞이하였다. 해방 이후 귀국선을 타고 온 귀환동포들의 눈물과 희열이 뒤범벅이 된 그 감동적인 재회 장면을 부산항에서 감격스럽게 살펴 본 작사가 손로원은 그가 느낀 감흥을 이 노래에 담아 작사했다고 한다.

특히 우리 재외동포들은 이런저런 이유로 조국을 등지고 떠나 풍찬노숙을 하며 조국의 독립을 위해 활동을 하거나, 낯설고 물 설은 이국(異國)에서 식민 지배를 받는 2등 국민으로서 온갖 차별대우를 받으며 살아왔다. 그렇게 힘들게 살아온 그들이 광복 소식을 듣고 가슴에 크나큰 희망을 안고 귀국하는 광경을 노래한 〈귀국선〉은 해방 직후에 우리 대중들이 가지고 있었던 정서를 대변하는 대표곡이다.

우선 이 노래 1절은 일본 패망 직후의 혼란상을 딛고 여러 어려움을 겪으며 귀국선을 탄 우리 동포들이 나라의 꽃 무궁화가 고국산천에 핀 모습을 마음 속에 그리고, 국기인 태극기를 흔들며, 마치 광복의 기쁨을 축하비행하듯 귀국선 뱃머리를 왔다갔다 하는 갈매기를 바라보며 조국 건설의 희망에 매진하고픈 마음을 잘 표현하고 있다. 반면 2절은 오래 전에 떠난 고향과 그리운 부모형제를 만나는 기쁨을 그리고 있다. 3절은 꿈 속에서도 찾았던 독립조국의 발전을 위한 포부를 다시 다짐하고 있다.

이와 같은 내용의 가사를 손로원 작사가에게서 받은 이재호 선생이 작곡하여 처음에는 가수 신세영이 불렀다고 한다. 그러나 크게 히트하지는 못하고, 무대공연을 통해 차츰 알려지기 시작하였다. 그러다 1949년 오리엔트레코드사에서 이인권이 재취입하여 크게 히트하였다.

이 노래가 히트한 것을 계기로 손로원은 본격적으로 대중가요를 만드는 작사가 활동에 들어갔다. 그 이후 그는 〈봄날은 간다〉, 〈경상도 아가씨〉, 〈에레나가 된 순희〉, 〈고향의 그림자〉 등 수많은 히트곡을 만들면서 1950년대 한국 가요계를 대표하는 작사가가 되었다. 한편 〈샌프란시스코〉, 〈홍콩아가씨〉, 〈런던 소야곡〉, 〈페르샤 왕자〉, 〈인도의 향불〉, 〈아메리카 차이나타운〉 등 그의 작품에는 특이하게도 '이국(異國)의 풍물'을 그린 작품들이 많다. 그는 해방 이후 물밀 듯이 밀려오는 외국 문물에 대해 유독 관심

1920년대 관부연락선이 부산항에 정박한 모습. 대부분의 재일동포는 관부연락선을 타고 부산항으로 귀국했다.

이 많았다고 한다. 이와 함께 그 당시 국내문제를 잘못 다루면 사상문제가 제기되는 예민한 시점이라, 이처럼 골치 아픈 것을 피하고 싶어 주로 이런 주제를 다루었다고 후일 밝혔다.[1]

〈귀국선〉을 노래한 이인권은 본명이 임영일이며, 1919년 함경북도 청진 출신이다. 청진상업학교를 졸업한 이후 오케그랜드쇼의 청진 순회공연 때 이철과 박시춘을 찾아와 남인수의 노래 〈꼬집힌 풋사랑〉을 불러 좋은 평가를 받았다. 그 후 그는 오케레코드를 실질적으로 운영하고 있는 이철

의 발탁으로 몸이 좋지 않은 남인수를 대신하여 무대에 자주 서곤 하였다. 그런 특이한 인연에다 워낙 남인수와 비교해도 뒤떨어지지 않는 좋은 기량으로 노래를 잘해 '청진의 남인수'란 별명을 얻게 되었다.[2]

그는 1938년 박시춘 작곡의 〈눈물의 춘정〉을 취입한 이래 1939년 전수린 작곡의 〈얄궂은 운명〉을 불렀다. 1940년에 조명암 작사, 임근식 작곡의 〈꿈꾸는 백마강〉을 불러 인기가수로서의 위치를 굳혔고, 1949년에는 〈귀국선〉을 불러 크게 히트하였다. 그는 6·25 전쟁 중이던 1953년 국군 위문공연을 하던 가수 출신의 부인이 포탄을 맞아 사망하는 아픔을 녹여낸 〈미사의 노래〉를 작사·작곡하고, 이를 불러 대중들로부터 좋은 반응을 얻었다. 그 이후 그는 작곡가로 전신(轉身)하여 송민도의 〈카추샤의 노래〉, 최무룡의 〈외나무 다리〉, 현인의 〈꿈이여 다시 한번〉, 조미미의 〈바다가 육지라면〉과 〈단골 손님〉 등 1970년대까지 여러 인기곡을 작곡하였다.

갑작스럽게 찾아온 해방

1945년 8월15일 12시 라디오 방송을 통해 일본 천황은 느릿하고 맥빠진 목소리로 무조건 항복한다고 선언하였다. 36년간의 그 지긋지긋한 일제의 식민지배가 갑자기 끝이 났다. 한때 대동아공영권을 내건 일제가 중국과 동남아 여러 나라를 침략하면서 연전연승하는 뉴스를 쏟아낼 때가 있었다. 시간이 가면서 전황의 실상을 보도하기보다는 심리전 차원에서 내보낸 그런 승전 뉴스를 듣고 일제 지배가 상당히 오래 갈 것처럼 보였던 것은 사실이었다. 그런데 이렇게 갑자기 망한다는 것을 보통사람들은 상상하기가 어려웠다. 이 소식을 듣고 대부분의 식민지 조선인들은 모두가 머리

해방의 기쁨에 환호하는 서울시민들.

에 몽둥이를 맞은 것처럼 멍해졌다고 한다.

국제정세의 흐름을 제대로 아는 사람들이야 일제가 얼마 못가 망할 수밖에 없겠구나 하는 느낌을 어렴풋이 가지고 있었다. 그 즈음 일제는 제2차 세계대전에서 그들과 한편이었던 독일과 이탈리아는 이미 연합군에게 항복함에 따라 고립무원의 처지에 빠졌다. 더구나 태평양 전선에서 미군이 사이판을 점령하고 오키나와까지 진격하고 있었다. 이에 따라 미군은 일본 본토로 진격·점령하는 전투를 준비하고 있었다. 이런 상황을 감안해 보면 일제의 패색이 짙어 보이는 형국이었다.

그럼에도 일본이 갑작스럽게 망한다는 것을 예측하거나 상상하는 것은 참으로 어려운 일이었다. 함석헌 선생은 '해방은 도둑같이 뜻밖에 왔다'고 했고, 홍윤숙 시인은 '참으로 거짓말같이 그날은 오고야 말았다'[3]라고 말하였다. 심지어 미국 프린스턴대학에서 정치학 박사를 받고 미국에서 조선의 독립을 위해 활발하게 외교활동을 전개하며 국제정세의 움직임을 예민하게 살펴 온 이승만 박사도 이 소식을 듣고 한동안 멍하게 있다가 "여보, 우리 고향에 돌아갈 수 있게 되었어"[4]라고 말했을 정도라고 한다.

일본은 왜 연합국에게 항복하게 되었을까. 1931년 만주사변을 일으켜 만주를 점령한 일본은 1937년에는 중국 본토로 쳐들어가면서 중국과 전면전쟁을, 1941년 12월에는 하와이 진주만 기습을 계기로 미국과 태평양 전쟁을 치렀다. 이 기간 500만 명에 이르는 자국민들이 죽거나 다칠 정도로 일본은 엄청난 대가를 치르고 있었다.[5] 한마디로 힘에 버거운 전쟁을 수행하고 있었다.

그 당시 일제는 전쟁을 수행하는 데 필요한 물자를 조달하는 것도 쉽지 않았다. 1941년 7월에는 '조선잡곡배급통제규칙'을 공포하고, 1942년 3월에는 일반가정에서 가지고 있는 금속류를 강제로 회수하가 시작하였다. 1944년 1월에는 한국인 학병(學兵)의 입영을 시작하고 동년 2월에는 총동원법에 따라 전면 징용을 실시하여 해방 직전에는 150만 명이나 되는 한국인이 일제의 전쟁놀음에 동원되었다. 1944년 8월에는 12세에서 39세 사이의 배우자 없는 여성에 대한 '여자정신대근무령'을 공포하였다. 1945년 1월에는 보통학교 학생들에게 솔가지와 솔뿌리, 목화뿌리 등을 캐라고 지시함으로써 더 이상 감당할 수 없는 전쟁을 최후의 1인까지 본토를 사수한다며 오기로 버티고 있는 형국이었다.

미군 폭격기가 1945년 8월6일 히로시마에 원자폭탄을 투하하여 14만 명이나 죽었다. 연이어 8월9일에는 나가사키에 원자폭탄이 떨어지고, 그동안 일본과 동맹관계에 있었던 소련조차 8월8일 일본을 상대로 전쟁을 선포하자 어쩔 수 없이 항복하지 않을 수 없었다.[6]

우리 힘으로 일제로부터 독립을 쟁취하지 못한 것은 너무나 아쉬운 일이었다. 그러나 외세의 도움을 받은 것이긴 하지만 어쨌든 해방을 맞이하자 우리 국민들의 환호는 끝이 없었다. 〈광복의 노래〉를 작사한 위당 정인보 선생님은 "흙 다시 만져 보자. 바닷물도 춤을 춘다"라고 해방의 기쁨을 표현했다.

그러나 '이제는 해방'이라는 소식을 들은 즉시 온 국민 모두가 즉시 그런 기쁨을 표현한 것은 아니었다. 소설가 이태준이 그의 소설 〈해방전후〉에서 그리고 있듯이 주인공 현도는 우리나라가 비로소 일본으로부터 해방되었다는 소식을 듣고 "코허리가 찌르르"해지면서 "옳구나! 올 것이 왔구나! 그 지루하던 것이…"라는 식으로 느낀다. 그러나 그와 같은 버스에 탔던 민초들은 격동의 세월을 힘들게 살아왔기 때문에 앞으로 세상이 어떻게 변할지, 어떤 일이 일어날지 몰라 오히려 무심한 표정, 즉 유보의 몸짓을 보임으로써 그 소식을 놀라움과 함께 두려움으로 받아들이고 있었다. 그러나 시간이 조금 흘러가서 이제 더 이상 일제를 두려워할 필요가 없어졌다는 확신이 서자 조국독립의 소식은 민족 전체의 엄청난 환희로 전환되었다.[7]

1945년 8월15일 정오 일본천황이 무조건 항복을 한다는 방송을 한 이후 당일 낮에는 당시 보급률이 낮았던 라디오나 신문을 통해서 그 소식을 들은 사람들이 얼마 많지 않았던 것으로 보인다.

그날 오후 4시 30분쯤 서울시 종로구 계동에 있는 민족지도자 안재홍 씨 사무소에 모인 경성제대, 연희전문, 보성전문, 중앙불교전문 출신의 40여 명 대학생들이 '대한독립만세'를 불렀다. 또한 서대문 형무소에 구속되어 있던 독립투사 60여 명이 해질 무렵 석방되면서 형무소 앞에서 독립만세를 부를 정도로 그 당일 날은 비교적 조용하게 지나갔다.[8]

일본어로 된 일본 천황의 항복방송이 낮 12시 처음 방송을 탄 이후 경성방송국은 후쿠다 제1 보도과 계장이 일본말로, 이덕근 아나운서가 한국말로 이 사실을 하루 종일 보도하고, 또 해설하였다. 라디오 수신기가 많지 않은 데다, 전파상태가 좋지 않았지만 우리 말 방송과 해설이 계속 이어지자 일반국민들도 8월15일 밤부터 일본이 망하고 조선이 독립했다는 사실을 점차 알게 되었다.[9]

밤 사이에 일제로부터 우리나라가 해방이 되었다는 사실을 알게 되자 8월16일에는 누가 먼저랄 것도 없이 엄청난 환영인파가 거리로 쏟아져 나와 주요 도로를 가득 메웠다. 흰 옷을 입은 그들은 장롱 속에 깊숙이 감추어 두었거나, 급하게 만들었던 형형색색의 태극기를 휘두르며 서로 얼싸안고 눈물을 흘리면서 해방의 기쁨을 마음껏 표현하였다.

작사가 반야월 씨는 금강악극단의 개성공연을 마치고 종로1가에 있는 민흥여관에서 여장(旅裝)을 푼 후 제일극장에서 서울 공연을 준비하던 중에 해방소식을 들었다고 한다. 북과 징을 치며 극장 안으로 들어와 그들을 인도한 다른 사람들과 함께 거리로 나와 감격의 눈물을 흘리며 밤새 만세를 부르거나, 스코틀랜드 민요인 〈올드 랭 사인〉에 맞추어 〈애국가〉를 불렀다고 회고하고 있다.[10]

서울 등 도시에서뿐만 아니라 농촌에서도 여러 가지 방식으로 해방의 기쁨을 나누었다. 경남 울산군 서생면 진하리 사람들은 해방 다음날인 8월16일 만세를 부르고, 날마다 잔치를 벌이며, 술을 먹고 즐겁게 지냈다고 한다.[11] 이영훈 교수가 인용한 충북 중원군 동량면에 거주하는 선비 김인수가 쓴 치재일기(致齋日記)에 의하면 해방 일주일이 지난 뒤에 김 씨가 거주하는 마을의 남녀노소가 당나무 아래에 모여 온종일 풍물을 울리고 술과 국수를 먹으며 만세를 부르며 해방의 기쁨을 나누었다고 한다.[12]

부강한 자주독립국 건설의 부푼 꿈을 안고 귀환

일본과 만주, 사할린 등지에서 풍찬노숙으로 독립운동을 한 사람들이나 일제의 강제연행 정책으로 고국을 떠난 사람들은 물론이고 식민지 조선에서 먹고 살기 힘들어 이 나라를 떠난 사람들의 기쁨은 이루 말할 수 없었다. 해방 소식을 듣자마자 그들은 그동안 제법 정이 들었던 타관(他官) 땅에서 이룩했던 얼마간의 성취를 미련 없이 버리기로 마음먹었다. 오래 전에 떠난 조국에 가서 반드시 부강한 자주독립 국가를 다시 건설하겠다는 부푼 꿈을 가슴에 품고 고국으로 오는 귀국선에 몸을 실었다.

일제의 권력공백기에 나타난 혼란상으로 귀국하는 것도 쉽지 않았다. 우선 일본에 거주했던 재일동포들은 대한해협을 건너는 연락선이 유일한 교통편이었으므로 부산과 시모노세키 항구를 연결하는 관부연락선을 타고 귀국했다. 만주에 사는 동포들의 귀국경로는 좀더 다양했다. 독립운동가 장준하 씨처럼 해방이 있기 직전 일제가 항복할 시 후속조치를 논의하기 위해 미군 선발대와 함께 여의도 비행장으로 내린 사람이 있었다. 대부분의 사람들은 해방 후 황해를 건너는 배편으로 오기도 하고, 한반도와 대륙을 연결하는 기차를 타거나, 그것도 여의치 않으면 몇 달을 걸어서 한국에 도착하기도 했다.

얼마나 많은 사람들이 해방 전에 다른 나라에 살았을까? 정확한 숫자를 특정하기는 어렵지만 자료에 따르면 1945년 해방 당시에 일본에 240만 명, 만주지역에 190만 명에서 200만 명, 시베리아의 연해주에 50만 명이 살고 있었던 것으로 알려졌다.[13]

이들 지역에 거주하는 한국 사람들 중에 얼마나 많은 사람들이 실제로 귀국했을까? 우선 일본지역에 거주했던 우리 동포들의 귀국사정을 알아보자.

일본의 패전선언으로 나라가 해방이 되자 그 당시 일본 전역에 거주하던 240만 명에 달하는 조선인들 중 귀국하려는 사람들은 시모노세키, 센자키, 하카다, 사세보 등 우리나라와 비교적 가까운 지역에 몰려들었다. 전쟁에 진 일본의 사회혼란상이 극심하여 한반도로 돌아가는 한국인의 귀환 과정은 원활하지 못하였다. 항구나 역 주변에는 한국으로 가는 수만 명의 사람들로 인산인해를 이루었다. 돈을 모아 스스로 배를 조달하거나 옛 만주나 조선에서 귀환하는 일본인들이 타고 들어오는 배를 다시 타고 한국으로 귀환하였다.[14] 징용, 징병 등으로 동남아로 간 사람들은 연합군의 포로가 되었다가 세월이 제법 흐른 후 뒤늦게 귀국하였다.

막상 한국으로 오는 배를 타도 마이즈루(舞鶴)만에서 알 수 없는 폭발사고로 침몰당한 우키시마루(浮島丸)호의 경우처럼 조국 산천을 눈앞에 두고도 억울하게 귀국의 뜻을 이루지 못한 경우도 있었다.

1946년 2월17일 연합국 최고 사령부는 귀국을 희망하는 외국인(조선인, 중국인, 오키나와인, 타이완인)을 일본정부에 등록하도록 지시하였다. 일본 후생성은 1946년 3월18일 현재 조선인 총수는 64만 7006명이고, 그 중 51만 4060명이 귀국을 희망(전체의 79.5%)한다고 밝혔다. 이 경우 1945년 8월부터 1946년 3월까지 약 140만 명에서 170만 명 정도가 한국으로 돌아왔다는 셈이다. 이처럼 짧은 기간에 많은 한국인들이 해방된 고국으로 돌아오는 엄청난 '귀국러시'가 일어났다고 볼 수 있다.[15]

재일(在日) 조선인들이 해방을 맞아 더 많이 귀국할 수 있었을 텐데 그렇지 못한 이유도 있다. 우선 해방 이후 한국의 전반적 사정이 너무 좋지 않아 그들이 당장 귀국하는 것이 적합하지 않다는 생각이 들어 이를 망설이는 분들이 상당히 생겼기 때문이다. 특히 미 군정이 실시되었지만 경제 사정은 좋지 않은데다 격렬한 좌우 대립으로 정치적 혼란은 깊어만 가고, 사회적 불안상태는 해소될 기미가 보이지 않았다. 또한 해방 직후의 국내 정황을 살피기 위한 귀국이나 현금 1000엔, 화물 250 파운드 이상을 소지하고 귀국하는 것을 금지하였던 것도 더 많은 사람들이 귀국을 미룬 이유 중 하나의 요인이었다.

만주지역의 경우 200만 명에 이르는 동포 중 약 90만 명 정도가 해방을 맞아 귀국을 했다. 이로써 1949년 중국 대륙에 공산주의 정권이 들어섰을 때는 111만여 명의 조선족들이 중국 땅에 머물게 되었다.[16]

귀환한 재일동포의 85%인 130만 명, 재만(在滿)동포의 절반인 45만 명, 기타 10만 명이 남한으로 돌아왔다. 또한 해방 직후 북한에 거주한 남한 출신, 우익인사, 지주들 25만 명 정도가 남쪽으로 내려와 200만 명 이상의 인구가 갑자기 증가하였다. 1945년 남한의 인구는 1614만 명이었으나, 1949년에는 2017만 명으로 4년 사이에 연평균 인구증가율은 6.1%나 되었다.[17]

귀환동포들의 3분의 2는 도시에 정착하였다. 1945년 서울시 인구는 약 90만 정도였으나, 1949년에는 145만 명으로 4년 사이에 55만 명이 늘었다. 증가한 서울시 인구의 대부분은 귀환동포인 것으로 추정된다. 일본 등에서 배를 타고 들어오는 길목에 위치한 부산에도 20만 명 정도의 귀환동포가 체류했다고 한다. 이렇게 대규모로 해외에서 들어오는 사람들이 많아지자 식수, 식량, 주택, 실업문제가 심각하였다. 굶주림이 일상화 된 상태에서 발을 뻗고 잘 방도 없이 지내야 했다. 1946년 11월 미군정의 집계에 따르면 서울에서 2만 가구가 길거리 생활을 한다고 밝혔다.[18]

해방의 기쁨이 가시기 전에 한반도의 남쪽에는 이처럼 대중적 빈곤이 만연하고, 미군정을 흔드는 공산주의자들의 소요 등으로 정치사회적 혼란이 심해지고 있었다. 이런 가운데 38도선을 경계로 미국과 소련의 한반도 분할점령이 현실화되었다. 이에 따라 세계적 차원에서 전개되는 미소(美蘇)냉전이 격화되고, 이와 연계된 국내의 서로 다른 이념을 가진 정치세력이 각기 자신의 정치적 꿈의 실현을 위해 격렬하게 투쟁하였다. 우리 국민들이 잠시 맛보았던 해방의 감격과 환희는 이내 비탄과 분노로 바뀌는 일들이 연속으로 일어나면서 끝내 분단과 동족상잔의 6·25 전쟁으로 이어졌다.

주

1) 박찬호, 2009, p.175.
2) 이동순, 1995, p.308.
3) 임영태, 1998, p.31; 이영훈, 2007, p.185.
4) 이영훈, 2007, p.185.
5) 이영훈, 2007, p.187.
6) 문제안 외 18인, 2005, p.415~416;이영훈, 2007, pp.187~188; 황병주, 1999, p.21.
7) 이영훈, 2007, pp.184~186.
8) 문제안 외 18인, 2005, pp.19~20.
9) 문제안 외 18인, 2005, pp.19~21.
10) 반야월, 2005, p.166.
11) 정재도, 2005, p.137.
12) 이영훈, 2007, p.186.
13) 신준수·이봉숙, 2007, p.34.
14) 신준수·이봉수, 2007, p.111.
15) 신준수·이봉수, 2007, p.114; 신주백, 2010, p.76.
16) 정신철, 2000, p.19.
17) 정연태, 2010, p.44.
18) 김충남, 2006, p.147.

가거라 삼팔선

이부풍 작사
박시춘 작곡
남인수 노래
1948년

아 산이 막혀 못 오시나요
아 물이 막혀 못 오시나요
다 같은 고향 땅을 가고 오건만
남북이 가로막혀 원한 천리길
꿈마다 너를 찾아 꿈마다
너를 찾아 삼팔선을 헤맨다

아 꽃 필 때나 오시려느냐
아 눈 올 때나 오시려느냐
보따리 등에 메고 넘던 고갯길
산새도 나와 함께 울고 넘었지
자유여 너를 위해 자유여 너를 위해
이 목숨을 바친다

아 어느 때나 터지려느냐
아 어느 때나 없어지려느냐
삼팔선 세 글자는 누가 지어서
이다지 고개마다 눈물이더냐
손 모아 비나이다 손 모아 비나이다
삼팔선아 가거라

〈가거라 삼팔선〉 분단의 아픔

초등학교 저학년 시절 우리 동네에서는 설이나 추석 등 계기가 있을 때마다 콩쿨대회가 자주 열렸습니다. 그럴 때마다 참가자들이 종종 〈가거라 삼팔선〉을 부르는 것을 들었습니다. 아마도 남북 분단과 6·25 전쟁이 끝난 지 얼마 되지 않는 시점이어서 그런지도 모르겠습니다. 아직 나이가 어린 저는 무슨 뜻인지도 잘 모르면서 산에 나무하러 가거나 풀을 베러 다니면서 가끔 이 노래를 불렀습니다.

그럴 때마다 이 노래가 좀 슬프다는 생각을 했습니다. 나중 나이가 들어 카랑카랑한 목소리를 가진 남인수의 절창을 듣고 민족분단의 아픔이 가슴 절절이 느껴졌습니다.

이제 민족분단의 비극을 아파하는 노래 〈가거라 삼팔선〉이 탄생한 배경부터 살펴보겠습니다.

민족분단의 비극적 상황을 노래한 〈가거라 삼팔선〉

해방 이후 많은 사람들이 남북한이 단일정부를 구성하여 부강(富強)한 자주독립 국가를 만들기를 원했다. 그러나 바라지 않던 분단이 현실화되자 많은 사람들이 이를 몹시 한탄하였다.

이런 분위기에 따라 이 시절 남북 분단을 슬퍼하는 가요들이 나와서 민족의 아픔을 달랬다. 남인수가 부른 〈가거라 삼팔선〉(이부풍 작사, 박시춘 작곡, 남인수 노래, 1948년), 〈달도 하나 해도 하나〉(김건 작사, 이봉룡 작곡, 1949년), 〈흘겨 본 삼팔선〉(김건 작사, 박시춘 작곡, 1949년) 등이 바로 이런 노래를 대표한다. 이 중에서 〈가가라 삼팔선〉은 분단의 아픔을 가장 절절하게 드러낸 뛰어난 작품으로, 대중들의 인기를 한 몸에 받았다.[1]

〈가거라 삼팔선〉은 고려레코드사에서 〈희망 삼천리〉라는 노래와 같이 담아 발매되었다. 당초 고려레코드사는 〈가거라 삼팔선〉보다 새로 건국하는 나라의 희망찬 미래를 그린 〈희망 삼천리〉가 더 히트할 것으로 보았다. 그러나 그렇게 되지 않았으면 하던 비극적인 분단이 현실화되면서 이 노래를 담은 레코드를 사기 위해 판매상들이 선금을 예치하고, 줄을 서서 기다릴 정도로 훨씬 더 인기를 끌었다.

6·25 전쟁 이후 작사가 이부풍이 15년 정도 가요계에 얼굴이 보이지 않자 다들 그가 납북 혹은 월북한 것으로 생각하였다. 그 당시 자의든 타의든 이렇게 북한으로 간 사람들이 만든 노래는 부를 수 없는 금지곡으로 묶여 있었다. 작곡가 박시춘은 자신이 작곡을 했으나 월북 혹은 납북 작가의 작사 때문에 부르지 못하는 노래가 상당히 많았다. 그는 이런 노래를 살리기 위해 문제된 노래의 가사를 바꾸어 달라고 작사가 반야월에게 부

탁하였다. 이 과정에서 반야월 작사가는 원래 이 노래의 2절을 3절로 돌리고, 시대 분위기를 감안하여 반공적 성격을 더 강화한 2절을 새로 보완하였다. 아울러 원작의 '삼팔선을 헤맨다'를 '삼팔선을 탄한다'로 바꾸고, 작사자 이름을 이부풍이나 반야월 대신에 그 스스로 가끔씩 사용하는 추미림으로 하였다. 1961년 유니버살 레코드사에서 남인수가 다시 이 노래를 녹음하였다. 오랜 세월이 지난 후 시골에서 농사를 짓다 나타난 이부풍 씨에게 반야월 씨가 원 가사가 변경되고, 작사가도 다른 이름으로 올릴 수밖에 없었던 그간의 사정을 설명했더니 아주 잘 되었다며 만족해했다고 한다.[2]

특이하게도 1948년에 나온 초판보다 1961년에 재판으로 나온 노래가 대중들에게 더 많이 인기를 끌었다. 그러나 이 노래의 가사가 너무 비탄조인데다 북진통일을 주창하는 이승만 정부 하에서 잠시 금지곡이 된 적이 있다.[3]

원한의 38선 획정

제2차 세계대전이 끝나기 얼마 전 소련군은 한국과 만주 국경지대에 주둔하고 있었다. 그들은 1945년 8월8일 뒤늦게 대일 선전포고를 하면서 8월11일부터 13일까지 웅기, 나진, 청진에서 일본군과 전투를 했다. 8월15일 일본의 항복 이후 8월21일 함흥, 8월24일 평양, 8월25일에는 해주까지 진격하는 등 북한지역에 대한 점령을 신속히 마무리하였다.[4] 만약 그때 일본의 항복이 약간이라도 지체되었다면 한반도의 남쪽과 일본의 규슈까지 소련군이 점령할 가능성이 매우 높았다.[5]

소련이 이렇게 전격적인 진격을 한 이유는 40년 전 일어난 노일전쟁

(露日戰爭)에서 일본에게 참패하여, 한반도에서 영향력을 상실한 것 때문이었다. 그들은 절치부심하며 복수할 날을 기다리고 있었다. 1945년 9월 2일 스탈린은 노일전쟁의 패배를 러시아인의 '얼굴에 치욕적인 검은 반점'을 남긴 것으로 보고, '40년 동안' '그 반점이 지워질 날을 고대해왔다'고 말했다.[6]

반면 1941년 12월 태평양전쟁 개전(開戰) 이래 태평양에서 일본군과 치열한 전투를 치르며 일본의 본토를 공격하려는 미군은 한반도에서 멀리 떨어진 오키나와에 있었다. 이처럼 신속히 이루어지는 소련의 군사행동을 그대로 두면 한반도 전체가 소련의 직접 지배 아래 떨어지는 것이 분명해졌다. 미국 정책결정자들은 소련이 한반도를 전부 다 점령하는 것을 방지하기 위해 일본군의 항복을 지역별로 나누어 받는다는 명분 아래 남북을 분단하기로 결정하였다. 북위 38도선을 경계로 남쪽은 미군이, 북쪽은 소련군이 일본군의 무장해제를 담당하는 분할 점령안을 소련에 제의하였다. 1945년 8월16일 소련은 미국이 제의한 한반도 분할 점령안을 즉각 수락하였다. 이 과정에서 미국의 정책당국자들은 한반도의 분단을 임시적, 편의적 조치라고 생각하였다. 그러나 그 이후 미국과 소련 간의 이념 대립이 치열해지면서 임시군사분계선인 38도선은 영구적인 국경으로 완전히 굳어져 지금까지 지속되고 있다.[7]

1945년 9월7일 인천을 통해 소련보다 뒤늦게 한국에 들어온 미군은 한반도 남쪽에서 즉각 군정을 실시하였다. 당초 일본을 점령하려던 전투부대였던 그들은 구체적인 목표나 실행계획 등 군정을 제대로 수행할 수 있는 준비가 전혀 되어 있지 않았다. 더구나 그 당시 미국의 정책당국자들은 험난한 국내외 정세 속에서 남한이 앞으로 과연 살아남을 수 있을까 하는 것에 대해 대체로 비관적인 전망을 하고 있었다.[8]

세계적 차원에서 첨예해진 이념전쟁

제2차 세계대전이 끝난 후 전 지구적 차원에서 미국과 소련 간의 패권전쟁이 본격화되었다. 1946년 2월 소련의 스탈린은 자본주의와 공산주의와의 전쟁을 피할 수 없다고 선언하면서, 그들의 영향권 아래 있는 동유럽 국가들을 모든 수단을 동원하여 급속히 공산화하였다.

이런 소련의 공세에 대해 크나큰 위협을 느낀 미국과 영국 등 주요 민

미군과 소련군이 남북한에 진주한 지 2년 뒤인 1947년 5월25일 한 미군 병사가 남북 경계선인 도로 위에 38이란 위도 표시를 하고 있다.

주자본주의 국가들도 곧 반격에 나섰다.

1946년 3월5일 영국 수상 처칠은 미국 미주리주 풀턴의 웨스트민스터 대학에서의 연설을 통해 공산당이 동유럽에 전체주의 정권을 세우는 등 '철의 장막'이 쳐지고 있음을 지적하며, 공산주의 세력 팽창을 저지해야 한다고 역설하였다. 이에 따라 1947년 3월 미국 대통령 트루만은 공산주의 세력의 대외팽창을 저지하는 것을 주안점으로 하는 소위 '트루만 독트린'을 발표하였다. 이렇게 되자 소련은 1947년 9월 동독 내에 있는 서베를린을 봉쇄하였다. 이에 맞서 미국은 서베를린 주민들이 필요로 하는 물품들을 비행기로 공수(空輸)하는 한편 전쟁 폐허에 시달리는 서유럽 국가들의 경제적 부흥을 위한 '마셜플랜'을 적극적으로 추진하였다.

1949년 소련의 원자폭탄 실험이 성공적으로 이루어지고, 중국본토에 공산주의 정부가 들어서자 공산주의 위협에 대한 자유진영의 공포감이 더욱 높아졌다. 이에 따라 미국은 전 세계적 차원에서 공산주의를 막는 방안을 수립하고 집행하는 데 한층 더 골몰하게 되었다.

이런 시대적 상황과 맞물려 한국은 제2차 세계대전 이후 미소 간에 격렬해진 동서냉전의 전초기지가 되었다.[9]

선제적으로 이루어진 북한 공산정권의 수립 과정

소련은 처음부터 북한을 교두보로 삼아 한반도에 자국의 이익을 대변하는 위성국가를 수립하려고 하였다. 이를 위해 정치공작을 전문으로 하는 슈티코프 대장을 포함한 소련군을 북한에 진주시켰다. 스탈린은 1945년 9월20일 북한의 소련 군정 책임자에게 "소련의 이해관계에 적합한 독자

1945년 10월 평양시민 환영대회에 '김일성 장군'으로 소개돼 나타난 33세의 김성주. 오른쪽이 로마넨코 소련군 정치부장.

의 정부를 구성"하도록 비밀리에 지시하였다. 1945년 12월25일 자 슈킨보고서는 소련의 이익을 영구히 지킬 인물이 주도하는 정권을 구축하기 위해 토지개혁과 중앙집권적 조직을 서둘러야 한다고 건의하고 있다.[10]

이에 따라 소련은 북한에서 자국의 이익을 지킬 지도자로 33세의 김성주(후일 김일성으로 개명)를 선택하였다. 1946년 2월8일 입법권과 행정권을 가진 '북한지역 5도 임시위원회'를 구성하고, 위원장에 그를 선정하였다. 또한 조선공산당 북조선 분국을 설립하였다. 이와 같은 조치들은 신탁통치와 임시정부 수립 등 한국의 장래를 어떻게 할 것인가를 논의할 미소공동위 설치를 위한 예비회담을 준비하는 시기에 일어났다. 이는 분단의

장기화를 전제로 설립된 것이 틀림없다.[11]

그 당시 북한을 움직이는 '사실상의 정부' 역할을 하는 동 위원회는 1946년 6월 공산당의 전위조직인 농민동맹, 노동자 동맹, 민주청년동맹, 여성동맹을 대규모로 구성하여, '전체주의적 통제시스템'[12]을 갖추기 시작하였다. 1946년 8월 북조선노동당을 창당하였고, 1947년 2월 북조선인민위원회를 발족하였으며, 1948년 2월 조선인민군을 창설하여 정부 구성에 필요한 기본 조치를 활발히 취하였다. 이런 일련의 과정을 살펴보면 소련은 우선 북한을 공산화하여, 공산주의 혁명을 위한 소위 '민주기지'로 만든 다음 장차 남한마저 공산화하려는 계획을 1946년부터 착착 실행에 옮겨왔다고 봐야 한다.[13]

북한에 주둔하는 소련군과 그 협력자들은 1946년 1월부터 조만식 등 민족주의자들과 우파인사들을 정치적으로 심하게 탄압하였다. 아울러 지주 등 소위 반소(反蘇) 기득권 세력들의 경제적 기반을 철저하게 와해하기 위해 토지개혁(1946년 3월)과 주요 산업 국유화 조치(1946년 여름) 및 화폐개혁(1947년)을 실시하였다. 또한 헌법초안 작성(1948년 2월) 및 스탈린의 북한헌법 승인(1948년 4월24일) 등 '조선의 소비에트화'를 위한 제도적 장치를 마련하는 조치들을 전격적으로 단행하였다. 아울러 1948년 남북한총선거 실시와 관련된 유엔결의에 따라 북한을 방문하려던 유엔한국위원단의 방북을 막았다.

이런 일련의 조치로 보아 1946년 초 이후 북한은 한반도의 북쪽에서 사실상 정부에 준하는 통치행위를 하고 있었으며, 1947년 말경에는 정권수립이 완성단계에 접어들었다[14]고 봐야 한다. 아울러 북한의 이런 행태는 남한과 북한의 '분리, 이질화 작업'을 선도하였다고 볼 수밖에 없다. 북한은 이를 기초로 하여 한반도 북쪽에서 친소 단독정권을 수립하는 일을 '안정적 분위기에서 일사불란하게'[15] 진행하였다. 그들은 동시에 여러 형태의 쟁투가 진행되는 남한의 정치적 흐름을 자신들에게 유리하게 하는 공작에 치중하였다.

미군정 하에서의 남한의 정치적 혼란과 대한민국 정부의 수립

해방이 되자 일제하에서 억압된 한국인의 정치적 욕구가 폭발적으로 증가하였다. 1946년에는 134개, 1947년에는 350여 개의 정당과 사회단체가 생겨나, 정치적 의사를 표출하면서 수습하기 어려운 '정치적 소용돌이'에 빠져들었다. 이중에는 극좌파에서 극우파까지 다양한 정치적 스펙트럼을 가진 무장단체가 활동을 시작하였다.[16]

미군정 하 남한의 정치세력은 대체로 이승만과 한민당으로 대표되는 우파, 박헌영 등으로 대표되는 좌파, 김구와 김규식 등으로 대표되는 좌우합작파 등으로 대별될 수 있다. 이들은 건국과 관련된 여러 사안을 두고 자신의 구상대로 질주함으로써 사사건건 충돌하였다.

제2차 세계대전 중 미국과 영국 등 연합국은 카이로 선언과 얄타회담 등을 통해 일제 식민통치 하의 조선을 적절한 시기에 독립시킨다고 언급하였다. 마침내 1945년 12월 미국, 영국, 소련의 외상이 모인 모스크바 삼상회의에서 최장 5년의 신탁통치를 결정하였다.

한국에 대한 신탁통치안을 주도적으로 제안한 미국은 오랜 일제 식민지배 하에 있었기 때문에 한국인들은 자치할 수 있는 능력이 없다고 보았고, 소련도 이 안에 동의하였다. 이에 대해 일제의 압제에서 해방된 지 얼마 되지 않는 한국이 또 다시 강대국의 신탁통치를 받아야 하는 것에 대한 한국의 정치지도자와 국민의 분노가 폭발하였다. 정치적으로 좌우를 막론하고 반탁운동에 나섰다. 그 얼마 뒤인 1946년 1월3일 남한 내 좌파들과 북한의 김일성은 소련의 지령에 따라 찬탁으로 돌아섬에 따라 계속 반탁을 강력히 외치는 우파와의 정치적 대립이 더욱 격심해졌다. 특히 이승만은 이 당시 미국과 소련이 추진하는 신탁통치가 한국에 대한 소련의 영향력 증대를 허용하는 것으로 보아 결사적으로 반대하여 해방공간의 정치적 주도권을 장악하였다.

미군정은 확고한 목표와 실행수단을 가지고 있지 않아 여러 사안을 두고 이리저리 흔들리며 갈지자 행보를 하였다. 그런 과정에서 남한 내에서의 협력자를 선정하는 데 어려움을 겪었다. 처음에 그들은 좌파나 좌우합작파와도 협력할 생각을 가졌으나, 1947년 트루먼 독트린이 발표된 이후에는 전 세계적으로 냉전이 더욱 격화되면서 한반도의 분단이 '더 이상 여지가 없을 정도로 분명해지자' 이승만을 협력대상자로 보았다.[17]

1946년 이후 북한에서는 공산주의 정권을 수립하는 작업이 많이 진전된 상태였다. 이런 굳건한 정치적 기반 위에서 소련과 북한은 이제 남한 내 좌파를 지원하는 정치공작에 몰두하여 분위기를 자신들에게 유리하게 돌아가도록 조종하고 있었다.

이승만은 여러 정치세력이 다투고 있는 남한 내 정치상황 하에서 좌우합작정부가 들어선다면 좌파가 완전히 남한을 장악한다고 보았다. 그는 1946년 6월3일 정읍발언을 통해 남북한을 통틀어 자유로운 독립정부를

대한민국정부수립 기념식.

수립하는 것이 바람직하지만, 그것이 불가능해진 상태에서 어쩔 수 없이 남한만이라도 자유민주정부를 구성하자고 선언하였다. 결국 미국도 여러 대안을 검토해 본 후에 이승만 노선을 채택하였다. 1947년 7월 하순 미국은 한국문제를 유엔에 이양하기로 하여 유엔 감시 하에 자유선거로 대한민국 정부를 수립하는 것으로 결론을 내렸다.[18] 이에 따라 1948년 2월 유엔 임시총회에서 미국이 제안한 '가능한 지역에서의 국회의원 총선거 안'이 가결되었고, 남한은 그해 5월10일 국회의원 총선거를 치르기로 결정하였다.

김구와 김규식 등 좌우합작파는 한반도를 둘러싼 국제정세의 변화를 고려함이 없이 남북협상을 통한 통일정부 수립이라는 이상을 추구하고 있었다. 그들은 1948년 4월 남북의 모든 정당사회단체 연석회의를 제의하고,

평양에서 열린 동 회의에 참석하였다. 그러나 북한의 김일성은 미소공동위 결렬 책임을 미국에 전가하고, 남한 내 단일정권 수립 여부를 놓고 남남갈등을 유발하려는 의도 하에 평양에 온 김구와 김규식 등 남북합작파를 철저하게 이용하였다. 더구나 전 세계적 차원에서 냉전적 패권쟁탈에 돌입한 미국과 소련으로 한반도가 분할 점령을 당한 상태에서 세력이 크지 못한 남한의 중간파가 남북협상으로 단일정부를 수립하는 것은 어려운 일이었다.[19] 결국 좌우합작파는 높은 현실의 벽 앞에서 쓰라린 실패를 맛보았다.

결론적으로 말해 남한에서의 건국 작업, 즉 '나라 세우기 정치'는 '서로 다른 이념과 노선이 충돌한 전쟁'[20]과도 같은 싸움의 연속이었다.

북한은 공산주의 통일을 위해 시위 및 파업, 군중봉기, 군사반란, 게릴라전 등 남한 내 정치적, 사회적 혼란을 극대화하는 일들을 연속적으로 일으켰다. 1947년 남한 내 남로당원은 4만 명 정도 되는 것으로 알려졌으나, 상당수의 추종자들이 각계에 포진하고 있었다. 1946년 5월에는 위조지폐를 대규모로 발행하는 조선정판사 사건을 일으켰고, 이를 계기로 미군정은 본격적으로 좌익을 척결하기 시작하였다. 이에 맞서 소련의 지령과 거액의 자금을 받은 좌파들은 1946년 9월 철도파업 등 총파업을 하는가 하면, 1946년 10월에는 200만 명 이상이 참여한 대구폭동을 일으켰다.[21] 이후 북한의 지령을 받은 남한 내 좌파들은 유엔 결의에 따라 접근 가능한 지역에서 실시하려는 국회의원 총선거(1948년 5월10일)를 조직적으로 방해하기 위해 동원 가능한 모든 수단을 다 사용하였다. 특히 이들이 무장투쟁으로 대한민국 건국을 못하게 하려는 하는 과정에서 제주 4·3사건과 여순반란사건이 일어났다.

공산주의자들이 이렇게 집요하게 대한민국 건국을 방해하려 했지만 1948년 7월17일 제헌회의에서 헌법이 제정되고, 그해 8월15일 이승만을 초대 대통령으로 하는 대한민국 정부가 수립되었다. 남한에 대한민국 정부가 들어서자, 그동안 사실상 정부 역할을 하며 출범 시기를 기다리고 있던 북한도 1948년 8월25일 최고인민위원회 대의원 선거를 하고, 동년 9월9일 공산주의 정부를 구성하였다.

주

1) 전상인, 2006, p.168.

2) 반야월, 2005, pp.296~297.

3) 박찬호, 2009, p.61.

4) 임영태,1998, p.33~34.

5) 김충남, 2006, p.45.

6) 김충남, 2006, p.45.

7) 김충남, 2006, p.45; 캐서린 웨더스비, 2009, pp.39~43.

8) 김충남, 2009, pp.436~7.

9) 김충남, 2006, p.7.

10) 이지수, 2009, pp.58~67.

11) 이정식, 2006, p.44.

12) 김충남, 2006, p.56; p.76; p.110; 이지수, 2009, p.77.

13) 김충남, 2006, pp.82~83; p.110.

14) 김성진, 2006, pp.209~ 210; 김충남, 2009, p.440.

15) 이지수, 2009, pp.58~83.

16) 김충남, 2006, pp.40~69.

17) 김성진, 2006, pp.210~211; 김충남, 2006, p.58; 이영훈, 2006, p.61.

18) 김충남, 2009, p.439.

19) 박지향. 김일영, 2009, p.706.

20) 김성진, 2006, p.235.

21) 김충남, 2006, p.52; 2009, pp.435~436.

봄날은 간다

손로원 작사
박시춘 작곡
백설희 노래
1953년

연분홍 치마가 봄바람에 휘날리더라
오늘도 옷고름 씹어가며
산제비 넘나드는 성황당 길에
꽃이 피면 같이 웃고
꽃이 지면 같이 울던
알뜰한 그 맹세에 봄날은 간다

새파란 풀잎이 물에 떠서 흘러가더라
오늘도 꽃편지 내던지며
청노새 짤랑대는 역마차 길에
별이 뜨면 서로 웃고
별이 지면 서로 울던
실없는 그 기약에 봄날은 간다

열아홉 시절은 황혼 속에 슬퍼지더라
오늘도 앙가슴 두드리며
뜬 구름 흘러가는 신작로 길에
새가 날면 따라 웃고
새가 울면 따라 울던
얄궂은 그 노래에 봄날은 간다

〈봄날은 간다〉 청춘의 꿈과 허망한 진실

저는 1970년대 중후반 사찰에서 고시공부하던 시절 이 노래를 많이 불렀습니다. 시험 날짜는 다가오는데 공부는 잘 되지 않아 스트레스가 몰려올 때 슬그머니 절 부근의 산으로 가서 몇 시간씩 대중가요를 부릅니다. 이렇게 노래를 부르다보면 언제 합격할지 모르는 고시 때문에 청춘의 봄날이 흔적도 없이 사라진다는 느낌이 오면서 왈칵 눈물이 쏟아집니다. 그렇게 가슴에 쌓인 감정을 풀고 나면 다시 개운해지면서 공부를 재개할 수 있게 됩니다. 이 노래는 세파(世波)에 시달린 우리들의 마음을 정화시키는 작용을 하는 것 같습니다. 한국의 이름난 가수들이 이 노래를 리메이크했습니다. 누가 부른 것이 마음에 드는지는 여러분 개개인의 취향에 달려 있습니다. 저는 가수 백설희가 부른 원곡(原曲)이 제일 좋습니다.

이제 한국인이 가장 사랑하는 노래 중의 하나인 〈봄날은 간다〉가 어떻게 탄생했는지부터 살펴보도록 하겠습니다.

〈봄날은 간다〉의 탄생 과정

늘 검은 고무신을 신고 검은색 점퍼를 입은 작사가 손로원은 막걸리를 잘 먹어 '막걸리 대장'으로 칭하였다. 그는 6·25 전쟁 때 부산으로 피난을 가서 용두산공원 근처에 있는 판자촌에서 살면서 광복동의 초원다방과 자갈치 시장 등을 다니면서 부산에 피난 온 한복남 등 가요계 인사들과 교류하며 전쟁의 어려움을 이겨내고 있었다.

원래 화가이기도 한 그가 6·25 전쟁 중 어느 날 부산 영도의 태종대에서 그림을 그리고 있었다. 한국전에 유엔군의 일원으로 참전한 어떤 프랑스군 장교가 이 광경을 보고 자신의 어머니 사진을 보여주며 초상화를 그려달라고 부탁하였다. 초상화를 다 그린 후에 막사로 찾아가서 전해준 그림을 본 그 장교는 몹시 만족해하며 자신의 지갑에 든 돈을 다 주려 했다. 그는 돈을 받는 대신에 제조된 지 100년이 넘는 프랑스 최고의 술 루이 13세를 사례비로 받아왔다. 그는 이 고급술을 애지중지하며, 같이 마시고 싶어 하는 주변 예술인들에게 늘 자랑을 했다고 한다.[1]

그는 일제 말 청년시절 어수선한 시국을 피해 조선 전역을 돌며 그림을 그리며 시를 썼다고 한다. 남편이 일찍 돌아가는 바람에 홀몸으로 아들을 키운 그의 어머니는 이런 방랑벽이 있는 손로원을 이해하면서도 그리워했는데, 그런 어머니가 돌아가실 때 임종을 지키지 못했던 것을 그는 늘 자책했다고 한다. 특히, 그의 어머니는 손로원이 장가 가는 날 열아홉 살 시집 올 때 입었던 연분홍 치마와 흰 저고리를 장롱에서 꺼내 입겠다고 평소에 말한 적이 있다고 한다. 그래서 그는 이 옷을 입고 수줍게 웃고 있는 젊은 날 어머니의 사진을 벽에 걸어두고 몹시 아꼈다고 한다.

불행하게도 1952년 가을 어느 날 예기치 못한 화재가 일어나 손로원이 거주하던 부산 용두산 공원 근처에 있는 집은 물론 그렇게 아끼던 루이 13세 술과 연분홍 치마를 입고 찍은 어머님의 사진이 소실(燒失)되었다. 그는 이렇게 자신과 깊은 사연이 있는 두 물건들이 화재로 사라지는 것을 모티브로 하여 1953년 〈봄날은 간다〉라는 이 노래를 작사했다고 한다.[2]

이런 가슴 아픈 사연을 담은 가사의 깊은 뜻을 아름다운 선율로 풀어낸 박시춘의 뛰어난 솜씨와 백설희의 목소리가 합쳐져 1953년 유니버살레코드에서 발매한 〈봄날은 간다〉는 많은 인기를 구가하였다. 일반대중들의 열광적 반응뿐만 아니라 2004년 시 전문 문예계간지 '시인세계'가 시인 100명을 대상으로 애창곡을 조사한 결과 거의 모든 연령층의 시인들이 좋아하는 애창곡 1위를 차지했다. 아마도 산제비, 성황당, 앙가슴, 연분홍 치마 등 친숙한 토속적 용어를 능숙하게 구사한 가사에다 애절한 선율을 '체념한 듯 담담하게'[3] 풀어낸 백설희 음성으로 체화되어 나왔기 때문에 한국인의 가슴을 깊숙이 파고든 것 같다.

그런 이유로 백설희 이후 조용필, 한영애, 장사익 등 많은 후배가수들이 이 노래를 다투어 리메이크했다. 2001년에는 김윤아라는 젊은 가수가 '봄날은 간다'라는 같은 제목으로 노랫말과 곡이 다른 노래를 부르기조차 했다.

1973년 불의의 교통사고로 돌아간 손로원 작사가는 〈봄날은 간다〉 외에도 〈귀국선〉, 〈백마강〉, 〈비 내리는 호남선〉, 〈한강〉 등 3000여 곡을 작사한 뛰어난 가요시인이다. 특히, 〈물레방아 도는 내력〉, 〈고향의 그림자〉, 〈경상도 아가씨〉와 같은 한국적 토속성이 강한 노래를 작사했을 뿐만 아니라 〈인도의 향불〉, 〈홍콩아가씨〉, 〈페르샤왕자〉, 〈샌프란시스코〉 등 이국적 풍의 노래가사를 써서 인기를 얻은 작사가이다.

이 노래를 부른 백설희는 본명이 김희숙으로 1927년 서울 태생이다. 그녀는 오케음악무용연구소의 연구생으로 지내다 1944년 조선악극단 중국 공연부터 무대에 서기 시작하였다. 해방 후 악극단에서 출연하면서 인기를 얻다가 〈꾀꼬리 강산〉으로 가수로 정식 데뷔하였다. 〈봄날은 간다〉로 인기를 얻은 후 〈아메리카 차이나 타운〉, 〈샌프란시스코〉, 〈물새 우는 강언덕〉, 〈가는 봄 오는 봄〉, 〈딸 칠형제〉 등을 불러 1950년대를 대표하는 인기가수가 되었다. 그녀는 해방 이후 조선악극단에서 활동하며 후에 영화배우로 인기를 얻은 황해(본명:전홍구)와 결혼하여 가수 전영록을 낳았다.[4]

본명이 박순동인 작곡가 박시춘 씨는 경남 밀양 출신으로 기타 연주의 최고 명인(名人)으로 알려져 있다. 그는 작곡가로서 일제의 폭정, 해방과 한국전쟁 등 굴곡 많은 한국 현대사의 틈바구니에서 엄청난 고통을 겪은 한국인, 특히 서민의 애환을 음악적으로 표현하는 데 탁월한 사람이다. 그는 〈울어라 기타줄〉, 〈신라의 달밤〉, 〈이별의 부산정거장〉, 〈전선야곡〉, 〈럭키 서울〉, 〈굳세어라 금순아〉 〈가는 봄 오는 봄〉 등 주옥같은 곡들을 포함하여 평생 3000여 곡을 작곡한 한국을 대표하는 대중음악가이다.

눈부신 봄볕 같은 우리 청춘들의 사랑과 우정이 세월의 힘을 이기지 못하고 사라지는 안타까운 심정을 표현한 〈봄날은 간다〉는 2001년 연

1960년대 지구레코드사에서 제작한 '박시춘 작곡 대관 1집 다시 불러보는 노래' LP. SIDE 1에는 '1.이별의 부산정거장, 2.꼬집힌 풋사랑, 3.백지의 연서, 4.고향초, 5.봄날은 간다, 6.가는 봄 오는 봄'이, SIDE 2에는 '1.신라의 달밤, 2.청춘고백, 3.애수의 소야곡, 4.호수가의 처녀, 5.나는 울었네, 6.비나리는 고모령'이 수록되어 있다. 사진 왼쪽부터 이미자, 박시춘, 백설희.

극으로 만들어져 대학로에서 한동안 인기를 얻었다. 같은 해에 허진호 감독이 메가폰을 잡고 영화배우 유지태, 이영애가 주연하는 영화로 만들어진 바 있다.

2003년에는 김성녀, 최주봉, 김진태, 윤문식 등이 출연하는 악극으로 만들어졌다, 그 내용을 요약하면 다음과 같다.

황해도 풍산에 사는 이발사 동탁(최주봉)은 명자(김성녀)라는 처녀와 결혼을 하자 하룻밤만 같이 보내고 쇼단에서 성공하기 위해 아내 몰래 집을 떠난다. 그는 서울서 갖은 고생 끝에 난희라는 쇼단의 동료 여가수의 지원 등으로 일시적으로 성공하나 6·25 전쟁으로 모든 것이 허망하게 끝난다.

한편 동탁의 부인 명자는 남편과의 하룻밤 잠자리로 쌍둥이 남매를 낳았으나 시부모의 구박이 몹시 심하다. 시어머니는 며느리 명자 몰래 손녀를 다른 곳에 보내 버려 그녀의 가슴에 못을 박는다. 식당 허드렛일 등 온갖 고생을 하며 명자는 아들을 잘 키웠으나 월남전에 참전한 아들은 전투 중에 사망한다. 그렇게 죽은 아들을 위한 천도재를 지내다 그 절에 자신이 낳았으나 시어머니가 임의로 버린 딸이 스님이 되어 있는 기구한 인연을 만나게 된다.

그 사이에 동탁은 우연히 옛날에 정(情)을 나누었던 난희를 다시 만나 떠돌이 생활을 하게 된다. 그러다 그들은 명자가 하는 식당에 온다. 동탁은 명희를 알아보지 못하지만 손에 머리카락 자르는 가위를 든 옛날의 남편을 단번에 알아차린 명자는 그 옆에 다른 여자가 있는 것을 보고 아는 척도 못하고 다만 머리를 깎아 달라고 한다. 명자의 머리가 그녀의 남편에 의해 한 올 한 올 잘려 나가면서 그들이 청춘시절에 맺은 한 많은 인연도 종막을 고하는 것으로 대단원의 막이 내려진다.

이 악극 한 편에 한국의 현대사와 한국인의 서러운 정서가 다 녹아 있다. 낭만과 사랑이 꽃피는 청춘의 봄날을 단 한번 느끼지도 못하고 사라진 우리 부모님 세대 한국 여인들의 서러움을 절절이 이해할 수 있었기 때문에 많은 사람들이 감동한 것 같다.

유행가에서 출발한 이 노래는 이처럼 시와 연극·악극·영화로 이어져, 여러 예술 장르에 걸쳐 작품이 생산되는 전무후무한 기록을 남겼다. 이것 하나만으로도 이 노래의 예술적 가치를 짐작할 수 있을 것 같다.

누구에게나 화려하고 찬란한 한 때가 있으니 인생으로 치면 바로 청춘이고, 계절로는 봄이며, 세속적으로 따지면 돈을 많이 모았거나 권력의 중심부에 진입하는 데 성공했을 경우이다. 안타까운 것은 이런 좋은 일이 영원히 우리 곁에 있지 않다는 데 있다. 그런 행복, 그런 성공이 짧게 머물다 빠르게 사라지는 것이 인생의 철리(哲理)이다.

그래서 우리는 인생을 고해(苦海)라 하고, 그 어려움을 넘으려고 끊임없이 노력하며, 끝내 우리의 의지와 능력만으로 해결이 여의치 않으면 종교적으로 절대자에게 의지하게 된다. 바야흐로 시절이 봄이라면 만산에 꽃들이 피며 그 아름다움을 제각기 다툴 것이다. 그러나 조금 더 있으면 아무리 우리가 잡고 싶어도 봄날은 갈 것이고, 사랑도, 인생도 흘러갈 것이다.

봄날에 느끼는 청춘의 꿈과 허망한 진실이 가져온 비감(悲感)

아름다운 꽃잎이 봄바람에 이리저리 휘날리는 광경을 보면서 〈봄날은 간다〉를 들으면 어디서 오는지 알 수 없는 그 어떤 비애감이 주체할 수 없이 몰려온다. 아마도 약간 느릿느릿한 선율과 정감이 묻어 있는 토속적 한국어의 가사에 구구절절이 담긴 애절함이 환상적인 조합을 이루며 슬픈 감정을 고조시키는 것 같다.

이 노래가사에 흐르는 내용을 정밀히 살펴보면 철석처럼 믿었던 연인간의 사랑이, 혹은 굳은 맹세를 한 친구간의 우정이 세월이 흐름에 따라 덧없이 사라지는 것을 안타까이 여기는 것으로 되어 있다. 이 노래에 대한 대부분의 해설도 그렇게 되어 있었고, 이 노래와 같은 제명을 가진 시들('봄날은 간다'는 이 말이 좋은지 필자가 찾은 同名의 시만 20편이 넘었음)도 대체적으로 화무십일홍(꽃이 피되 열흘을 가지 못한다)의 숙명을 안은 우리 인생의 무상함을 표현하고 있다.

힘이 펄펄 나고 이 세상에서 이루려는 목표가 원대한 고등학교 학생부터 대학생을 넘어 직장생활을 막 시작하는 30대 몇 년을 우리는 피 끓는 청춘이라고 한다.

고등학교 국어교과서에 실린 민태원 선생의 〈청춘예찬〉은 "청춘! 이는 듣기만 하여도 가슴이 설레는 말이다.----(중략)----인생에 따뜻한 봄바람을 불어 보내는 것은 청춘의 끓는 피다.----(중략)----청춘의 동산에는 사랑의 풀이 돋고, 이상의 꽃이 피고----(중략)---"라며 청춘의 아름다움과 이상을 향한 강력한 추진력을 설파하고 있다.

민태원 선생이 그렇게 예찬했던 청춘도 순식간에 흘러가버린다. 청춘과 인생의 무상함에 대해 쓴 예술작품들이 많이 있다. 그 중에 우리 구전문학의 백미이자 판소리를 하는 사람들이 자주 부르는 '사철가'라는 노래의 가사에는 이런 인식이 잘 나타나 있다.

사철가(口傳가요)

이산 저산 꽃이 피니 분명코 봄이로구나.
봄은 찾아왔건마는 세상사 쓸쓸하구나.
나도 어제 청춘일러니 오늘 백발 한심하구나
내 청춘도 날 버리고 속절없이 가버렸으니
왔다 갈 줄 아는 봄을 반겨헌들 쓸 데 있나
봄아 왔다 가려거든 가거라.
(중략)

우리가 '백 년을 산다 해도 병든 날과 잠든 날 걱정 근심 다 제하고 나면 단 사십 년도 못 살 인생'이고 '이 내 청춘도 아차 한번 늙어지면 다시 청춘은 어려워라'라는 '사철가'의 가사에서 짧은 인생의 허망함을 드러내고 있다. 우리 인생은 이처럼 짧고, 특히 청춘은 더욱 짧으며, 한번 지나가면 다시는 오지 않는다는 것이 이 세상을 살아가는 우리들에게 주어진 숙명이다.

인간은 태어나서 초등학교, 중학교를 넘어서면 가족 간의 사랑 외에 이성(異性)을 그리워하는 감정을 가지게 된다. 그러나 고등학교에 들어가면 대학입시 공부나 취업준비(실업계의 경우)로 제대로 청춘을 느끼지 못한다. 가난 때문에 학업 대신 일을 해야 하는 근로청소년의 경우는 연인에 대한 사랑의 감정은 어쩌면 사치처럼 여겨지기도 한다.

고되고 격렬한 입시문턱을 넘어 대학에 가면 낭만이 넘치는 생활이 짧게는 1년 길게는 3년 정도 지속된다. 그때 젊은이들은 모르는 이성끼리 미팅도 하고, 연인들과 데이트를 하면서 꿈같은 생활을 구가한다. 그 과정에서 사랑의 뜨거운 열병과 기쁨도 얻지만, 쓰라린 이별과 슬픔도 맛본다.

대학 3학년 말이나 4학년이 되면 취업, 군 입대 등으로 새롭게 전개되는 삶을 단단히 준비해야 된다. 힘들게 준비한 끝에 취직이 되면 새로운 직장에 적응을 해야 하고, 결혼도 준비해야 한다. 30세 전의 우리 인생은 언제 왔다가 언제 사라질지 모르는 어느 봄날의 아지랑이처럼 빨리 지나가므로 일견 화려한 것처럼 보이는 청춘도 참으로 무상하다는 느낌을 준다.

그래서 30세 전후하여 우리는 가는 청춘을 몹시 아쉬워하며 엄청난 가슴앓이를 한다. 30세를 넘기면 나이를 먹어가는 것, 즉, 사회나 가정이 자신에게 던져준 책임의 무게감을 서서히 느끼는 시기이다. 한여름 밤의 꿈으로 다가왔던 20대 청춘의 화려함은 이제 가버렸고, 앞으로도 그런 날들을 더 이상 기대할 수 없으므로 어쩔 수 없이 포기할 수밖에 없다는 사실을 받아들인다.

요즘은 음식도 좋고, 의료기술이 발달하여 사람들의 평균수명이 점점 늘어나 100세를 넘기다 보니 40세도 아직 청춘이라는 느낌이 든다. 그래서 서른 전후하여 느꼈던 나이에 대한 의식이 마흔을 전후하여 다시 세월의 무상함에 대해 가슴앓이를 하게 된다.

정일근 시인은 마흔을 전후하여 그나마 조금이라도 남아있던 청춘의 정념을 이제 몇 잎밖에 남지 않은 봄날의 꽃과 비유하고 있다. 그는 '봄날은 간다'라는 시를 통해 살짝 불어오는 바람에도 이기지 못하고 그동안 정들었던 나무와 이별을 고하는 그 꽃들의 이별의식을, 시들해진 청춘의 정념과 대비시키고 있다.

봄날은 간다(정일근 작시)

벚꽃이 진다, 휘날리는 벚꽃 아래서 연분홍 치마가 휘날리더라,
그런 늙은 유행가가 흥얼거려진다는 것,
내 생도 잔치의 파장처럼 시들해지고 있다는 이야기이다

늘어진 벚나무 가지 사이로 경축 제40회 진해 군항제 현수막이 보인다

40년이라 내 몸도 그 세월을 벚나무와 함께 보냈으니
쉽게 마음 달콤해지거나 쓸쓸해하지 않는다

이 나무지? 벚나무 아래서 그녀와 만나는 것을 지켜본 옛 친구는
시들한 내 옛사랑을 추억한다
벚나무는 몸통이 너무 굵어져버렸다
동갑내기였던 그녀의 허리도 저렇게 굵어졌을 것이다

담배를 피워 물다 말고 친구는 지나가는 말로
같은 교실에서 공부를 했던 유 씨와 류 씨 성을 가진 친구들의
뒤늦은 부음을 전한다

친구들의 얼굴이 실루엣으로 떠올랐으나 선명하게 기억나지 않는다
류 씨 성을 가진 친구는 나와 한 책상을 썼는데… 잠시 쓸쓸해졌으나
눈물은 흐르지 않았다

이제 그들은 이 별에 없다
벚나무 아래서 만났던 첫사랑의 그 소녀도 없다
터질 것처럼 뛰는 가슴을 가졌던 열일곱 나도 없다

돌이켜보면 화무십일홍, 잔치가 끝나기도 전에
꽃이 날린다

우리는 모두 타인의 삶에 그냥 스쳐 지나가는 구경꾼일 뿐이다

꽃이 피면 같이 웃고,
꽃이 지면 같이 우는

누구에게도 그런 알뜰한 맹세를 한 적이 없지만, 봄날은 간다
시들시들 내 생의 봄날은 간다

〈봄날은 간다〉는 6·25 전쟁의 상처가 남긴 내면의 한(恨)을 표현

이 노래가 나온 1953년은 6·25 전쟁의 전선이 교착상태에 빠진 가운데 휴전협상의 유리한 고지(高地)를 선점하기 위해 아직도 치열하게 전투가 진행 중이었다. 수많은 청장년들이 동족상잔의 전쟁에서 풀잎 위의 아침이슬처럼 덧없이 사라졌다. 이렇게 전쟁이 계속되는 가운데에도 한반도에는 봄은 어김없이 오고 집에서 기다리는 사람들은 전쟁 중 사라진 우리의 수많은 청춘들을 눈물로 그리워한다. 그러므로 이 노래는 한국전쟁에서 돌아가거나 몸을 다쳐 꽃다운 청춘의 빛을 잃은 사람들의 내면의 한(恨)을, 속절없이 사라지는 슬픈 봄날과 대비시키고 있다고 본다.

그렇게 많은 사람들을 살육했던 전쟁이 끝나자 보통의 한국인들은 그 상흔을 안고 매일 힘든 세월을 보내고 있었다. 살아남은 사람은 입에 풀칠을 하기 위해 열심히 일을 해야 했고, 청춘 남녀는 사랑의 싹을 소중히 가꾸며 낭만을 꽃피우기 시작했다. 소설가 정비석 선생이 그의 소설 '자유부인'에서 잘 묘사했듯 춤바람이 유행하고, 창경원 밤 벚꽃놀이가 인기를 끄

1956년 정비석 소설 '자유부인'을 원작으로 한형모 감독이 연출한 영화 '자유부인'의 포스터 앞 뒷면. 수도극장에서 개봉하였고 박암, 김정림, 노경희, 주선태, 김동원 등 배우가 출연했다. 1956년 15만여 명이 관람해 방화 흥행 1위를 기록했다.

는 가운데 대학생들의 집단 미팅과 댄스파티도 그곳에서 벌어져 신문의 한 면을 화려하게 장식한 적이 있었다.

그런 분위기 속에 이승만 정권이 점점 자유민주주의 궤도에서 일탈하고, 급기야는 부정투표로 민심을 왜곡하는 상황에 이르게 되었다. 그러자 대학생들은 개인적 이해관계를 접어두고 분연히 들고 일어나 4·19 의거라는 반독재 투쟁에 나서서 자유민주헌정을 세우는 데 성공하였다. 아마도 그들은 낭만적 사랑 대신에 자유민주주의 체제를 세운다는 국가와 민족의 대의를 위해 더 희생하고 헌신하겠다는 열정에 사로잡혀 있었다고 봐야 한다.

그 후 장면의 민주당 정권이 격심한 사회적 혼란 속에 흔들리자 박정희 소장이 주도한 군사쿠데타가 일어났다. 그 당시 소위 '혁명주체세력'들이 급속한 근대화 작업을 추진하자 사랑과 낭만이라는 젊음의 특권을 버린 우리의 청춘들은 국가의 발전과 개인적인 성취를 위해 밤을 낮으로 삼고 열심히 한 시절을 보냈다. 그 결과 세계 사람들이 놀랄 만한 경제기적을 이루었다. 이런 근대화의 기적에는 그 당시 청춘을 희생한 한국의 젊은이들이 있다.

산업화와 민주화 투쟁 과정에서 소진한 청춘의 낭만

체제의 반대편에 선 우리 젊은이들은 한일협정 반대, 3선 개헌 및 유신독재 반대 데모 등 민주화를 요구하며 청춘의 낭만을 소진하였다. 이런 분위기는 박정희 대통령 사후처리 과정에서 전두환 대통령 체제가 12·12 사태 등을 통해 평지돌출 식으로 등장하자 더욱 격렬히 투쟁하는 식으로 발전해 나갔다. 그 결과 1987년 6월 사태 이후 민주화를 급속히 이룩하는 원동력으로 작용하였다.

우리는 해방 후 어지러운 좌우투쟁 과정에서 나라를 건국하고 곧 이어진 전쟁의 폐허를 딛고, 30~40년의 짧은 기간 안에 다른 나라들이 수백 년 걸쳐 이룩한 산업화와 민주화를 동시에 이루었다. 그 격동의 시절을 살아오면서 선진국 청년들이 보편적으로 누리는 낭만을 대부분의 우리 청년들은 제대로 느끼지 못하고 지낼 수밖에 없었다.

해방 이후 한국 사람들은 이처럼 험난한 파도를 넘는 항해를 했다. 이 과정에서 배가 뒤집어져 같이 타고 가던 사람들이 죽고, 살아남은 자들도 뿔뿔이 흩어져 이별하는 난국을 수없이 견디며 간신히 살아왔다. 그런 쓰라린 경험을 공유한 한국인들은 이 노래를 요즘까지 많이 부르고 있다.

주

1) 정두수, 2013, pp.123~126.
2) 주현미, 2020, p.20.
3) 주현미, 2020, p.21.
4) 박찬호, 2009, pp.209~213.

이별의 부산정거장

유호 작사
박시춘 작곡
남인수 노래
1953년

보슬비가 소리도 없이 이별 슬픈 부산정거장
잘 가세요 잘 있어요 눈물의 기적이 운다
한 많은 피난살이 설움도 많아
그래도 잊지 못할 판자집이여
경상도 사투리의 아가씨가 슬피 우네
이별의 부산정거장

서울 가는 십이열차에 기대앉은 젊은 나그네
시름없이 내다보는 창가에 등불이 존다
쓰라린 피난살이 지나고 보니
그래도 잊지 못할 순정 때문에
기적도 목이 메어 소리 높여 우는구나
이별의 부산정거장

가기 전에 떠나기 전에 하고 싶은 말 한 마디를
유리창에 그려보는 그 마음 안타까워라
고향에 가시거든 잊지를 말고
한두 자 봄 소식을 전해주소서
몸부림 치는 몸을 뿌리치고 떠나가는
이별의 부산정거장

〈이별의 부산정거장〉

피난살이의 애환

저는 아주 어릴 때부터 주변에 있는 사람들이 종종 부르는 것을 듣고 알게 된 이 노래를 평소 즐겨 부르는 편입니다.

2000년 중앙공무원 교육원에 국장급 공무원 연수를 1년간 받게 되었을 때 경찰청에서 온 박동주 경무관과 같은 분임(分任)을 하며, 친하게 지냈습니다.

그분은 회식 등 우리들이 모여서 노래를 하게 될 경우 꼭 이 노래를 불렀습니다. 그럴 땐 저도 같이 합창하며 분위기를 선도하였습니다. 어렵게 피난살이를 했던 부산을 떠나면서 헤어지는 남녀의 슬픔을 역설적으로 경쾌하게 풀어낸 박시춘의 작곡 솜씨가 정말 빛납니다.

이제부터 6·25 전쟁 당시의 부산 피난살이 애환과 연관된 〈이별의 부산정거장〉의 탄생 과정부터 이야기를 해보도록 하겠습니다.

〈이별의 부산정거장〉의 탄생 일화

전쟁이 나서 다들 피난을 간다니까 한두 달만 피해 있으면 끝나겠지 하는 생각으로 집을 나선 사람들이 많았다. 그런데 막상 피난길을 오고 가는 중에 잃은 사랑하는 가족과 친지와 친구들을 찾을 길이 막연해졌다. 특히 휴전협정이 정식으로 맺어지자 우리가 꿈 속에서도 그린 통일의 길은 멀어지고 분단이 영구화되면서 정든 고향과 부모들과는 영영 이별을 고해야 하는 끔찍한 상황이 닥쳐오고 있었다.

부산에 피난 와 있던 사람들 중에 일부는 그곳에 정(情)을 붙이고 살았지만, 전쟁이 끝난 뒤 대다수 피난민들은 서울 등 자기 연고가 있는 곳으로 가게 되었다. 이렇게 고단한 피난살이 하면서 지냈던 부산을 막상 떠나려 하니 눈에 걸리는 것이 한두 가지가 아니었다. 급박한 전쟁 중에 일어난 사랑하는 가족과 친구들과 이별하는 기막힌 상황 속에서도 청춘남녀들 간의 사랑은 싹트고, 그렇게 어려운 환경 속에서 애써 가꾸어온 정든 사람과의 이별은 가족들과의 이산(離散)만큼이나 고통스럽고 가슴 아픈 것이었다.

특히 여기서 주목해야 할 것은 전쟁 중에 이런저런 인연으로 맺어진 청춘 남녀들 간에 사랑이 어느 한쪽(주로 남자)의 상경(上京)으로 기약 없는 이별을 맞게 된다는 사실이다. 이별이 불가피하다는 것을 알게 된 며칠 전부터 가슴을 치며 하염없이 눈물만 흘리면서 몸부림치는 순정파가 있는가 하며, 이렇게 이별을 할 바에야 영도다리에서 뛰어내려 같이 죽자고 엄포를 놓는 열혈파도 있었다. 실제로 이런 식의 이별 때문에 하루에 한두 명의 자살자가 생겨나 경찰관서에서는 이런 일을 미연에 방지하기 위해

용두산 공원이나 태종대, 해운대 등 한적한 곳에 순찰을 강화하곤 했다.[1]

드디어 이별이 예정된 날이 밝았고 부산역에는 대구로, 대전으로, 서울로 올라가는 기차를 타려는 사람들이 삼삼오오 모이게 된다. 그곳에는 피난지 부산생활을 청산하고 떠나는 것을 아쉬워하며 손을 놓지 못하는 사람들이 울며불며 아쉬운 이별의식을 치르고 있었다. '이제 가면 언제 오느냐'라고 쉼 없이 물으며, '가시면 잊지 말고 꼭 편지 하세요'라고 간절히 당부하는 여인의 손을 간신히 놓고 기차에 오를 때 경상도 아가씨가 정성껏 싼 김밥과 삶은 계란이 그의 손에 건네진다. 이윽고 기적소리와 함께 기차가 서서히 움직이면, 남자는 차창 밖으로 고개를 내밀어 '잘 있어라'라고 고함을 지르고, 남아 있는 여인은 눈물로 범벅이 된 손수건을 흔들며 기차가 보이지 않을 때까지 그 자리에 서서 손을 흔든다.

유호 작사, 박시춘 작곡, 남인수 노래의 〈이별의 부산정거장〉은 바로 이런 상황을 그린 노래이다. 1952년 어느 가을날 작곡가 박시춘과 작사가 유호는 부산공연을 성공적으로 끝내고 자갈치 시장에서 술을 마시고 있었다. 그 자리에서 언젠가 있을 환도(還都)에 대비해서 온갖 사연을 안고 어렵게 피난살이를 하고 있는 사람들이 부산에서 이렇게 저렇게 얽힌 정을 담은 노래를 만들자고 박시춘 작곡가는 작사가 유호에게 제의하였다. 의기투합한 두 사람은 숙소에서 바로 서울로 돌아가는 사람들의 신나는 기분과 부산에 정든 사람들을 두고 가는 아픔과, 남은 자들의 서러움을 주조로 한 감흥을 담은 곡과 가사를 완성하였다.[2] 특히, 작사가 유호는 가사의 극적 흐름과 효과를 높이기 위해 작사 과정에서 세심한 배려를 하였다. 서울로 떠나는 순정파 남자의 아픔과 아쉬움을 열차의 기적소리와 연계시키는 1절을 2절로 돌리고, 그동안 정들었던 피난민 남자를 떠나보내는 경상도 아가씨의 이별의 아픔과 슬픔을 강조하는 2절을 1절로 올렸다. 그리고 막상 열차가 떠날 시간이 되자 모든 것을 체념하고 창 밖에서 열차의 차창을 향해 서울 가면 소식이나 전해달라고 호소하는 여인의 마음을 무정하게 뿌리치고 떠나가는 열차의 모습을 3절로 배치하였다.[3]

작곡가 박시춘은 이렇게 정성스럽게 만들어진 노래를 1930년대 이후 오랫동안 레코드 취입 등 음악활동을 같이 하면서 크게 성공했던 가수 남인수에게 주었다. 이 곡을 받은 후 한두 번 낮은 목소리로 그 노래를 불러본 남인수는 빙긋 웃으며 '박 선생님, 좋습니다' 하며 무척 마음에 들어 했다고 한다. 그는 그 자리에서 다시 목청을 가다듬고 연거푸 몇 번을 더 불렀다. 부산 피난시절의 애환을 그린 이 노래는 1953년에 유니버설레코드사에서 음반으로 발매했는데, 남인수가 곡을 받고 빙긋 웃을 때에는 크게 히트한다는 박시춘과 유호의 예상대로 엄청나게 대중의 인기를 얻었다.[4]

전쟁을 겪으면서, 특히 피난지 부산에서 온갖 어려움을 이겨내면서 끈질기게 살아온 많은 사람들이 환도하면서 느끼는 슬픔과 기쁨이 교차하는 묘한 정서를 잘 담은 유호의 가사가 정말 좋다. 또한 작곡가 박시춘의 빠르고 경쾌한 폴카 리듬으로 서울행 열차를 타고 환도하는 피난민들의 희망적 모습을 역동적으로 그리고 있다.[5] 여기에다 남인수의 절창이 이어지다 보니 이 노래는 발매되자마자 히트할 수밖에 없었다.

스탈린, 모택동, 김일성이 기획하고 실행한 북한의 기습 남침

1950년 6월25일 새벽을 기해 북한은 38선 전역에 걸쳐 포화를 집중하며, 기습적으로 남침을 감행하였다.

북한의 김일성은 건국을 전후하여 '민주기지론', '국토완정' 등을 여러 차례 언급하며 한반도를 자신들의 주도 하에 통일하려고 하였다. 그는 미소(美蘇) 냉전에서 승기를 잡으려는 소련의 스탈린과 국공내전(國共內戰)에서 승리한 중국 모택동과의 긴밀한 협의를 통해 이 전쟁을 준비하였다. 아울러 전쟁 중에는 그들이 약속한 대로 적극적인 지원을 받았다.[6]

1949년 3월부터 4월까지 모스크바를 방문한 북한의 김일성은 그가 만든 남한 선제공격계획서를 스탈린과 비밀리에 토의하였다. 그러나 국제정세 등을 고려하여 스탈린은 이 안을 일단 유보하였다. 김일성은 1950년 4월 모스크바를 다시 방문하였고 스탈린은 유보상태에 있었던 남침계획을 중국 모택동의 동의를 받는 조건으로 마침내 승인하였다.[7]

귀로에 베이징을 방문한 김일성은 1950년 5월13일 중국의 모택동에게 자신의 남침계획을 설명하며, 지원을 요청하였다. 이에 대해 모택동은 스탈린의 진위를 직접 확인한 후 만약 미군이 개입하면 중국은 병력을 파견하여 북한을 도와주겠다고 확언하였다. 중국은 이미 1949년 7월부터 1950년 1월 사이에 전투경험이 풍부한 5만여 명에 달하는 중공 팔로군의 조선의용군(한인부대) 3개 사단을 북한군으로 편입시켜 김일성의 남침에 힘을 보태어 주었다.[8]

소련의 스탈린은 1950년 4월부터 평양에 군사고문단을 새로이 보내 선제공격을 위한 작전계획을 세우도록 하였고, 동년 5월30일 평양주재 소련대사 스티코프는 6월 말까지 남침을 위한 준비가 완료될 것이라고 보고했다. 전쟁 준비가 실제로 완료되자 동년 6월12일 38도선에서 10~15킬로

미터 떨어진 지역으로 군대를 이동시키는 등 6월15일경에는 공격개시를 위한 태세를 완전히 갖추었다.[9]

탄약, 소총, 기관총, 박격포 등 기초 무기를 생산하기 시작한 북한은 6·25 전쟁 당시 19만 1000명의 대규모 병력을 갖추고, 전차 242량, 신예 전투기 211대, 각종 포 1900문을 가진 막강한 전투력을 유지하게 되었다.

전쟁 준비 없는 남한의 초기 패주, 중반 역전

한국전쟁 당시 국군은 병력 9만 4000명, 장갑차 27량, 경비행기 22대, 각종 포 약 700문을 갖추고 있어 북한에 비해 전쟁 대비태세가 정말 형편이 없었다. 더구나 1950년 1월12일 애치슨 미 국무장관이 미국의 태평양 방위선에서 한국을 제외하여[10] 북한이 한반도 상황을 오판하는 데 결정적으로 기여하였다.

이런 상황에서 북한이 기습적으로 공격을 하자 한국군은 병력, 장비, 훈련, 전투경험 등 모든 면에서 북한군에 비해 열세였다.[11] 전쟁 개시 3일만에 서울이 함락되고, 곧이어 북한군은 낙동강까지 밀고 내려와 한반도의 90%가 적화된 전쟁 초반은 북한의 일방적인 우세로 진행되었다. 정부는 대전, 대구로 이전했던 임시수도를 8월17일 한반도의 동남쪽 끝에 있는 부산으로 옮기게 되었다.

미국은 북한의 기습남침 뒤에 소련이 있으며, 이번 침략은 미국의 이해가 걸린 지역에 대한 소련의 '정면도전'으로 간주하였다. 만약 미국이 이를 방치하면 동맹국의 이탈은 물론 한국과 인접한 아시아는 물론 유럽까지 위협한다고 인식하였다. 이와 함께 그들은 소련의 지원을 받은 북한의 남침이 마치 1930년대 나치의 침략과 같은 것으로 보고, 그대로 두면 제3차 세계대전이 발발하여 출범된 지 얼마 되지 않은 유엔의 장래를 어둡게 한다고 보았다.[12]

미국은 6월27일 북한에 선전포고를 하고, 미군 선발대는 7월5일부터 지상 전투에 참여하였다. 또한 1950년 6월26일 유엔 안보리는 긴급이사회를 열어 북한을 침략군으로 규정하였다. 6월28일 한국에 군사원조를 제공하기로 한 유엔 결의에 따라 7월7일 맥아더 원수를 총사령관으로 하는 유엔군이 창설되고, 7월26일에는 16개국 유엔군 편성을 마무리하였다.[13]

미국을 비롯한 16개국으로 구성된 유엔군의 참전으로 전선은 일방적 수세가 사라졌다. 북한의 김일성은 '광복절을 남조선 해방축제일로 만들자'며 8월15일까지 부산을 점령하라고 지시를 내렸으나,[14] 1950년 8월4일 국군과 유엔군이 만든 낙동강 방어선(포항~영천~왜관~마산으로 이어진 동서 80 킬로미터, 남북 160 킬로미터)에서 9월 중순까지 일진일퇴를 거듭하였다.

9월15일 유엔군 총사령관 맥아더에 의한 기습적인 인천상륙작전의 성공으로 1950년 9월28일 서울을 수복하였다. 10월1일 국군과 유엔군은 남북한을 분단하는 38선을 돌파하고, 10월19일 평양을 수복하였다. 파죽지세의 진군이 계속되어 11월 중순에 유엔군은 청천강 북쪽에 진출하고, 국군은 압록강에 도달하여 통일을 눈앞에 두고 있었다. 거듭되는 승전 분위기 속에 전황을 낙관적으로 본 맥아더 사령부는 중공군의 개입 가능성을 낮게 보았고, 그들의 전력도 과소평가하였다.

그러나 10월19일부터 60만 명 이상의 중공군이 조만국경을 넘어 매복한 후 11월15일부터 유엔군과 한국군에 대해 총반격을 가하였다.[15] 다시 전세는 역전되어 그해 12월25일경에는 38선까지 남하했으며, 1951년 1월 4일을 기해 국군과 유엔군은 수도 서울을 다시 버리고 남쪽으로 후퇴하였다. 1951년 3월14일 서울을 재탈환하고, 그해 4월3일 38선을 다시 돌파하였다. 그 이후 전황에 따라 남과 북을 약간씩 오르내리며 38선을 경계로 하여 일진일퇴를 거듭하였다.

1953년 7월27일 판문점에서 휴전협정을 맺음으로써 3년을 끌어온 한국전쟁은 수많은 상흔을 남긴 채 종결되었다.

이 전쟁에서 한국군은 18만 명의 사망자를 포함하여 부상자와 행방불명자는 모두 99만 명이었다. 또한 북한군은 사망자 52만 명을 포함하여 부상자와 행방불명자는 191만 명에 달했으며, 중공군 피해자 90만 명을 합하면 군인으로 사망하거나 부상 혹은 행방불명된 사람은 300만 명에 이른다. 여기에 민간인 피해자가 200여만 명 정도가 될 것으로 보인다. 그 중에서 미군은 한국전쟁 3년 간 연인원 200만 명이 참전하여 5만 4000명이 죽고, 10만여 명이 부상을 입었으며, 7000여 명이 포로로 잡혔고 그 중 40%가 죽었다. 또한 전쟁의 와중에서 부상당한 사람을 합치면 450만 명이 될 정도로 많은 분들이 희생되었고, 1000만 명의 이산가족과 500만 명의 난민이 생겼다.[16]

산하가 찢기는 전쟁으로 인해 남한의 경우 공장건물의 44%, 기계시설의 42%, 발전설비의 80%가 파괴되어 재기불능의 상태가 되었고, 많은 가옥이 파괴되었다. 6·25 전쟁으로 인한 재산 피해가 30억 달러에 달하는데, 이는 1953년 전 국민소득의 2년치에 해당될 만큼 어마어마한 액수

이다.[17]

처음 전쟁이 벌어졌을 때 국군이 잘 싸우고 있으니 안심하라는 정부 발표를 믿고 피난을 가지 않는 사람들이 공산치하에서 엄청난 고통을 겪었다. 1·4 후퇴로 다시 공산군들이 밀고 내려오자 더 많은 사람들이 고향의 집을 버리고 남으로 남으로 피난을 갔다.

고난의 연속인 부산 피난살이의 애환

이렇게 남쪽으로 무작정 내려가 전쟁 중 1000일 간 한국의 임시수도 역할을 한 부산에 피난민들이 제일 많이 모이게 되었다. 부산에 얼마나 많은 사람들이 살았는지 확인할 길이 막연하다. 전쟁 전 부산시민이 공식적으로 50만 명이 되지 않았는데 전쟁 기간 중 피난민을 포함하여 수백만 명으로 늘어난 것은 사실이다.

임시수도 부산에서 주택난, 수도난, 식량난 등 여러 사회문제가 불거졌다. 특히, 집이 절대적으로 부족하므로 많은 피난민들은 산비탈 등에 지은 판자나 종이박스, 혹은 가마니로 엮은 움막 같은 집에서 살았다. 그것도 잘 안되면 아침은 다리 밑에서, 저녁은 길의 양쪽 가장자리에서 잠을 자야만 할 정도로 주택문제가 심각하였다. 수도 문제도 정말 심각하였다. 대체로 2시간 정도 나오는 수도전 앞에 200~300여 개의 물동이가 놓여 있었다. 그들은 한 가구당 세 동이 이상 물을 가져갈 수 없는 공동수도 앞에서 몇 시간씩 기다렸다. 이렇게 어렵게 받은 물 세 동이로 4~5일은 살아야 하며, 물이 모자랄 때는 남의 집에 물을 동냥해야만 했다. 그래서 '밥 한 그릇은 줘도 물 한 그릇은 줄 수 없다'고 말할 정도로 수돗물이 귀해서 세수는

물론 빨래도 하기 힘들었다.[18]

피난민들에게 주먹밥을 제공하기도 하고, 1인당 하루 양곡 3홉과 부식비 50원을 지급하는 한편 오후 1~2시 사이에 우유죽을 배급하는 급식소가 생기는 등 긴급구호활동이 있었다. 거리에는 깡통을 들고 밥을 얻으려 다니는 거지가 많은데다가, 긴급구호소에는 항상 많은 사람들이 대기하고 있었기 때문에 그런 임시방편적 조치에 오랫동안 기댈 수 없었다.[19]

그래서 남의 물건을 지게로 져주는 등 날품팔이나 헌옷 장사, 노무자, 노점상, 껌 장사, 구두닦이 등을 하면서 돈을 벌려 했지만 벌이가 시원찮았다. 이 외에도 판잣집 지붕을 덮는 데 사용하는 미제 깡통을 펴거나, 바다에 떠다니는 목재를 주워 팔거나, 혹은 철도 옆에 버려진 코크스를 줍고, 이 동네 저 동네 다니면서 이발해주는 일들을 하면서 생계를 유지하려고 했다. 그래도 하루 한 끼도 제대로 먹기가 어려워서 아침에 밥을 먹었으면 점심은 그냥 굶고, 저녁은 배추나 나물을 넣어 끓인 갱죽을 먹었다. 어떤 때는 미군부대에서 버린 음식찌꺼기로 끓인 '꿀꿀이죽(일명 유엔탕)'을 먹으면서 연명(延命)하고 지냈다. 식기와 숟가락이 없어 큰 조개껍질은 식기, 작은 조개껍질은 숟가락으로 사용하였다.[20]

그렇게 가혹한 전쟁의 소용돌이에서 결혼하지 않은 수많은 남자들이 홀몸으로 부산에 정착하는 과정에서 당감동 아바이 마을, 아미동 무덤 마을, 우암동 피난민 마을 등 피난을 온 사람들이 모여 사는 마을이 만들어졌다.[21] 이렇게 피난지 부산에서 서로 모르는 사람들이 모여 살면서 이런저런 온갖 사연들이 만들어지기 시작하였다.

특히, 고난의 세월에도 젊은 남녀 간에 사랑은 싹트고, 오고가는 길에 알게 된 사람과 인정을 주고받게 되었다. 이것 때문에 타관객지에 와서 부초처럼 떠도는 나그네는 힘든 세월을 견디는 마음의 안식을 얻게 되었다. 이처럼 부산에서 피난살이를 하는 사람들의 애환과 사랑을 잘 표현한 노래가 있으니 바로 〈경상도 아가씨〉이다.

이 노래의 가사를 보면 전쟁 중에 부모나 처자와 헤어져 홀몸으로 부

피난시절 부산 국제시장. 미군부대에서 흘러나온 군수물자와 외국 구호품, 밀수품 등이 활발하게 거래되는 없는 게 없는 시장이었다.

산으로 내려왔던 이북 사나이(속칭 '38 따라지')의 피난살이 모습이 잘 그려져 있다. 그는 객지의 힘든 삶과 고향에 대한 그리움으로 우울해 하고, 또 전황(戰況)이 호전되면 서울로 가볼까 생각을 한다. 그런데 어쩌다 알게 된 경상도 아가씨가 그를 위로하는 한편 다른 곳으로 가지 말고 그동안 살았던 이곳 부산에서 정을 붙이고 같이 살자고 부탁하는 내용의 가사로 구성되어 있다. 대중가요가 시대상황의 반영이라는 말이 있듯이 이 노래는 한국전쟁 중 부산에 피난 간 사람들의 삶의 한 단면을 사실적으로 드러내는 데 성공하였다고 본다.

6·25 전쟁의 진중(陣中)가요

한편 전쟁 중에 조국을 위해 헌신하는 우리 국군과 그들에게 전적으로 기대며 살아가는 국민의 사기를 올리는 노래가 필요했다. 이러한 성격의 진중가요 중에는 〈전선야곡〉(유호 작사, 박시춘 작곡, 신세영 노래, 1950년), 〈아내의 노래〉(유호 작사, 박시춘 작곡, 심연옥 노래, 1951년), 〈님 계신 전선〉(손로원 작사, 박시춘 작곡, 금사향 노래, 1951년) 등 여러 노래가 있다.[22]

하지만 한국전쟁 중에는 물론 그 이후에도 이 참혹했던 전쟁을 수행하는 국군과 국민의 마음을 한데 묶은 진중가요의 대표곡은 유호 작사, 박시춘 작곡, 현인 노래의 〈전우야 잘 자라〉일 것이다. 전형적인 군가풍의 행진곡인 이 노래는 전쟁으로 인한 생사의 엇갈림, 전쟁 가운데 싹튼 뜨거운 전우애를 서정적으로 잘 표현[23]하고 있다.

이 노래를 작사한 유호 씨는 본명이 유해준(兪海濬)으로 유명한 방송

극작가이자 한국을 대표하는 가요 작사가이다. 1921년 황해도 해주 출신이며, 네 살 때 서울로 이사 와 서울 제2고등학교(경복고)를 졸업하고 일본 제국미술학교 도안공예과 2년을 수료했다. 그 후 그는 동양극장에서 연극 대본을 쓴 후 서울중앙방송국으로 자리를 옮겨 라디오 드라마를 쓰며 근무를 하였다. 그는 1947년 작곡가 박시춘과 가수 현인과 콤비로 만든 〈신라의 달밤〉이 히트한 이후 박시춘이 설립한 럭키레코드와 경향신문 문화부에서 겹치기 근무를 하던 중에 한국전쟁을 맞았다.

한국전쟁이 발발했을 때 그는 피난을 가지 못해 서울 청파동 자신의 집에서 숨어 지냈다고 한다. 9·28 서울 수복을 맞은 어느 날 그는 죽을 고비를 넘겼다는 안도감으로 명동을 거닐다가 우연히 작곡가 박시춘 선생을 만났다고 한다. 피난길에서 막 돌아온 밀짚 벙거지 차림의 박시춘 씨도 필동에 있는 자신의 집으로 가족들을 보내고 오랜만에 명동을 산책하던 중이었다.

한국전쟁 전 작곡가 박시춘, 가수 현인과 함께 〈비내리는 고모령〉, 〈럭키서울〉, 〈서울야곡〉 등 히트곡을 발표하고, 가수 백난아가 부른 〈낭랑 18세〉와 심연옥이 부른 〈아내의 노래〉를 만드는 등 두 사람은 이미 세간에 잘 알려진 명콤비였다.

생사의 고비가 극단적으로 엇갈린 전쟁을 겪고 난 후 이렇게 가까운 사이의 두 사람이 극적으로 만났으니 얼마나 반가웠겠는가. 둘은 즉시 명동의 어느 술집으로 향했고, 그곳에서 마시기 시작한 술은 박시춘 씨의 집으로 이어져 밤새 계속되었다. 그들은 술을 마시며 전쟁 중 살아온 얘기와 앞으로 전개될 전황에 대해 의견을 교환했다. 특히 박시춘 씨는 '북진통일

이 임박했으니 이제 우린 살았다. 그러니 군인들의 사기를 돋울 노래를 만들자'고 제의하였다고 한다.[24]

이런 노래를 만들기로 의기투합한 두 사람은 그날 당장 1절은 낙동강, 2절은 추풍령, 3절은 한강, 4절은 삼팔선으로 하는 노랫말의 핵심을 정했다. 유호 씨가 노랫말을 하나하나 완성될 때마다 작곡가 박시춘 씨는 기타를 치면서 오선지에 곡을 쓰기 시작하여 밤새 완성하였다.

이 노래는 완성된 후 곧바로 국방부 정훈국을 통해 전군에 보급되어 북진하는 군의 사기를 북돋우는 데 크게 기여하였다. 그러나 '화랑담배 연기 속에 사라진 전우야'라는 대목이 불길한 감을 준다는 이유로 1·4후퇴가 시작되자 이 노래는 금지곡으로 되었다가 전쟁이 끝나자 다시 복권되었다.[25]

곧 끝나겠지 혹은 전쟁 초기 국군이 잘 막고 있으니 안심하라는 정부의 발표를 믿고 한국전쟁 중에 피난을 가지 못해 적 치하에서 숨어 지내면서 살기 위해 억지로 협력하는 척하면서 목숨을 부지한 사람들의 애환은 이루 말할 수 없었다. 더구나 젊은 사람들은 자신의 의지와 상관없이 의용군으로 편입되어 전선에 곧장 투입됨으로써 총알받이로 소모되었다.

이런 가운데 위당 정인보, 춘원 이광수 등 이름이 알려진 문인, 학자, 언론인 등 지식인들이나 연예인들을 포함한 많은 사람들이 북으로 끌려갔다. 우익으로 알려진 사람들은 자생적 좌익그룹 혹은 퇴각하는 인민군에 의해 살해되어 이 땅에서 하직해야 했다. 이념적으로 북쪽에 동조하지 않는 남한의 유명인사들이 이렇게 고통을 당했지만, 이름이 알려지지 않은 민초들의 고생도 이만저만이 아니었다. 그들은 전쟁의 참혹한 공포 속에서 숨어 지내며 제대로 먹을 것이 없어 거의 굶주리며 지내야 했다.

이런 상황을 잘 묘사한 노래가 있으니 바로 반야월 작사, 이재호 작곡, 이해연 노래로 1956년에 발매되어 공전(空前)의 히트를 한 〈단장의 미아리 고개〉이다.

현재 서울시 성북구 미아리동에 소재한 야산인 미아리 고개는 한국전쟁 당시 묘지가 많았고, 서울 동북 방면을 연결하는 주요 교통로였다. 북한은 탱크를 앞세우고 의정부를 거쳐 곧장 이곳으로 내려와 수도 서울을 사수하려는 국군과 북한군의 치열한 전투가 이곳에서 벌어져 수많은 군인들이 희생되었다. 또한 피난길에 오른 양민들이 이 고개를 넘다가 폭탄을 맞고 목숨을 잃었고, 납북인사들이 고개를 뒤로 돌아보고 또 돌아보며 눈물을 흘리며 이 고개를 넘어 북쪽으로 끌려간 곳이기도 하다.[26]

이 노래는 진방남이라는 가수로도 알려진 작사가 반야월 씨의 6·25 전쟁 당시 있었던 애절한 가족사와 관련이 있다.

6·25 전쟁이 발발하자 그는 미처 피난을 가지 못해 공산치하에서 심하게 고생을 하다가 마누라와 자식들은 후일 김천 처가에서 만날 것을 기약하고 낮이면 은신하고 밤에만 걸어서 김천으로 갔다고 한다. 그곳에서 처자식들을 동반하여 오지 않은 것에 대한 장인과 장모의 질책을 들으며 좌불안석인 가운데 오매불망 아내와 자식들이 오기만을 기다리다 9·28 수복이 되자마자 서울 미아리 집으로 갔다고 한다. 집에 도착하니 전쟁의 와중에 호박에다 보리쌀을 조금 넣은 죽조차 제대로 먹지 못해 허기에 지쳐 얼굴이 말이 아닌 아내와 3명의 자식들이 반기었다. 그러나 '수라'라는 이름의 네 살 먹은 딸은 너무 굶주려 이미 이 세상 사람이 아니었다. 그의 아

내의 설명에 의하면 수라를 업고 화약이 터지는 미아리 고개를 넘다가 죽 한 그릇도 제대로 먹지 못해 영양실조로 죽는 바람에 이불에 싸서 호미로 땅을 파서 그 곳에 묻었다는 것이다. 그는 아이를 묻은 곳에 가보았으나 너무 얕게 묻어서인지 시신(屍身)조차 찾을 길이 없었다.[27]

애통한 마음을 안고 지내던 반야월 씨는 전쟁이 끝난 1956년 그런 가슴 아픈 개인사를 담은 가사를 쓰고, 이를 이재호 씨의 작곡으로 완성하여 가수 이해연의 노래로 발표하여 많은 사람의 사랑을 받았다. 특히 가수 이해연의 구슬픈 목소리가 담긴 1절이 끝나고 듣는 이의 애간장을 녹이는 성우의 대사가 압권이다. 전쟁 중에 남편을 잃었거나, 인민군에게 끌려가 생사를 모르지만 행여나 살아 있기를 기대하는 수많은 전쟁미망인들과 그의 가족들은 밤에 잠을 이룰 수 없었다. 그들은 "밖에서 개가 요란하게 짖기만 해도", "지나는 사람의 발자국 소리만 들려도", 남편이 오지 않았나[28]하는 심정이었기에 자신들의 애절한 가족사와 궤를 같이 하는 이 노래를 대단히 좋아하였다.

대중들의 이런 성원에 힘입어 1962년 유한철 씨가 각본을 쓰고, 엄상호 씨가 메가폰을 잡아 최무룡·방성자·황정순·김지미·황해·이대엽 등이 배우로 출연하여 영화로 만들어졌다.

이처럼 평시에는 도지히 상상할 수 없는 기막힌 일들이 6·25 전쟁 중에는 도처에 일어났다. 예를 들어 언니와 동생이 한 남자와 살게 된 기구한 팔자와 관련된 실화가 있다. 어떤 부부가 6·25 전쟁 중 남쪽으로 피난을 가던 중 폭격을 당해 같이 가던 사람들이 여기저기서 퍽퍽 쓰러지자 본능적으로 걸음아 날 살려라 하고 엉겁결에 도망을 가다가 보니 서로 헤어

6·25 전쟁 시기 미군이 나눠주는 초콜릿이나 과자를 받아 먹는 어린이들.

지게 되었다고 한다. 남편은 부산까지 가서 지내다가 전쟁이 종결되자 서울로 올라와서 어렵게 생활하고 있었다. 그러다가 같은 고향 사람들로부터 처제가 서울 어디에 살고 있다는 소식을 들었다고 한다. 그래서 한걸음에 달려갔더니 처제는 언니의 행방을 물었고, 그는 그동안 있었던 기구한 사연을 말하며 그들이 당면한 불운을 같이 한탄했다고 한다. 그런 일이 있은 후 한동안 부인의 행방을 수소문했으나 찾을 길이 없어 그동안 자신을 돌보며 정들었던 처제와 결혼을 했다고 한다. 그런데 얄궂은 운명의 장난이라고 할까. 한참 후에 그동안 찾지 못했던 부인이 찾아와 두 자매가 한 집에서 살다가 남편이 죽은 후에는 '쌍과부집'이라는 옥호의 음식점을 열며 살았다고 한다.

이제 북녘에 두고 온 고향과 가족을 그리워하면서 피난살이의 애환을 노래한 곡들을 살펴보자. 이런 정서를 대표하는 노래가 바로 〈굳세어라 금순아〉와 〈이별의 부산정거장〉이며, 〈경상도 아가씨〉도 앞의 두 노래와 같은 분위기를 가진 노래이다.

〈굳세어라 금순아〉는 1950년 12월15일부터 12월24일까지 진행된 유엔군의 흥남부두 철수작전과 관련이 있다. 중공군의 포위망을 뚫는 장진호 전투를 치르고 추위와 배고픔을 참으며 1950년 12월 중순 국군과 미군은 함경남도 흥남항의 부두에서 미국이 동원한 수백 척의 함선을 타고 철수하려고 하였다. 이때 북한의 학정을 피해 남쪽으로 가고 싶어 하는 많은 민간인들이 철수하는 미군과 함께 가기 위해 흥남부두에서 며칠간 진을 치고 배를 타기 위해 기다리고 있었다. 병력수송만 해도 급하고 버거운 판에 그처럼 많은 민간인을 태우고 가는 것은 불가능한 일이었다.

미군은 공무원과 군인가족 등 소수를 제외하고는 그들을 따라온 북한 사람들(주로 함경도 사람들이 대다수)을 태우고 갈 생각을 하지 않았다. 그러나 세브란스 의전을 졸업한 후 그 당시 미 10군단 고문관이었던 한국인 현봉학(1922년~2007년, 전 미국 컬럼비아 의대교수 및 토마스제퍼슨 의대 교수, 서재필 기념재단 초대 이사장) 씨는 흥남부두에 모여 있는 사람들의 절박한 사정과 동승의 필요성을 미군 고위인사들에게 끈질기게 설득하였다. 흥남부두 대탈출의 와중에서 '한국의 쉰들러'로서의 역할을 충실히 한 현 씨의 노력과 미군의 인도주의적 고려가 맞아떨어져 여러 가지 고심 끝에 미군은 소지한 총기류도 버리고 가능한 한 많은 민간인들을 태우려고 했다.[29]

남쪽으로 가기 위해 흥남부두에 모여 있는 그 많은 사람을 다 태울 수 없었다. 애시당초 한정된 사람만이 배를 탐으로써 시시각각 다가오는 중공군의 포위망을 벗어나 자유를 얻을 수 있을 뿐이었다. 마치 1975년 월남이 망하던 날 사이공 주재 미국대사관 옥상에서 이륙하려는 미군 헬기를 서로 타려는 장면과도 같이 흥남부두를 출발하려는 미군 함선에 서로 타려고 아비규환이 벌어졌다.

힘 있고 젊으며, 날렵하고 재빠른 사람들은 그 함선에 탈 수 있었다. 그러나 그렇지 못한 분들, 예를 들어 나이 드신 어른들이나 어린아이들, 힘없는 여자들은 혼란스런 승선 과정에서 배를 탈 수 없었다. 더구나 밀고 당기는 아수라장에서 언제까지나 함께 하겠노라고 약속했던 마누라와 자식들을 비롯한 가족들의 손을 언제 놓쳤는지 알 수도 없었다. 이 배를 타지 못하면 죽는다는 급박한 상황이라 의식하든 못하든 혼자 살기 위해 배를 향해 질주하다 보니 동행자들은 어디로 갔는지 알 수가 없는 사태가 생겼다. 이윽고 배는 떠나고 통한의 눈물을 흘리면서 사랑하는 아내와 자식, 부모님과 친구 등 이 세상에서 가장 가까이 여기는 사람들과 어쩔 수 없이 흥남부두에서 헤어지지 않을 수 없었다.

이런 혼란을 겪으면서 간신히 군 수송선을 타고 거제도에 도착한 사람들은 모두 9만 8000여 명이었다. 그런 식으로 남한에 내려온 이북사람들은 당장 먹고 사는 문제를 해결하는 것이 급했다. 그래서 사랑하는 사람과의 생이별에 따른 슬픔은 뒤로 돌릴 수밖에 없었다. 부산의 국제시장 같은 데서 장사를 하거나 등짐을 지면서 또는 거리에서 구두를 닦으며 그들은 목숨을 연명하였다. 시간이 나거나 여유가 생기면 부산시 중구에 있는 40계단에 나가 같은 처지의 피난민들을 만나 흥남부두에서 헤어진 사랑하는 사람들이 살았는지, 살았다면 어디에 살고 있는지를 수소문해 보았다. 그러나 전쟁 기간 중에 헤어진 사람들이 엄청나게 많은지라 소식을 듣기가 막연하였다. 그들이 할 수 있는 것은 그저 헤어진 부모 형제나 처자들이 살아 있기만을 바랄 뿐이며, 하루 빨리 남북통일이 되어 상봉하기만을 기원할 뿐이었다.

〈굳세어라 금순아〉는 바로 한국전쟁으로 인한 '고향 상실'과 '혈육 간의 생이별'[30] 등 피눈물 나는 비극적 상황을 가장 적확하게 표현하여 이산(離散)을 직간접적으로 체험한 대중들의 가슴을 울린 대표적인 노래이다.

주

1) 김명환, 2006. 3. 24.
2) 정두수, 2013, pp.119~120.
3) 정두수, 2013, pp.120~121; 주현미, 2020, p.108.
4) 정두수, 2013, p.122.
5) 주현미, 2020, p.103.
6) 박지향, 2006, p.19; 김영호, 2010, p.18, 김충남, 2014, pp.142~143.
7) 김영호, 2010, p.35.
8) 김영호, 2006, p.200; 강규형, 2010, pp.64~68; 김충남, 2014, p.149.
9) 강규형, 2010, pp.70~71.
10) 천관우, 2007, pp.44~49; 김성진, 2006, P.80.
11) 나종남, 2010, p.137.
12) 강규형, 2010, p.71; 김영호, 2010, pp.40~41; 김충남, 2014, p.162.
13) 차상일, 2010, p.207; 오규열, 2010, p.291;박영규, 2014, p.151; 정순태, 2018, pp.306~323.
14) 김충남, 2014, p.164.
15) 곽상경, 2007, p.126; 김충남, 2014, pp.170~171.
16) 김홍묵, 2007; 이영훈, 2007, p.267, 강준만, 2009, p.98.
17) 이영훈, 2007, p.268; 김충남, 2019, p.115.
18) 김행선, 2009, pp.103~106.
19) 김행선, 2009, pp.105~106.
20) 김행선, 2009, pp.105~110.
21) 주현미, 2020, p.108.
22) 선성원, 2008, p.64.
23) 이영미, 1998, p.112.
24) 박성서, 2007, p.104.
25) 박성서, 2007, p.204.
26) 김명환, 2005. 7.23.
27) 반야월, 2005, pp.204~208.
28) 김명환, 2005. 7.30.
29) 원정환, 2007. 11.27.
30) 이영미, 1998, p.108.

가는 봄 오는 봄

반야월 작사
박시춘 작곡
백설희·최숙자 노래
1959년

비둘기가 울던 그 밤에 눈보라가 치던 그 밤에
어린 몸 갈 곳 없어 낯선 거리 헤매이네
꽃집마다 찾아봐도 목메이게 불러봐도
차가운 별빛만이 홀로 새우네 울면서 새우네

하늘마저 울던 그 밤에 어머님을 이별을 하고
원한의 십년 세월 눈물 속에 흘러갔네
나무에게 물어봐도 돌뿌리에 물어봐도
어머님 계신 곳은 알 수 없어라 찾을 길 없어라

그리워라 어머님이여 꿈에 젖은 그 사랑이여
옥이야 내 딸이야 다시 한번 안겨다오
목이 메어 불러봐도 한이 많은 옛 노래여
어두운 눈물이여 멀리 가거라 내일을 위하여

〈가는 봄 오는 봄〉 고아들의 서러운 삶

경남 남해군 상주면 향리에서 농사를 짓다가 2020년 10월에 돌아간 제 둘째 형님은 가난 때문에 초등학교를 가지 못했습니다. 심지어 해방 직후 흉년이 몹시 들어 남의 집을 돌면서 밥을 얻어먹을 때 집안을 대신하여 큰 누님과 함께 밥 동냥을 여기저기 다녔다고 합니다. 어린 마음에도 부끄러워 가기가 싫었지만 어머님께서 가라고 해서 억지로 다녔다며 싫은 마음을 나이가 제법 들어서야 얘기하곤 했습니다. 둘째 형님께서 성인이 되어 술을 한잔 걸치면 이런저런 신세 한탄을 하면서 반드시 부르는 노래가 〈생일 없는 소년〉이라는 1950년대 히트한 고아(孤兒) 노래입니다. 저는 둘째 형님이 부르는 그 노래를 들으면서 참 구슬프다는 생각을 자주 했습니다.

저는 둘째 형님이 자주 부르는 〈생일 없는 소년〉보다 〈가는 봄 오는 봄〉을 더 좋아합니다. 그래서 어딘지 모르게 마음이 쓸쓸할 때는 이 노래를 부른답니다. 2015년 11월 뉴욕 카네기홀에서 공연을 할 때 저는 6·25 전쟁 직후에 대거 탄생한 고아들의 비참한 삶을 그려낸 〈가는 봄 오는 봄〉의 정치사회적 배경을 설명하면서 이 노래를 불렀습니다. 그 자리에 온 재미교포들은 별로 기댈 곳이 없는 미국에서 어떻게든 살아보려고 악착같이 일하다 보니 고국에 있는 부모형제들은 어느새 돌아가거나, 아니면 소원(疎遠)한 관계에 있었던 것 같았습니다. 그들의 가슴 속을 파고드는 이런 저런 회한과 미안한 마음, 그리고 만리타향의 고독감이 주는 복합적 감상으로 인해 많은 이들이 눈물을 흘리며 따라 부르는 것을 봤습니다. 아마도 먼 이국에 살고 있는 그들은 스스로 고아라는 느낌을 가지고 있었지 않았나 하는 생각이 듭니다.

1950년대의 대표적인 전쟁고아의 노래들은 무엇이며, 그들이 어떻게 살아왔는지를 알아보도록 하겠습니다.

1950년대 히트한 고아 노래들과 〈가는 봄 오는 봄〉의 탄생 배경

6·25 전쟁이 끝나자 거리에는 돌봐줄 가까운 친인척도 없고, 그래서 오고 갈 데 없는 고아들이 여기저기 다니며 밥을 얻어먹거나 먹을 것을 찾아 남의 집 쓰레기통을 뒤지며 눈물로 세월을 보내고 있었다. 이런 사회분위기에 맞추어 고아들의 고난과 아픔을 직설적으로 드러내는 노래들이 유행하였다. 그 대표적인 것이 남인수가 부른 〈어린 결심〉(반야월 작사, 이재호 작곡, 1957년), 김용만이 부른 〈생일 없는 소년〉(최치수 작사, 김성근 작곡,

1958년), 그리고 백설희와 최숙자가 부른 〈가는 봄 오는 봄〉(반야월 작사, 박시춘 작곡, 1959년), 오은주가 노래한 〈엄마 엄마 돌아와요〉(반야월 작사, 나음파 작곡, 1966년) 등이다.

〈가는 봄 오는 봄〉 앨범. 전면에 실린 사진은 백설희.

이런 고아 노래들 중에 〈어린 결심〉은 고아들이 자신들 앞에 놓인 험난한 삶의 여정을 적극적으로 개척하고, 긍정적으로 조명한 노래이다. 9·28 서울 수복 이후 서울로 돌아온 남인수, 이재호, 반야월 세 사람이 부모형제와 가까운 일가친척 없이 홀로 거친 세상을 힘겹게 살아가는 고아들을 위로하는 작품을 만들기로 하였다. 작사가 반야월은 며칠 동안 끙끙거리며 수많은 고통을 이겨내는 고아들의 건강한 삶의 자세를 사실적으로 그린 가사를 완성했다.

어린 결심

한청빌딩 골목길 전봇대 옆에
나는야 구두닦이 슈우샤인 보이
나이는 열네 살 고향은 황해도

피난 올 때 부모 잃은 신세이지만
구두 닦아 고학하는 학생이래요

명동거리 다방을 드나들면서
나는야 담배장사 소년입니다
비 오고 눈 오면 두 손발을 불면서
외할머니 봉양하며 살아가지만
만 환짜리 판잣집의 주인이래요

인경 달린 종로에 해가 저물면
나는야 신문 파는 아이랍니다
땀 젖은 양복에 헤어진 운동화
거리마다 사람마다 매정하지만
어린 결심 가슴에는 희망이 있소

이 노래의 주인공은 한청빌딩 근처에서 구두를 닦고, 명동의 다방을 드나들며 담배장사를 하거나, 종로에서 신문팔이를 하는 등 돈이 되는 것이면 닥치는 대로 일을 하는 고아이다. 그는 성실하여 그 작은 벌이를 차곡차곡 모아서 구입한 만 환짜리 집에서 외할머니를 모시고 사는 건실한 소년이다.

성실하게 살아가는 어린 고아 가장의 건강한 생활태도를 묘사한 반야월 선생의 가사를 받아든 가수 남인수의 눈에 굵은 눈물이 흘러내렸다.

그가 이 노래 가사를 보고 운 것은 아마도 전쟁이 남긴 수많은 고아의 비참한 삶이라는 당시 우리 민족이 당면한 크나큰 고통에 대한 '연민'의 정이 작용했을 것이다. 더불어 아버지가 일찍 돌아가시는 바람에 개가(改嫁)한 어머니를 따라간 어린 시절 한국과 일본에서 온갖 어려움을 겪으며 어렵게 살아온 자신의 삶이 떠올랐기 때문일지도 모른다. 그 당시 명동의 어느 다방에서 〈어린 결심〉의 가사를 읽고 울고 있는 남인수를 본 작사가 강사랑은 이 노래는 반드시 히트할 것으로 보았고, 결국 그의 예측대로 많은 대중의 사랑을 받았다.[1]

반면 〈생일 없는 소년〉과 〈가는 봄 오는 봄〉은 그 당시 한국인들이 일상적으로 목격하고 있는 고아의 비참한 삶을 매우 안타까운 시선으로 조명하고 있다.

1950년 때 중후반 고아 출신 김성필 소년이 펴낸 〈생일 없는 소년: 어느 고아의 수기〉가 대중의 눈물샘을 자극하며, 크나큰 사회적 반향을 일으켰다. 전쟁 중 어린 나이에 부모는 물론 가까운 친척과도 헤어졌으니 생일을 알 수 없고, 설혹 안다고 한들 누가 그 불쌍한 고아의 생일을 챙겨줄 수 있겠는가. 남들이 생일잔치 한다는 말만 들어도 부모님 생각이 저절로 들어 눈물로 세월을 보내는 그 괴로운 심정을 어디에다 호소할 사람이 없는 고아들의 처지는 사람들의 동정을 불러일으키기에 틀림없는 소재였다.

1958년 5월 이 책의 사연을 영화로 만들기로 하였다는 소식이 신문을 통해 알려졌으나 영화를 만들기에는 좀 더 시간을 기다려야 했으며, 그 대신에 노래가 먼저 나왔다. 거센 폭풍우처럼 몰아치는 전쟁의 와중에서 어디로 가야할지, 어떻게 대처해야 할지를 모르는 수많은 전쟁고아들의 처지를 〈생일 없는 소년〉처럼 잘 표현한 가요가 없을 것이다. 듣는 이의 비감(悲感)을 한껏 자극하는 김용만의 이 노래는 공전의 히트를 했다. 일제 때 데뷔한 가수이자 악극 연기자인 왕숙낭이 읊은 구슬픈 대사도 관객들의 가슴을 파고들어 이 노래의 인기를 높이는 데 기여했다. 그러나 이 노래는 '가사의 지나친 비정과 비탄조'를 이유로 1975년 7월9일 공연윤리위원회로부터, 같은 해 8월4일에는 방송윤리위원회로부터 금지조치를 당했다.[2]

세월이 흘러 1966년 안현철 감독이 메가폰을 잡고, 조동희, 허면자, 조미령, 김희갑, 김성훈 등을 캐스팅하여 김성필 원작의 〈생일 없는 소년〉을 영화로 제작하였다. 자신의 생일을 알지 못하는 고아 소년이 거친 세파를 의연하게 이겨내고 성공한다는 것을 내용으로 하는 이 영화의 주제가 〈생일 없는 소년〉은 당시 인기가수로 이름을 날리던 배호가 불렀다.

생일 없는 소년

(최치수 작사, 김성근 작곡, 김용만 노래, 1958년)

어머니 아버지 왜 나를 버렸나요
한도 많은 세상길에 눈물만 흘립니다.
동서남북 방방곡곡 구름은 흘러가도
생일 없는 어린 넋은 어드메가 고향이오

(대사)
얘 철아 너희들은 어떻게 지내느냐
죄도 많은 에미는 모진 풍파와 싸우다가 너희들을 버렸단다

6·25 전쟁으로 10만여 명의 고아들이 부모의 보살핌 없이 고아원에서 자라거나 거리를 헤매며 지내야 했다.

그리고 너희 아버지는 다시 못올 먼 길을 떠났단다
어머니 아 또 꿈이었구나

어머니 아버지 왜 말이 없습니까
모진 것이 목숨이라 그러나 살겠어요
그리워라 우리 부모 어드메 계시온지
꿈에라도 다시 한번 그 얼굴을 비쳐주오

영화 〈가는 봄 오는 봄〉(부제 : 그리움은 가슴마다)은 오향영화사의 설립 이후 세 번째 제작한 영화로, 이 영화사를 경영하던 작곡가 박시춘이

1959년 제작과 음악을 맡았던 작품이다, 최금동 각본에 권영순 감독이 메가폰을 잡고, 최무룡, 문정숙, 이민, 전계현, 허장강, 이대엽 등 당대의 인기 배우들이 출연하여 만들어진 멜로드라마로 광화문 국제극장에서 개봉하여 인기를 얻었다.

이 영화의 내용은 성난 파도처럼 밀려오는 한국 근대사의 격랑에 희생된 많은 한국인의 비극을 그대로 재현하는 듯하다.

한 여인이 일제 하 태평양 전쟁에 학도병으로 끌려간 애인(이민 역)을 잃게 된다. 설상가상으로 친정아버지와 같이 지내며 가수로 순회공연을 하던 중 6·25 전쟁을 만나 애지중지하던 그녀의 딸(전계현)과도 헤어진다. 그 후 그 여인은 다른 사람과 재혼을 하고, 헤어진 딸은 레코드가 엄청나게 팔리는 인기 가수가 되나 엄마는 그 가수가 자신의 딸인지 모른다. 어느 날 라디오 공개방송에 출연한 딸이 아나운서와 대담하면서 털어놓은 얘기를 우연히 듣고, 그녀가 자신의 딸임을 확신한다. 마침내 방송국에서 꿈에도 그리는 딸을 만나게 된다.

이 영화에는 박시춘이 작곡한 주제가 3편, 즉, 〈살고 보세〉, 〈그리움은 가슴마다〉, 〈가는 봄 오는 봄〉이 나온다. 그중 백설희와 최숙자가 불러 미도파레코드사에서 발매했던 주제가 〈가는 봄 오는 봄〉이 제일 많이 히트했다, 가정부를 구하던 집에 온 처녀에게 〈가는 봄 오는 봄〉을 부르게 하는 것으로 면접했다는 에피소드가 있을 정도[3]였으니 새삼 그 인기를 실감할 수밖에 없다.

대중의 지속적 관심과 인기에 힘입어 영화 〈가는 봄 오는 봄〉은 1967년에 다시 리메이크되었다. 원작과 같이 최금동이 각본을 쓰고, 이번에는 장일호 감독이 메가폰을 잡아 김지미, 윤정희, 남진, 이대엽, 허장강 등이 출연하였다. 이번 영화에서 달라진 점은 영화 제목이 〈가는 봄 오는 봄〉에서 〈그리움은 가슴마다〉로, 영화감독이 권영순에서 장일호로, 주연배우가 최무룡, 문정숙, 전계현 대신에 당시 가수로서 인기를 얻고 있던 남진과 인기배우 김지미, 윤정희로 바뀌었다. 허장강, 이대엽은 두 영화에 모두 조연배우로 참여했다. 또한 〈잘 살아보자〉, 〈그리움은 가슴마다〉, 〈애수 일기〉 등 이 후속 영화의 주제가를 작곡한 사람이 1960년대 엄청난 인기를 얻고 있던 박춘석이다. 이 영화에 사용된 세 곡 중에 〈그리움은 가슴마다〉가 가장 큰 인기를 끌었다. 영화에서 김지미가 부르는 것으로 되어 있는 이 노래는 실제로 이미자가 대신 불렀다.

6·25 전쟁으로 10만 명의 전쟁고아와 50만 명의 전쟁 미망인 발생

6·25 전쟁은 우리 사회, 특히 한 국가사회의 가장 기초단위인 가족의 안정과 행복에 지울 수 없는 상흔(傷痕)을 남겼다. 전쟁에 나간 젊은 군인들의 속절없는 죽음은 물론이요, 정신없이 이루어진 피난의 와중에서 폭격 등으로 민간인들이 많이 다치거나 죽고 헤어졌다. 수많은 사람들이 남한으로 넘어오고, 북한으로 납북되거나 월북하는 과정에서 얼떨결에 헤어져 생사를 모르는 이산가족이 발생하였다. 이 과정에서 50만 명의 전쟁미망인과 10만 명의 전쟁고아가 발생하여 한 사회의 기본단위인 가정이 철저하게 파괴되고, 가족의 해체가 격렬하게 진행되었다.

6·25 전쟁이 끝난 후 나라는 온통 폐허더미였다. 먹을 것이 없고, 잘 곳이 없는 그런 절망의 거리에는 돌보는 이 없는 전쟁고아로 넘쳐났다. 이

렇게 많은 고아들이 생긴 사유는 여러 가지이다.

가장 보편적인 것은 전쟁 중 폭격이나 학살 등으로 부모가 사망하거나 실종되는 경우이다. 6·25 전쟁으로 군인은 물론 민간인 250만 명이 사망하거나 실종하였고, 280만 명이 부상하여 전 국민의 20% 정도가 전쟁 사상자였다.[4] 수많은 인명이 희생되고, 국토가 초토화되는 처참한 상황 속에서 많은 고아가 생겼다.

둘째로 지옥의 아수라장이나 다름없는 전쟁의 급박한 상황에 직면하여 서로 살 길을 찾아 피난하다 부모와 자녀가 서로 헤어져 끝내 찾을 수 없는 경우이다. 예를 들어 피난을 가다 비행기 폭격 등을 피하려 정신없이 달려가다 헤어지거나, 흥남부두 철수처럼 많은 사람들이 일시에 남쪽으로 오는 배를 타려다 어느 순간 부모의 손을 놓쳐버리는 등 불가피한 여러 상황 때문에 고아가 된 사례도 많다.

셋째, 전쟁 미망인에 의한 어린 자녀의 유기(遺棄)로 고아가 생겨난다. 군경 전사자, 행방불명자, 민간인 폭사자, 납북자 등 전쟁이 진행되는 과정에서 직접적으로 돌아가거나 헤어진 분들의 부인 외에도 전쟁 후유증으로 사망한 사람의 부인을 전쟁 미망인[5]이라 한다. 1957년 10월 말 보건사회부가 조사한 통계에 따르면 전국에 55만 5000여 명의 전쟁 미망인이 있는 것으로 나타났다. 그 중 혼자 사는 사람은 3만 4800여 명인 것으로 밝혀졌다. 이런 독신자를 제외한 52만여 명의 전쟁 미망인들은 91만 6000여 명의 부양가족의 생계를 책임지는 실질적인 가장(家長) 역할을 해야만 했다.[6]

당시 대부분의 여성들은 '직업을 가질 생각이 없었고, 가져 본 적도 없으며, 가질 능력도 없었다'. 이처럼 하늘처럼 믿고 의지하던 가장의 갑작스런 죽음으로 경제적인 자립의 준비가 전혀 되어있지 않던 그들은 혹독한 시련을 겪으며 먹고 사는 문제를 스스로 해결해야만 했다. 처음에는 집안에 보관하고 있는 금은보석을 내다 팔아 생계를 유지하나 곧 바닥이 드러난다. 점차 떡장사, 야채장사, 옷장사, 화장품 장사 외 삯일, 공장노동자, 가내재봉, 잡화점, 행상과 식모살이 등 돈이 되는 것이면 밤낮을 가리지 않고 무엇이든지 닥치는 대로 일을 해서 가정경제를 일으켜 세우려 한다. 그렇게 해서 번 수입은 하루하루 입에 풀칠하는 것도 힘들 정도였다. 도저히 혼자 힘으로 감당할 수 없는 삶의 무게를 온몸으로 느끼며 살아가는 소수의 전쟁 미망인들이 막다른 골목에 도달하여 선택할 수 있는 대안은 별로 없었다.

더구나 외롭고 쓸쓸하게 남편 없는 밤을 홀로 오랫동안 보내야 하는 전쟁 미망인이 밖으로 내색할 수 없는 억압된 성적 욕구를 해소하는 문제도 심각한 상황이었다. 우선 자신이 당면한 경제적 어려움의 해결과 생리적 욕구의 충족을 위해 '거머리', '식충이', '기생충'이라는 사회적 비난을 무릅쓰고 다른 남자의 첩이 되거나 내연관계를 갖는 사람도 생기게 되었다. 이와 함께 다방·요리점 등 비교적 남녀 간 접촉이 많아 도덕적 타락이 쉽게 일어날 가능성이 있는 곳에 근무하다 사교계에 진출하고, 끝내는 윤락의 길을 택한 사람도 많이 발생하였다. 이는 그 당시 주택가까지 들어와 날로 성업하고 있는 사창가 윤락여성의 8.2%가 전쟁 미망인이라는 1958년 2월10일자 서울신문 보도를 통해 확인할 수 있다.[7]

이 시절 전쟁으로 남자들의 사망 혹은 실종이 많은 반면 여성은 상대적으로 그렇지 않았다. 더구나 경제적 능력을 갖춘 남자는 더욱 소수인

데, 다른 사람으로부터 경제적 도움의 손길이 필요한 여성은 더욱 많았다.[8]

이렇게 경제적으로 힘든 상태에서 벗어날 '기술, 지식, 경험'이 없는데도 불구하고 식구들을 거느린 전쟁 미망인과 그 친인척 등으로부터 버려진 아이들이 부지기수였다. 50만 명의 전쟁 미망인은 1인당 평균 2.07명의 아동[9]과 시부모 등 식구들을 책임져야 했다. 그들은 불행에 빠진 가족들의 부양책임을 다하기 위해 별별 노력을 다하지만 여성 혼자 짊어지고 가기에는 너무나 무거운 짐이라 곧 여러 가지 한계에 직면하게 된다. 갈 데까지 간 빈곤과 고독 속에서 그들에게 주어진 선택지는 '구걸, 객사, 자살'[10]이라는 극단적 선택이었다.

이런 극단적 선택을 하지 않을 경우 그들은 자신의 여러 아이 중 한둘을 친척집, 혹은 잘 모르는 다른 사람에게 맡기거나 고아원에 보냈다. 그런저런 수단도 통하지 않으면 비정하긴 하지만 아예 자식 모두를 버리고 집을 나가는 방식으로 대응할 수밖에 없었다. 이럴 경우 한국전쟁으로 인해 직접적으로 생긴 고아 외에 추가로 더 많은 아이들이 가족의 보살핌을 받지 못하는 고아로 전락하게 된다.

마지막으로 한국에 파병된 외국 군인과 사귄 한국 여성이 낳은 혼혈아나 유부남과 처녀 등 결합할 수 없는 사이에 낳은 자식을 사회의 시선 때문에 버린 경우이다. 이처럼 사회적 질시 때문에 정상적으로 결혼을 해서 살 수 없는 여성들이 자신이 낳은 아이를 버리는 기아(棄兒)의 경우는 1960년대와 70년대에도 지속적으로 사회문제로 떠올랐다.

6·25 전쟁이 끝난 1950년대에는 이렇게 생겨난 수많은 고아들과 함께 부랑자와 실업자, 전쟁 피난민들이 서로 살기 위해 치열하게 아귀다툼

을 벌이는 비극의 시대였다. 이처럼 '무기력, 무관심, 불감증'[11]이 사회 저변에 흐르는 사회에서 제대로 돌보는 이 없는 고아들의 처지는 한마디로 비참하였다.

전쟁 후에 고아들은 어떻게 살았나

가까운 피붙이나 아는 사람조차 없는 전쟁고아들의 삶은 정말 비참하였다. 고아들은 배고픔을 면하기 위해 남의 집 쓰레기통을 뒤지거나, 만나는 사람마다 '한 푼 주세요'라든지 아니면 '밥 좀 주세요'라는 말로 동냥을 했다. 아니면 구두통을 메고 다니면서 "구두 닦어"와 같은 말을 반복[12]하며 겨우 밥을 먹을 정도의 적은 수입을 올렸다. 그것도 하기 힘든 상황이면 남의 물건을 훔치는 등 범법행위를 하여 모진 목숨을 이어가고 있었다. 이렇게 주린 배를 채우고, 남의 집 처마 밑이나 다리 아래에서 잠을 자며, 그들은 사회적 천대와 멸시를 견디어내야 했다.

그들이 청소년기에 접어들면서 주변 사람들이 자신들에게 대하는 태도가 그렇게 호의적이지 않다는 것을 뼈 속 깊이 느끼게 된다. 이때쯤이면 그들은 서서히 '왜 나는 나를 따뜻하게 안아주는 부모형제가 없는가' 하는 고독감과, '왜 나는 사회로부터 이런 대접을 받느냐'에 대한 사회적 불만과 섭섭함 등 자기 정체성에 심각한 의문을 제기하기 시작했다. 다수의 전쟁고아들은 그런 어려움을 인생 수행의 한 과정으로 인식하며 성실하게 살아 사회의 당당한 일원으로 성장하였다. 이런 현실에 적응을 못하는 소수 전쟁고아들의 사회적 일탈이 심심찮게 터져 나와 사회문제로 서서히 부각되기 시작하였다.

사회의 풍향계 역할을 하는 언론에서도 이 문제의 심각성을 알리는 기사를 게재하면서 범국가적 대처가 필요함을 역설하였다. 특히 이 문제에 열성적인 일부 언론사에서는 그들을 돕기 위한 노력을 전개하기 시작했다. 그 일례로 한국일보는 1956년 전쟁고아 돕기 모금운동을 펼쳤으며, 전쟁고아 63명의 사진과 그들의 인적사항을 1961년 신년호 1면에 게재하면서 '10만 어린이 부모 찾기 운동'을 전개하였다. 한국일보는 이 캠페인을 전개하면서 1968년까지 모두 1만 1271명의 전쟁고아와 그들의 부모 명단을 실어 382명이 부모의 품으로 돌아가는 쾌거를 이룩하였다.[13]

한편 고아들은 관계공무원 등의 주선으로 고아원에 수용되거나 아

전쟁고아의 아버지 딘 헤스 미 공군 대령과 러셀 블레이즈델 중령.

니면 가정집에 입양되는 경우도 있다. 그러나 혈연관계를 중시하는 한국 사회에서 자신의 피가 섞이지 않는 아이를 자식으로 입양하는 것은 쉽지 않다. 그렇기 때문에 고아들은 대체로 한국의 관계기관 혹은 시민이 설립한 고아원으로 가거나 아니면 외국기관이나 외국인이 설립한 고아원에 가게 된다.

1955년에 나온 자료에 따르면 전국에 보호자가 없는 아동을 수용하는 시설은 484개이며, 모두 5만 417명이 수용되어 있었다. 1961년에는 615개소에 6만 3355명, 1967년에는 589개소에 7만 944명, 1969년에는 570개소에 6만 4849명이 고아원에 수용되어 있었다.[14]

6·25 전쟁으로 전후 복구와 대중적 빈곤을 대처하는데 중점을 두고 있는 정부는 고아문제를 효율적으로 대처하기가 쉽지 않았다. 고아들을 수용할 시설이 턱없이 부족했고, 이를 운영할 프로그램은 형편이 없었다. 이런저런 이유로 고아원을 탈출하는 원생들이 많았다. 고아원에 들어가지 못한 아이들은 거지나 부랑아들과 같이 생활하며 동냥이나 심부름을 하는 한편 범죄조직의 하수인으로 전락하기도 했다.[15]

정부와 우리 사회를 대신하여, 그런 구호의 빈 공백을 외국 자선기관과 외국인이 대신 메워주었다. 6·25 전쟁 당시 우리나라에서 구호활동을 펼쳤던 주한민간원조사령부(UNCACK)와 선교사들이 불쌍한 고아들을 구호하는 데 큰 역할을 하였다. 특히 주한민간원조사령부는 3만 5000명 이상의 고아를 관리하였다. 아울러 6·25 전쟁에 유엔군의 일원으로 한국에 온 터키군은 경기도 수원에 '앙카라 고아원'을 1966년까지 운영하였고, 에티오피아군도 1953년부터 1965년까지 경기도 동두천에 '보화원'을

설립하여 고아들을 돌보았다.[16]

딘 헤스 미 공군 대령과 군목 러셀 블레이즈델 중령은 1951년 1·4 후퇴 당시 15대의 수송기를 동원하여 1000여 명의 고아들을 제주도로 피신시켜서, '전쟁고아의 아버지'로 알려졌다. 그 외에도 미국 감리교 선교부는 1952년 부산에 기독교사회복지관을 설립했고, 리처드 위트컴 장군은 '한미재단'을 통해, 엔젤스 헤이븐 같은 분은 '은평천사원'을 열어 고아들을 보호하는 시설들을 운영했다.[17]

아동 입양 현황

구분	국내입양(비율)	해외입양	계
1950~1960년	168(6.2%)	2,532	2,700
1961~1970년	4,206(36.6%)	7,275	11,481
1971~1980년	15,304(24.1%)	48,247	63,551
1981~1985년	15,424(30.5%)	35,078	50,502
1986~1990년	11,079(27%)	30,243	41,322
1991~1995년	1,025(32%)	2,180	3,205
1996~2000년	1,686(41.7%)	2,360	4,406
누계	59,477(29%)	145,698	205,175

자료출처: nulsarang.co.kr/wizboard.php?BID=general & category=& mode=modify &UID=56&cur....에서 재작성

이처럼 여러 경로를 통해 고아원에 수용되어 있는 아동들은 국내나 국외에 입양하든지 아니면 일정한 나이가 되면 그 시설에서 퇴소해야 한다. 혈연에 대한 집착이 강한 한국 사회에서 고아들의 국내 입양은 상당히 어려웠다. 국내에서 자리잡지 못한 고아들은 해외로 입양을 갔다.

정부는 국내에서 어려운 처지에 있는 고아들의 해외입양을 촉진하

기 위해 1955년 '고아양자특별조치법'을 제정하였다. 이 법에 따르면 고아를 수용하고 있는 보육시설의 동의 없이도 정부가 시설 아동의 해외입양을 허용하고 있다. 또한 1961년에는 '고아입양특례법'을 제정하여 전쟁고아와 혼혈아동의 국외입양을 위한 법적 근거를 마련하였다. 이 법의 제정을 계기로 정부는 국내입양을 활성화하기 위해 1962년부터 '고아 한 사람씩 맡아 기르기 운동'과 '장기위탁사업'을 추진하였다. 이와 함께 고아의 입양과 알선에 대한 부작용을 방지하기 위해 1966년에는 보건사회부장관의 허가를 받은 자가 아니면 그런 업무를 하지 못하도록 고아입양특례법을 개정하였다.

이 분야를 연구한 전문가들이 작성한 통계에 의하면 1958년부터 2000년 사이에 해외에 입양된 아동은 모두 14만 5698명으로 국내에 입양한 아동 5만 9477명에 비해 월등히 많은 것으로 밝혀졌다. 그중 1958년에서 1960년까지는 2532명, 1961년부터 1970년까지는 7275명, 1971년부터 1980년까지는 4만 8247명이 국외입양을 한 것으로 나타났다. 2005년까지 해외 입양된 15만 7145명 중 미국 10만 4718명, 프랑스 1만 1124명, 스웨덴·노르웨이·덴마크·네덜란드에 9051명이 간 것으로 밝혀졌다.

특히, 혼혈아동의 경우 많은 아이들이 해외로 입양되었다. 1955년에서 1961년 사이에 태어난 혼혈아동은 5485명이었는데, 같은 기간 홀트아동복지회는 4185명의 아동을 해외로 입양시켰다. 또한 1950년에서 1965년 사이에 미국으로 이주한 숫자가 1만 5000여 명이었는데, 그 중 80%가 '전쟁고아'와 '전쟁부인'들이었다.[18]

여자 고아는 남자 고아보다 거리의 범죄조직에 들어가거나, 고아원을 탈출하는 경우가 적었다. 고아원 측이나 고아들의 친인척들은 그들이 어느 정도 나이가 차면 고아원을 나와 남의 집에 '어린이 식모'로 들여보냈다. 이들은 그 집에서 의식주를 해결하는 대신 '걸레질, 설거지, 물 길어 오기, 작은 빨래, 구두 닦기, 쓰레기 버리기, 잔심부름' 등 입주한 가정의 허드렛일을 하면서 살았다. 남의 가정집에서 '어린이 식모'로 생활하는 고아들은 인격모독과 폭행, 그리고 노동착취를 다수 경험하였다.[19] 다들 먹고 살기가 힘든 그 당시에는 불쌍한 그들을 대변하여 인권을 보호하는 장치가 미약하였다.

봄이 오면 곡식이 떨어져 소나무 껍질을 벗겨 먹고 풀뿌리를 캐먹으며 미국이 제공하는 잉여농산물에 우리나라가 목을 맬 정도로 경제적으로 어려운 상태였다. 그 당시 우리 사회는 '보릿고개'로 상징되는 대중적 빈곤이 지배하는 사회였기 때문에 전쟁 미망인이 아니라도 먹고 살기 힘들어 자신이 낳은 아이들을 버리는 일이 상당히 있었다. 자신이 낳은 아이를 버린다는 것은 가족을 중시하는 한국의 전통적 윤리관에 비추어 봤을 때 천륜(天倫)을 다하지 못하는 것이다. 당사자는 물론 이런 일이 일어난 사회도 집단적 죄책감을 갖게 된다. 이런 분위기는 〈엄마 찾아 삼만리〉와 〈미워도 다시 한 번〉과 같은 고아문제와 낳은 정 기른 정과의 갈등을 그린 영화에도 반영되어 대중의 엄청난 호응을 받는다.[20]

유부남과 처녀 등 서로 결혼이 어려운 사이에 낳은 아이는 친모(親母)의 손을 떠나 결국 본부인에게 보내진다. 부모의 반대나 불장난 등으로 결혼을 하지 못하는 미혼모가 출산한 아이는 종종 남의 집 대문 앞에 버려지게 된다. 이렇게 버려진 아이들은 그 집 주인이 거두어 일정 기간 키워서 고아원으로 보내면 그곳에서 지내다 어느 정도 나이가 차면 사회로 나와 어렵게 생활하게 된다. 그 중 일부는 국내의 아이 없는 집에 입양되고, 나머지는 해외입양을 하게 된다.

그 시절 이렇게 아이를 버리는 것이 언론의 조명을 받으며 사회문제가 되자 우리 대중가요계가 기아를 소재로 노래를 만들기도 했다. 그 중에서 자신이 낳은 아이를 버린 엄마의 입장에서 나온 노래가 바로 이미자가 부른 〈들국화〉이다. 이 노래는 강찬우 감독이 메가폰을 잡아, 김석훈, 김혜정, 이민자, 김신명을 캐스팅하여 만들어진 영화 〈들국화〉의 주제곡이다.

들국화

(월견초 작사, 이인권 작곡, 이미자 노래, 1965년)

누가 만든 길이냐
나만이 가야 할 슬픈 길이냐
철없는 들국화야 너를 버리고
남 몰래 숨어서 눈물 흘리며
아~ 떠나는 이 엄마 원망을 마라

언제 다시 만나리
귀여운 그 얼굴 언제 만나리
여인의 가슴속에 파도치는데
죄 없는 들국화 저 멀리 두고
아~ 떠나는 이 마음 너무 아프다

주

1) 이동순, 1995, pp.166~167.
2) 김지평, 2000; 박찬호, 2009, pp.336~337.
3) 이동순, 1995, p.162.
4) 박영규, 2014, p.107.
5) 강준만, 2009, p.112.
6) 강준만, 2009, p.113.
7) 강준만, 2009, pp.112~115.
8) 전경옥 외 3인, 2005, p.48.
9) 전경옥 외 3인, 2005, p.266.
10) 전경옥, 2005, p.46.
11) 배경식, 2010, p.197.
12) 정찬일, 2019, p.117.
13) 문향란, 인터넷 한국일보, 2009. 6.9.
14) 정찬일, 2019, p.114; 전홍기혜, 프레시안, 2020; http://blog.naver. com/ghgh5503/4004//86484).
15) 정찬일, 2019, p.114.
16) 우한솔, KBS, 2016년 6월27일; 비마이너, 2017년 7월27일; 이희 용, 연합뉴스, 2020년 6월22일.
17) 배수강, 주간동아, 2018년 1월16일; 최정원, kTV 국민방송, 2012년 12월31일.
18) 신주백, 2010, p.79; 전홍기혜, 프레시안, 2020.
19) 정찬일, 2019, pp.114~127.
20) 이영미, 1998, p.183.

비 내리는 호남선

손로원 작사
박춘석 작곡
손인호 노래
1956년

목이 메인 이별가를 불러야 옳으냐
돌아서서 피눈물을 흘려야 옳으냐
사랑이란 이런가요 비 내리는 호남선에
헤어지던 그 인사가 야속도 하더란다

다시 못올 그 날짜를 믿어야 옳으냐
속는 줄을 알면서도 속아야 옳으냐
죄도 많은 청춘이냐 비 내리는 호남선에
떠나가는 열차마다 원수와 같더란다

〈비 내리는 호남선〉
정치적 허무주의

저는 1960년대 초반 추석이나 설 등 특별한 계기에 동네 콩쿨대회가 열리면 많은 참가자들이 기타 반주에 맞추어 〈비 내리는 호남선〉을 부르는 것을 듣고, 이 노래를 배웠습니다. 나이가 어렸지만 애절한 선율과 가사가 주는 슬픔이 가슴에 금방 와 닿았습니다. 그러나 이 노래가 한국의 정치사와 연관이 있다는 얘기는 알지 못했습니다.

제가 이 노래와 관련된 정치적 사건을 듣게 된 것은 2000년대 초반이었습니다. 어느 날 서울대 행정대학원 김광웅 교수님을 모시는 소규모 제자 모임을 종로구 대학로에서 가졌습니다. 저녁을 먹고 술을 하는 자리에서 참석자들의 요청에 따라 저는 한국의 정치사회사와 연관시켜 노래 몇 곡을 해설하면서 불렀습니다. 그것을 듣고 난 후 방통대 교수였던 대학원 선배님께서 자신도 노래 부르는 것을 좋아한다며, 이 〈비 내리는 호남선〉

을 부르면서 민주당 신익희(申翼熙) 후보의 사망과 관련된 얘기를 했습니다. 이 얘기를 관심 있게 들은 뒤에 문헌 조사를 하며 관련 사실을 확인했습니다.

이제 〈비 내리는 호남선〉과 제1공화국 시절의 험난한 민주헌정과 연관된 얘기를 시작하도록 하겠습니다.

한국의 민주주의가 왜 이렇게 가시밭길을 가야 했던가?

한국의 민주헌정사는 참으로 험난했다. 한 국가의 최고 규범인 헌법은 무려 아홉 번에 걸쳐 대부분 집권자의 의도가 반영되는 식으로 개정될 정도였다. 짧은 기간 헌법이 이렇게 자주 바뀌었으니 그동안 한국의 민주주의가 얼마나 어려운 길을 걸었던가를 미루어 짐작할 수 있을 것이다.

조선의 왕정이 일제에 의해 붕괴된 이후 혹독한 일제 군국주의 독재를 거친 한국인이 갑자기 미국식 민주주의를 받아들여 이를 제대로 소화할 토양이 되어 있지 않았다는 데 그 첫째 이유를 들 수 있을 것이다. 서양사회에서는 르네상스나 종교개혁을 통해 합리적인 사고방식이 점차 지배적인 생활양식으로 자리잡아가는 가운데 대외무역과 산업혁명 등을 통해 부(富)를 축적한 시민계급이 귀족과 성직자들로 구성된 구질서를 서서히(영국의 시민혁명) 혹은 급격히(프랑스 혁명) 변화시키면서 오랜 기간에 걸쳐 민주주의를 안정적으로 발전시켜 왔다.

해방 이후 미군정 시대는 물론 제1공화국 시절에도 민주주의의 토대가 되는 한국의 사회경제적 사정은 절망적이었다. 글을 제대로 모르는 문맹자가 국민의 대다수인데다, 그들은 대체로 농촌에 거주하며 마을이나 친족 등 1차 집단과 서로 의존하며 살아가고 있었다. 그들은 자신이 사는 마을 공동체보다 크고 넓은 의미의 국가라는 공동체를 생각하는 '시민의식' 혹은 '시민공동체 정신'이 아직 제대로 생기지 않았다.

오아시스레코드가 발매한 〈비 나리는 호남선〉 앨범.

해방 당시 일본과 중국 등지에서 귀국한 해외 동포가 100만 명이 넘는데다 한국전쟁으로 북한에서 남한으로 넘어온 사람도 백만 명이 넘었다. 도시와 농촌의 넘쳐나는 실업자를 흡수할 상공업은 전혀 발달하지 않아 그때 우리 사회에는 빈곤과 신뢰상실이라는 어두운 그림자가 짙게 드리워져 있었다.[1]

이처럼 한국 민주주의의 사회경제적 토대와 문화적 기반이 몹시 취약한 데다 설상가상으로 건국 이후 주요 정치지도자들 간의 극심한 반목과 대립이 신생 한국의 정치발전을 가로막았다. 특히 그 당시 가장 많이 알려진 독립 운동가이자 하버드대, 프린스턴대 등 미국 유수대학에서 쌓은 탁월한 학식과 높은 경륜 등으로 제헌의회에서 대통령으로 선출된 이승만(李承晩)은 시간이 지나면서 야당 지도자들과 견해차를 노정(露呈)하며 다투기 시작했다.

발췌개헌·사사오입 개헌으로 장기집권 길로 들어선 이승만 대통령

이승만 대통령은 자신이 추진하는 북진통일에 협조하지 않는 야당이 지나치게 미국 의존적이라 여기며 그들을 불신하였다. 제헌국회 의원들의 2년 임기가 끝남에 따라 1950년 5월30일에 열렸던 제2대 국회의원 선거에서 무소속은 126석을 얻은 반면 이승만 대통령을 지원하는 국민당은 겨우 24석을 얻었다. 범여권 세력을 다 합쳐도 55석에 불과하여 대통령 간선제를 계속하면 이승만 대통령은 의회에서 다시 대통령으로 선출될 가능성이 없었다. 이에 따라 이 대통령은 대통령 직선제를 원하고 있었다. 한편 그를 반대하는 측은 1951년 11월 말 의회 다수파라는 이점과 정전협정과 관련하여 제대로 협조하지 않는 이승만을 교체하려는 의향을 가진 미국의 의도를 간파하여 헌법을 내각제로 바꾸려고 시도하였다.[2]

1952년 5월 이승만은 계엄령을 선포하고, 헌병을 동원하여 국회의원을 구금하는 소위 '부산정치파동'을 일으켜 이 위기국면을 타개하려 하였다. 이처럼 군대와 경찰, 깡패가 동원된 이 대통령의 강수에 놀란 미국의 주선으로 양측은 국민의 직접선거로 대통령을 선출하되 내각책임제 요소를 강화한 발췌개헌을 추진하기로 하였다. 이 헌법에 따라 실시된 제 2대 대통령선거에서 당선된 이 대통령은 1954년 11월 사사오입 개헌이라는 기상천외한 방식을 인용하여 대통령의 연임제한을 없애는 헌법개정안을 통과시켰다.[3] 이제 이승만 대통령의 장기집권의 길은 더욱 넓어졌다.

이런 가운데 1956년 제3대 대통령 선거가 다가오자 1955년 9월에 창당한 민주당은 1956년 3월18일 대표최고위원인 신익희를 대통령 후보로 내세워 권위주의 정치의 길로 들어선 이승만 대통령과 대결하게 하였다.

이때는 이승만 정권이 발췌개헌, 사사오입 개헌을 통해 여러 차례 무리한 정치적 조치를 통해 통치기반을 강화하자 야당과 학생, 지식인들의 반발이 본격화된 시점이었다. 막상 선거가 시작되자 신익희 후보에 대한 여론은 대단히 호의적이어서 정권교체의 희망을 가질 수 있을 정도였다.

민주당 신익희 후보의 등장과 사망

신 후보는 이승만 대통령에 의해 한국 민주주의가 자꾸 왜곡되는 것에 대해 분노를 느끼는 야당과 지식인의 목소리를 강하게 대변하였다. 또한 한국전쟁의 참화와 그 후유증으로 먹고 살기 힘든 국민들의 힘겨운 삶의 현장 목소리를 반영하여 그의 선거 구호를 '못 살겠다, 갈아보자'라고 정했다. 물론 여당에서는 '구관이 명관이다. 갈아봐야 별 수 없다'라고 맞받아쳤지만 선거일이 다가올수록 신 후보의 지지세가 날로 확산되는 것이 뚜렷이 보였다. 민주당 신익희 후보가 선거의 대세를 장악하는 분위기가 조성되었다.[4]

그 대표적인 예가 바로 1956년 5월3일 30만 명의 사람이 자발적으로 참여했다는 한강변 유세이다. 그 당시 서울시 인구가 150만 명 정도에 불과했는데 그 5분의 1이 신 후보의 유세에 참여했으니 얼마나 많은 사람들이 운집했는지 상상할 수 있을 것 같다. 이런 분위기가 계속 이어진다면 민주당의 신익희 후보가 이승만 대통령을 이기고 정권교체를 하겠구나 하는 전망이 높아졌다. 이런 상승 분위기에 힘입어 원래 건강이 그렇게 좋지 않은 신 후보는 이미 세워진 유세일정을 쉬지 않고 강행하였다.

신 후보는 1956년 5월15일로 예정된 대통령선거 열흘을 앞둔 5월5일

호남지방에 대한 마지막 공략에 나섰다. 그러나 애석하게도 신 후보가 탄 열차가 전라북도 익산군 함열읍(지금의 이리시) 부근을 지날 때 그는 뇌일혈로 졸도하여 급히 병원으로 옮겼으나 돌아가시게 되었다. 그 어느 때보다 야당이 정권을 잡을 수 있는 가능성이 높은 시점에서 신 후보가 돌아가시게 되자 정권교체를 꿈꾸는 야당은 물론 일반국민에게도 청천벽력과 같은 일이었다. 그의 갑작스런 죽음을 믿고 싶지 않은 수많은 사람들의 안타깝고 슬픈 마음은 필설로 다할 수 없었다. 그의 유해가 서울역에 도착하는 날은 물론이고, 5월23일 거행된 국민장에는 통칭 백만 명의 시민들이 모여들어 고인이 가는 길을 안타깝게 전송하며 눈물을 흘렸다.

신익희 후보의 유해가 서울역에 도착하던 날 군에 입영하는 젊은 청년들이 탄 서울역발 논산행 열차 내에서 그를 추모하며 〈비 내리는 호남선〉을 자연스럽게 합창하는 일이 있었다.[5] 이것을 시발로 신익희 후보의 사망 이후 이 노래가 삽시간에 유행하는 믿지 못할 이상한 일들이 생기게 된다.

〈비 내리는 호남선〉 관련 소문 확산, 신익희 추모곡으로 변모

사실 겉으로 건강해 보이던 신 후보가 유세 중 갑작스럽게 돌아가시게 되자 항간에 여러 가지 정치적 억측과 유언비어가 난무하기 시작했다. 그 일이 있기 얼마 전에 나온 대중가요 〈비 내리는 호남선〉도 그런 유언비어의 소재가 되면서 이 노래와 소문이 함께 뒤엉키면서 이상한 양상으로 발전하였다. 즉, '민주당의 신 후보를 자유당에서 암살했다'라거나 아니면 '해공(海公) 선생 애도가가 나왔는데, 슬픔을 이기지 못한 신 후보의 부인(김순이 여사)이 지었다', 혹은 '원래 이 노래는 해공 선생 부인이 부르도록 되어있었는데 목이 쉬어 부르지 못했다'라는 밑도 끝도 없는 소문이 급속히 확산되기 시작했다. 이러한 사회적 분위기를 타고 그분의 갑작스럽고도 안타까운 서거가 가져온 애도 분위기와 어울리는 가사의 내용이 서로 상승작용을 일으키며 〈비 내리는 호남선〉은 엄청나게 히트하기 시작하였다.[6]

1956년 정·부통령 선거에 출마한 민주당 신익희, 장면 후보의 선거 포스터.

사태가 이처럼 심상치 않게 돌아가자 당국은 긴장하면서 서둘러 대응조치를 시작했다. 우선 그들은 작곡가 박춘석, 작사가 손로원을 불러 강압적인 분위기 속에서 이 노래의 제작 의도를 캐물었다. 심지어 가수 손인호를 불러 '어떤 감정'으로 그 노래를 불렀는지 물어봤다고 한다.[7] 작곡가 박춘석 씨가 이 노래의 제작경과를 설명하고, 이 노래를 음반으로 발매한 날짜가 신 후보가 서거한 1956년 5월5일 이전인 1956년 2월이라는 구체적인 증거를 내놓자 당국은 이 노래에 대해 더 이상 시비할 수 없었다. 사실 이 노래가 그 당시 한국사회에서 이렇게 정치적으로 해석되면서 광범위한 논란에 휩싸인 것은 신익희 후보의 서거로 그를 통해 평화적 정권교체를 바라던 대중의 열망이 좌절되는 시점에 자유당 정권의 비위를 건드리는 그 노래가 자꾸 인기를 얻고 있기 때문이었다.

그러나 워낙 이런 식의 악성 소문이 계속 돌고, 국민들의 호응도가 높아지자 정보기관은 〈비 내리는 호남선〉과 신 후보의 관련성이 없다는 점을 알리기 시작했다. 그러나 여론의 흐름이라는 것이 묘해서 당국이 그런 사실을 부인하는 '역정보'를 흘릴수록 일은 정반대로 꼬이기 시작했다. 즉, 이 노래와 신 후보의 서거와 밀접한 관련이 있는 것은 '사실인데 못 부르게 하느라고 아니라 한다고 하더라'라는 말이 다시 돌았다.[8] 이승만 정부의 거듭된 실정(失政)에 실망하여 신익희 후보에게 정권교체의 희망을 걸었던 많은 사람들이 가졌던 절망감이 이런 식의 유언비어로 표출된 것 같다.

〈비 내리는 호남선〉은 앞서 얘기한 대로 신 후보의 서거 전에 나왔기 때문에 그 당시 신익희 후보와 그의 부인과 관련하여 돌고 있는 유언비어와는 달리 그의 죽음과 직접적으로 관련되어 만들어진 것은 아니다. 원래 이 노래는 그 시절 박단마 그랜드 쇼의 악단장으로 있으면서 전국을 순회하며 공연하였던 작곡가 박춘석의 개인적 경험의 소산이다. 어느 날 박춘석은 목포에서 열리는 공연의 심사를 위해 호남선 열차를 타고 가고 있었다. 그는 〈이별의 부산정거장〉 등 다른 지역은 열차와 관련된 노래가 있는데 호남지역에는 그런 노래가 없다는 생각이 들었다. 그래서 그는 호남선에 얽힌 한국인의 삶과 정서를 제대로 표현하는 노래를 만들기로 결심하였다.

호남선은 1911년에 공사를 시작하여 1914년에 완성됐다. 해방 이후에는 수많은 사람들이 이곳을 지나는 철마를 타고 고향으로 돌아왔다가 또 다시 기회를 찾아 고향을 등지며 서울 등 타향으로 떠났다. 열차가 서는 정거장에는 갖가지 사연을 안은 사람들의 슬픈 이별이 매일같이 반복되었다. 그는 수많은 사람들의 이별 중 비 오는 정거장에서 사랑하는 젊은이들이 가슴 시리게 헤어지는 장면을 노래의 주요 이미지로 착상하였다. 그는 이런 이미지의 곡을 완성한 후 제목을 〈비 내리는 호남선〉이라고 정했다. 그 후 작사가 손로원 선생이 박춘석 선생의 의중을 살린 노래의 가사를 완성하여 가수 손인호가 오아시스 레코드사에서 취입하였다.

이렇게 만든 노래는 마침 호남선을 타고 유세를 하던 신익희 후보의 서거로 정권교체의 꿈이 허망하게 사라지면서 '충격', '울분', '의혹'에 빠진 국민들의 '신익희 추모곡'[9]으로 자리잡으면서 엄청난 히트를 했다.

신 후보가 돌아가심에 따라 이승만 후보는 504만 표(유효 득표수 52%)를 얻어 당선되어 '못 살겠다, 갈아보자'는 선거 구호는 허사가 되었다. 그러나 민주당의 장면 후보가 자유당의 이기붕 후보를 꺾고 부통령으로 당선되었다. 또한 당시 국민들이 겪고 있는 좌절감과 성난 민심은 추모표(무효표)와 기권으로 나타났다. 그때 선거장에 직접 나와 추모표를 던진 사람은 총 투표수(906만 표)의 20.5%인 185만 표나 되었다. 대한민국 역대선거사상 최대의 무효표와 극도의 실망감으로 투표장에 나오지 않은 유권자(기권표), 그리고 진보당의 조봉암이 받은 216만 표를 감안하면 사상 유례없이 이승만 정부에 대한 거부감을 담은 성난 민심이 드러났던 것이다. 그러나 신 후보의 서거로 정권교체의 꿈은 4년 뒤로 미루어졌다.

민주당 조병옥 후보의 갑작스런 서거

1960년 3월15일로 예정된 제 4대 대통령선거에 조병옥(趙炳玉) 박사가 민주당 대선후보로 나왔다. 그는 '죽나 사나 결판내자'라는 비장한 대선 슬로건을 내걸고 선거 유세를 하면서 다수 국민의 기대를 모았다. 그러나 대통령 선거가 얼마 남지 않는 1960년 1월 말 그는 지병 치료를 위해 미국의 월터리드 육군병원에 입원하였다. 당초 별 문제 없이 회복되어 귀국하리라던 예상과 달리 2월15일에 개복(開腹)수술을 하다가 갑자기 서거하였다.

선거를 한 달 앞두고 당선 가능성이 있는 조 후보가 또 다시 사망하자 선거를 통해 이승만 독재를 끝내는 민주적 정권교체를 희망하는 많은 사람들이 애통해 하였다. 이승만의 당선이 기정사실화되자 야당 민주당을 지지하는 사람들은 물론 보통사람들도 4년 전 제 3대 대통령 선거에서 신익희 후보가 아쉽게 돌아가신 것과 연계하여 거듭되는 불운에 슬퍼하였다. 이런 어처구니없는 사태의 전개에 실망한 그들은 조 후보의 죽음을 믿을 수 없다며 의문을 끊임없이 제기하였다.

유정천리

(반야월 작사, 김부해 작곡, 박재홍 노래, 1959년)

가련다 떠나련다 어린 아들 손을 잡고
감자 심고 수수 심는 두메산골 내 고향에
못살아도 나는 좋아 외로워도 나는 좋아
눈물 어린 보따리에 황혼 빛이 젖어드네

세상을 원망하랴 내 아내를 원망하랴
누이동생 혜숙이야 행복하게 살아다오
가도가도 끝이 없는 인생길은 몇 구비냐
유정천리 꽃이 피네 무정천리 눈이 오네

이런 분위기 속에 당시 박재홍이 불러 인기를 얻고 있었던 〈유정천리〉가 정치사회적으로 주목을 받기 시작하였다. 원래 이 노래는 1959년 남홍일 감독이 메가폰을 잡고, 김진규, 박암, 이민자를 주연으로 하여 만든 영화 〈유정천리〉의 주제가였다. 신신레코드에서 발매된 영화 〈유정천리〉의 주제가는 반야월 작사, 김부해 작곡, 박재홍 노래의 〈유정천리〉와 반야월 작사, 김부해 작곡, 안정애가 노래한 〈오늘도 너를 찾아〉 등 두 곡이었다. 그런데 이상하게 박재홍이 부른 〈유정천리〉가 대중의 자발적 개사(改詞)와 4·19 의거라는 정치적 사건과 결부되면서 많은 이들의 사랑을 받았다.

〈유정천리〉와 그 개사곡(改詞曲)의 히트

이 영화의 주인공인 가난한 아버지가 졸지에 죄를 지어 감옥에 가게 되자 엄마는 정부(情夫)를 따라 집을 떠난다. 갑자기 부모를 잃은 아들은 눈물을 흘리며 엄마와 아빠를 찾아 나선다. 그러다 형기를 끝내고 출소한 아버지를 우연히 길거리에서 만나 고향으로 돌아가는 것을 주요 내용으로 하고 있다.

이와 같은 영화내용이나 위에서 봤던 노래가사에서 하등 정치적으로 해석되어 논란이 일어날 소지가 없는 영화나 노래였다. 1950년대 전쟁과 대중적 빈곤이라는 절망적 상황에서 말초적 자극에 의존하는 향락적 퇴폐풍조가 만연한 가운데 카바레에서의 춤과 술 등으로 인한 일탈로 가정이 깨어지는 경우가 종종 있었다. 그처럼 타락한 도시를 멀리하고 순수한 영혼이 살아 움직이는 농촌으로 돌아가는 식의 계몽적 도식이 이 영화에서 드러난다. 이런 진부한 내용의 영화와 동명의 영화주제곡 〈유정천리〉가 조병옥 후보의 사망과 자유당의 무리한 부정선거 등 당시의 정치상황과 연계되면서 국민적 관심을 크게 받았다.

특히, 1960년 3월의 대선(大選)을 앞두고 조병옥 후보가 갑자기 서거하자 이승만 대통령과 자유당을 조롱하는 개사곡이 자연스럽게 만들어졌다.[10] 처음 대구에서 시작한 개사 노래가 빠른 속도로 전국적으로 확산하였다. 그 당시 초등학교와 중학생까지 이 개사곡을 부르게 되자, 당국은 그것을 적은 쪽지를 찾기 위해 학생들 주머니까지 검사하는 일도 있었다고 한다. 이 사실은 1960년 2월22일자 "경북의 중고생 사이 유행, 단속하는 선생들의 고민"이라는 제하의 동아일보 기사에서 확인할 수 있다.[11]

역사를 통해 잘 알다시피 개사곡은 정치적, 사회적 억압이 심해 국민의 의사가 자유스럽게 소통되지 못할 때 기성체제에 대한 항의의 표시로 유행을 하게 된다. 그렇기 때문에 개사는 그 당시 대중적 인기를 얻고 있는 노래의 곡에다 시국을 은유적으로 혹은 신랄하게 풍자하는 내용의 가사를 얹는 형태로 나타난다.[12]

이 즈음에 나온 개사곡은 신익희 후보의 불운한 정치인생과 야당인 민주당과 그 지지자들의 허탈감, 그리고 한국전쟁 종전 후 맞게 되는 경제적 궁핍과 집권여당에 의한 정치적 파행으로 인한 다수 국민들의 갖가지 불만이 담겨 있다. 아울러 야당과 학생, 그리고 지식인들의 자유당 정권에 대한 많은 비판에도 불구하고 이와 같은 정치적 횡재를 안게 된 자유당 정권을 신랄하게 풍자한 내용을 담고 있다.

〈유정천리〉 개사곡

가련다 떠나련다 해공 선생 뒤를 따라
장면 박사 홀로 두고 조 박사도 떠나갔다
못살아도 나는 좋아 외로워도 나는 좋아
자유당에 꽃이 피네 민주당에 눈이 오네

세상을 원망하랴 자유당을 원망하랴
춘삼월 십오일 조기선거 웬말인가
천리만리 타국 땅에 박사 죽음 웬말인가
설움 어린 신문 들고 백성들이 울고 있네

3·15 부정선거와 4·19 의거의 발생

대한민국정부 수립 이후 이승만 정부는 인적자원 개발에 역점을 두어 초등 및 중등교육이 강화됨과 동시에 대학 등 고등교육기관이 많이 늘어났다. 그러나 6·25 전쟁으로 파괴된 산업과 시설을 복구하고 당장 먹고 사는 데 행정력을 쏟아야 할 입장이라 경제개발을 본격적으로 추진할 여건이 마련되지 못했다.

직장을 구하려는 사람은 많고, 사회가 제공할 직장은 턱없이 부족하였다. 시골의 농토나 소를 팔거나 아르바이트를 해서 어렵게 대학을 졸업하고도 절반가량이 직장을 구할 수 없었다. 더구나 1958년을 기점으로 한국에 대한 미국의 원조가 대폭 축소되었다. 경제는 침체되고, 실업자는 엄청나게 늘어났다. 이를 보충할 마땅한 수단이 없는 상태에서 새롭게 경제를 진흥할 대안도 가지고 있지 않았다. 이렇게 되자 나라 살림살이는 물론 개인의 삶도 어려워진 서민의 불만이 팽배한 상태였다. 또한 '권력남용'과 '부정부패'가 만연한데다 자유당 정부는 야당지 경향신문을 폐간하는 등 언론의 자유를 제약하는 조치를 취하였다. 많은 국민들은 이런 불합리한 조치를 주도한 자유당 정권에 대해 구제불능이라는 인식을 가지게 되면서 점차 넌더리를 내고 있었다. 이처럼 민심이 들끓는 상황에서 이 노래는 무리한 방식으로 집권연장을 노리는 자유당과 이승만 대통령에 대한 민심의 이반(離反)을 더욱 촉진시켰다.[13]

이런 여건 속에서 조병옥 후보의 서거로 이승만 대통령의 당선이 자동적으로 확정됨에 따라, 자유당 정권은 부통령 후보 이기붕을 당선시키기 위해 노골적인 부정선거를 자행하였다. 그들은 이미 85세로 나이가 많은 이승만 대통령이 재직 중 유고사태가 생기면, 이를 자동 승계하는 부통령은 반드시 자유당 후보가 되어야 된다는 '절박한' 생각을 가지고 있었다. 만약 민주당 부통령 후보 장면이 당선되어 대통령직을 승계하면 '큰일이 나겠구나' 하는 두려움으로 그들은 행정기관, 학교, 군대 등을 동원한 엄청난 관권선거와 공개투표 등 조직적인 부정선거를 자행하였다. 이 부정선거로 이기붕 자유당 후보는 883만 표를 얻어, 184만 표를 획득한 민주당 장

면 부통령 후보를 700여만 표 차이로 이기게 되었다.[14]

이렇게 되자 마산에서 시작된 자유당 정권의 3·15 부정선거를 규탄하는 대중의 분노가 전국적으로 한꺼번에 폭발하였다. 4월11일 최루탄이 박힌 마산상고 학생 김주열의 시신(屍身)이 발견되자 시위 분위기는 더 달아올랐다. 또한 정치 깡패들이 4·18 데모를 끝내고 돌아가는 고려대 학생들을 습격하는 어이없는 사건이 일어나 자유당 정권에 대한 분노를 더 한층 촉발하였다. 4월19일 서울에서 학생 3만 명이 궐기하여 경무대 앞으로 진출했는데, 그 시위대를 향해 실탄을 발사하여 민간인 111명과 경찰 4명이 사망하고, 민간인 558명과 경찰 169명이 부상하는 대참사가 벌어졌다. 4월25일 대학교수 258명의 시국선언문이 발표된 가운데 데모는 계속되었다. 4월26일 이 대통령은 마침내 사임하여 4·19 민주의거는 성공하였다.[15]

주

1) 교과서포럼, 2008, p.63.
2) 교과서포럼, 2008, p.64; 박영규, 2014, pp.109~110.
3) 교과서포럼, 2008, p.64; 박영규, 2014, p.114~118.
4) 조갑제, 2009, p.167.
5) 김종성, 2020. 5.5.
6) 김지평, 1987, p.391; 손민정, 2009, p.103; 김종욱, 2015, p.237.
7) 손민정, 2009, p.104.
8) 김지평, 1987, p.391.
9) 주현미, 2020, p.242.
10) 김종욱, 2015, p.217.
11) 손민정, 2009, p.105; 박찬호, pp.379~380.
12) 손민정, 2009, p.105.
13) 손민정, 2009, p.105; 김충남, 2014, pp.224~226.
14) 김충남, 2014, pp.226~227.
15) 박찬호, 2009, p.385; 손민정, 2009, p.105; 박영규, 2014, pp.126~127.

삼천포 아가씨

반야월 작사
송운선 작곡
은방울자매 노래
1964년

비 내리는 삼천포에 부산 배는 떠나간다
어린 나를 울려놓고 떠나가는 내 님이여
이제 가면 오실 날짜 일년이요 이년이요
돌아와요 네 돌아와요 네 삼천포 내 고향으로

조개껍질 옹기종기 포개놓은 백사장에
소꿉장난 하던 시절 잊었나 님이시여
이 배 타면 부산 마산 어디든지 가련만은
기다려요 네 기다려요 네 삼천포 아가씨는

꽃 한 송이 꺾어들고 선창가에 나와 서서
님을 싣고 떠난 배를 날마다 기다려도
그 배만은 오건마는 님은 영영 안오시나
울고가요 네 울고가요 네 삼천포 아가씨는

〈삼천포 아가씨〉 항구의 사랑과 이별

제가 태어난 경남 남해군 상주리에는 전국적으로 유명한 상주해수욕장이 있습니다. 여름철이면 많은 피서객들이 여객선을 타고 해수욕을 하기 위해 이곳에 옵니다. 손님들을 실은 여객선이 들어오고 나갈 때는 그 배에 장착된 확성기를 통해 흘러나오는 유행가를 매일 들을 수 있습니다. 저는 이 여객선에서 나오는 노래를 따라 부르며 대중가요를 익혔습니다. 이 과정에서 〈삼천포 아가씨〉를 배웠고, 산에 나무하고 풀을 베고, 소 먹이면서 종종 부르곤 했습니다. 어느 여름날 제 옆집에 사는 친구와 함께 소가 먹을 풀을 베어 지게에 지고 집으로 가고 있는데 여객선에서 이 노래가 나왔습니다. 늘 하던 버릇대로 짐을 지고 걸어가면서 이 노래를 따라 부르니까 그가 다시 불러달라고 했습니다. 그의 요청에 따라 가는 길을 멈추고, 지게를 바위에 기대어 놓고 노래를 부르는데, 그 친구는 지게 작대기를 바

위에 두들기며 장단을 맞추었습니다. 아름다운 저녁노을이 지면서 어둠이 서서히 깔리기 시작할 때, 바닷가에 있는 우리 마을에서 밥하는 연기가 하늘로 올라가는 것을 보면서 〈삼천포 아가씨〉를 부른 그날의 그 광경이 아직도 선명합니다.

이처럼 이 노래를 좋아한 저는 직장생활을 하면서 행복하게도 〈삼천포 아가씨〉를 부른 가수 박애경과 이를 작곡한 송운선 선생을 만나 얘기를 나눈 적이 있습니다.

문화부 예술국장을 하고 있었던 2001년 7월 가수 황금심 씨가 돌아가시자 저는 정부를 대표하여 조문을 하기 위해 강남성모병원 영안실에 갔습니다. 그 자리에서 은방울 자매 중의 큰방울로 알려진 박애경 씨를 만났습니다. 제가 그분이 부른 〈삼천포 아가씨〉를 좋아한다고 말씀드리니 무척 기뻐하시며, 자신이 경남 하동 출신이고, 경남여고를 졸업했다면서 가수 인생의 빛과 그림자에 대해 얘기해 주었습니다. 그 후 얼마 되지 않아 2001년 8월 〈선창〉을 부른 가수 고운봉 씨의 장례식장인 아산병원에서 다시 그녀를 만났습니다. 이제는 구면(舊面)이라 아주 반가워하며 자신의 연예생활 일부를 얘기하던 모습이 지금도 떠오릅니다.

한편 제가 문화체육관광부 제1 차관으로 근무하던 2008년 연말 한국연예예술인협회에서 실시하는 시상식에 참석하기 위해 성남아트센타에 갔습니다. 행사가 열리기 전 대기실에서 그 자리에 참석한 연예인들과 인사를 나누는 중에 〈삼천포 아가씨〉를 작곡한 송운선 선생을 뵈었습니다. 제가 〈삼천포 아가씨〉를 좋아한다고 말씀드리니까 몹시 반가워하며 이 노래의 작사 및 작곡 배경과 대중의 인기를 얻다가 갑자기 금지가요가 된 과정을 비교적 상세하게 말씀하셨던 것이 인상적이었습니다.

이제 〈삼천포 아가씨〉를 주조로 한 항구의 사랑과 이별에 관해 본격적으로 얘기하려고 합니다.

〈삼천포 아가씨〉의 탄생 일화

작사가 반야월은 1950년대 후반 어느 날 일제시절부터 작품을 같이 하며 아주 가깝게 지내던 사이인 경남 출신 유명한 작곡가를 만났는데 얼굴이 많이 좋지 않았다. "왜 그렇게 안색이 좋지 않느냐"고 반야월 작사가가 묻자 그는 "실연한 딸 때문에 기분이 좋지 않다"고 말했다.

그의 설명에 의하면 그 작곡가의 딸은 삼천포에서 여고를 졸업한 후 같은 삼천포 출신의 서울 명문대학생을 사귀었고, 방학 때마다 와서 서로 만났다고 한다. 그런데 어느 날 그 청년은 고시(考試)를 친다며 연락을 완전히 끊어버리자 그분의 딸은 그 사람이 돌아올 때까지 기다리겠다면서 삼천포에 약국을 차려놓고 하염없이 세월을 보내고 있었다. 그러나 그 기약 없는 기다림에 지친 그녀는 엄청난 절망을 하고 있다고 얘기를 했다. 얼마 후 반야월 작사가는 일부러 삼천포 노산공원 근처 수산시장에서 그녀가 좋아한다는 젓갈을 사서 들고 그녀가 근무하는 약국으로 가서 만났다고 한다. 그녀는 '눈에 띄게 초췌하고 큰 눈에는 수심이 가득 차 있어' 그 청년을 잊지 못하는 모습이 확연해 보였다. 그래서 반야월 작사가는 그녀의 아버지 건강도 좋지 않는데 언제까지 이렇게 살 수 없으니 오지 않는 사람을 기다리지 말고 이 참에 서울로 올라갈 것을 권유했으나, 그녀는 "전 기다릴래요. 그 사람이 올 때까지"라고 단호하게 말하는 것을 들었다고 한다.[1]

이 일이 있은 후 반야월 작사가는 늘 '청순하면서도 애틋한' 그 작곡가 딸의 사랑에 감동을 받아 그 사연이 늘 머리에 떠나지 않았다. 그러다가 1960년 그 작곡가가 돌아가시자 그분을 애도하는 의미에서 〈삼천포 아가씨〉의 가사를 쓰게 되었다. 1961년 초 작곡가 송운선은 반야월 작사가로부터 "이건 실화야. 둘도 없는 내 친구의 딸 이야기이거든. 지금은 삼천포에서 약국을 하며 혼자 살아. 처녀로"라는 얘기와 함께 이 가사를 받았다. 부두에서 떠나간 님을 한없이 기다리는 여인의 애처로운 정조(情調)가 한껏 묻어나는 노래시를 보자 감동이 절로 나오며, 그는 이 노래를 은방울 자매에게 준다고 생각하면서 악상을 가다듬었다고 한다.[2]

1964년 반야월 작사, 송운선 작곡, 은방울 자매 노래로 크라운 레코드사에서 발매한 이 노래는 나오자마자 크게 히트하여 당시 최고의 판매를 기록했다고 한다. 아마도 이 노래의 애조에 찬 곡조와 구슬픈 가사가 한(恨)의 정조로 살아온 보통사람들의 여린 감성을 자극하지 않았나 생각한다. 작곡가 송운선 선생에 의하면 서울과 지방의 레코드 업자들이 이 음반을 사기 위해 여관방을 얻어놓고 대기표를 받아 기다렸다가 그 레코드사가 발매한 다른 음반까지 끼워 팔아도 불평 없이 사갔다고 한다. 그러나 1965년 음반이 아주 잘 나가는 상태에서 대중의 정서에 퇴폐적인 영향을 끼친다며 금지곡이 되었다.

이 노래가 그 당시 이렇게 인기를 끌게 된 데에는 여러 가지 요인이 있다.

우선 윤일로의 〈항구의 사랑〉 가사에 나온 것처럼 '간 곳마다 사랑하고 간 곳마다 이별하고', '울어 봐도 소용없고 붙잡아도 살지 못할' 뿐만 아니라 '그리워도 소용없고 정들어도 맺지 못할' 것이 항구의 사랑이다. 그렇기 때문에 부두에서의 이별은 그만큼 절박하고 애절하다. 이런 처절한 이별을 삼천포라는 항구에 대입시켜 우리들의 마음 한가운데에 일어나는 애잔한 슬픔을 자연스럽게 표현한 반야월 선생님의 좋은 작사를 들지 않을 수 없다.

둘째로 사랑하는 연인과의 이별이 가져오는 극도의 슬픔을 너무 과도하게 표현하여 감정 과잉에 흐르도록 하지 않고, 그렇다고 너무 과소하게 표현하여 슬픔이 있는지 없는지도 모르는 식으로 흐르지 않도록 조절과 절제의 독특한 화음을 만들어낸 작곡가 송운선 선생의 탁월한 능력이 돋보인다.

〈삼천포 아가씨〉를 부른 은방울 자매의 은쟁반에 옥구슬 굴리는 것처럼 깨끗한 목소리와 사람의 폐부를 조용히 그러나 송곳처럼 사정없이 파고드는 애절한 화음이 우리들의 감동을 배가시키는 원동력이 되고 있음을 부인하지 못할 것이다.

〈삼천포 아가씨〉 앨범.

은방울 자매의 원조격인 박애경(왼쪽, 본명 박세말)은 1956년 미도파레코드에서 이재호가 작곡

한 〈한 많은 아리랑〉을 내면서 가요계에 데뷔하였다. 한편 1959년 백영호가 작곡한 〈기타의 슬픔〉으로 데뷔한 이후 김향미는 부산방송 전속가수로 있었다. 동갑내기인 그들은 극장 쇼 무대에서 콤비로 같이 노래를 부르다 좋은 반응을 얻자 트로트풍의 걸 그룹의 효시인 '은방울 자매'를 1962년에 결성하고, 1963년 〈쌍고동 우는 항구〉로 데뷔했다. 그들은 청아하면서 담백한 목소리로 구성진 화음을 내며 〈마포종점〉, 〈무정한 그 사람〉, 〈삼천포 아가씨〉 등 많은 히트곡을 남겼다.

박애경 씨와 짝을 이루어 노래를 부르던 김향미 씨가 미국으로 이민을 가자 1950년대 〈여인우정〉을 불러 인기를 얻었던 가수 신해성의 부인 오숙남이 그녀의 마지막 파트너였다. 박애경은 2005년 11월4일 위암으로 저 세상으로 갔다.

노래를 만든 사람들은 갔지만 〈삼천포 아가씨〉는 그대로 남아 이런 저런 이유로 힘들게 살아가는 우리들을 달래주고 있다. 이 노래가 삼천포를 전국적으로 알리는 데 크게 기여한 것을 기념하여 삼천포시는 2005년에 삼천포시 대방동 삼천포대교 공원에 〈삼천포 아가씨〉 노래비를 세웠다. 그 노래비에는 다음과 같은 말들이 새겨져 있어 항구의 서러운 이별을 우리들에게 전하고 있다.

"온 세상은 황금잉어(노을에 비친 비단물결을 뜻함) 한꺼번에 몰려와서 뭐라 뭐라 재잘대는 삼천포항 노을진 바다. 뱃고동의 긴 여운을 남기며 수평선 너머 떠나가는 연안여객선에 넋을 놓고 바라보는 〈삼천포 아가씨〉의 희망(돌아와요 네)과 기다림(기다려요 네)과 절망(울고가요 네)으로 이어지는 노랫말처럼 남도 갯처녀의 순정을 고스란히 담고 있다. 삼천포시는 이들의 변치 않는 그 순수와 낭만을 삼천포를 찾는 이들에게 은방울 자매의 간장을 에이듯이 넘어가는 목소리에 담아 전하기 위해 노래비에 새긴다".[3]

삼천포시 서금동 노산공원 옆 바닷가에는 항구를 떠난 님을 하염없이 기다리는 삼천포 아가씨를 형상화하는 동상이 세워져 있다. 그 공원의 나무 데크를 따라 걸으며 은방울 자매가 부른 〈삼천포 아가씨〉 노래를 들을 수 있다. 2011년부터 삼천포 남일대 해수욕장에서 '삼천포 아가씨 가요제'가 매년 열리고 있다.

이 노래가 히트한 후 1966년 강찬우 감독이 황정순, 이수연, 신성일, 김승호 등이 출연한 영화를 만들었다. 결혼한 지 7년 만에 남편을 잃고 속을 몹시도 썩이는 두 아들과 살아가는 삼천포 출신 문경옥(황정순 분)이 교통사고로 죽자 그 두 아들이 뒤늦게 통곡을 하며 뉘우친다는 것을 이 영화의 주요 내용으로 하는 멜로드라마이다

〈삼천포 아가씨〉가 인기를 얻은 이후 많은 가수들이 리메이크를 하였다. 고속도로 등 길가에서 파는 메들리 곡의 단골메뉴가 될 정도로 이 노래는 국민들의 사랑을 여전히 받고 있다.

바다와 해상경영을 천시한 조선시대 유교문화의 유산

전 국토의 삼면이 바다인데다 유라시아 대륙과 연결된 우리나라는 대륙문화와 해양문화가 접합하는 곳이다. 대륙에서 오는 문화적 흐름을 잘 소화하면서 해양경영의 능력을 향상시키는 것이 우리나라가 선진대국으로 가는 지름길이다. 고려 때까지 우리 민족은 그런 지정학적 배경을 비교적

잘 활용하였다. 사농공상(士農工商)을 따지는 유교중심의 조선시대에 들어와 우리나라는 바다경영을 등한시하고, 그와 관련되는 직업에 종사하는 사람들을 천시하면서 사정은 완전히 달라지기 시작하였다.

우리 문화에는 대륙에서 오는 중화문명을 중시하는 반면, 바다를 통해 들어오는 해양문화를 천시하는 풍조가 생겼다. 이렇게 해상경영을 등한시하는 사회적 분위기 속에 바다를 제대로 경영한 인물을 찾기가 힘들고, 해양중시 문화가 뿌리 내리기 어려웠다. 이런 식의 인식이 오랫동안 우리의 문화유전자 속에 화석처럼 굳어져 있었다.

16세기 이후 전 세계적 차원에서 대양 개척이 본격적으로 시작하면서 구미 선진국이 적극적인 해상경영을 통한 국운개척에 경쟁적으로 나섰다. 이처럼 세계사의 물줄기를 바꾸는 중요한 시기에 우리는 스스로 반도 속에 섬처럼 갇혀 섬사람처럼 폐쇄적인 내부쟁투에 몰입하다 국가발전의 기회를 놓쳤다. 그 결과 1910년 바다를 통해 들어오는 서양문물을 적극적으로 받아들여 서구스타일의 근대화를 이룩한 일본의 식민지가 되었다.

해방 후 우리나라는 해양세력을 대표하는 미국의 영향을 압도적으로 받았을 뿐만 아니라, 한반도가 38선으로 분단되어 대륙으로 진출할 수 없는 처지가 되었다. 1950년대까지 6·25 전쟁의 깊은 상처를 치유해야 하는 우리나라의 바다 경영은 여전히 후진적인 상태였다. 그럼에도 해상경영을 통해 나라발전을 할 수 밖에 없다는 인식이 우리 국민들과 위정자들 사이에 서서히 생겨나기 시작했다.

1957년 참치잡이 배 지남호가 인도양에 다랑어 주낙의 시험 조업에 나간 것이 한국 원양어업의 시작이었다. 1958년에 우리나라 최초의 원양어선이 남태평양 아메리칸 사모아 파고파고항에 입항하여 어업전진기지를 설치하면서 먼 바다를 경영하려는 한국인들이 조심스럽게 기지개를 켜기 시작하였다.

라스팔마스, 사모아, 가나 등 해외에 어업전진기지 설치·운영

1960년대 접어들자 정부는 본격적인 경제개발을 추진하는데 필요한 외화를 한국선원의 해외 송출과 원양어선 작업을 통해 얻는다는 것에 착안하였다. 그들은 한일 청구권 자금과 프랑스, 이탈리아 등 유럽에서 빌린 돈으로 다른 나라가 한동안 사용했던 낡은 배를 구입하였다. 마침 일본 등 원양어업의 선진국들은 인건비 상승, 인력수급난 등으로 경쟁력을 잃어가고 있었다. 우리나라는 1966년 북태평양과 아프리카 북서부 어장에서 트롤어업 시험을 하면서 먼 바다 어업의 가능성을 타진하였다.

1966년 11월 한국선원 40명을 태운 강화 1호가 아프리카에 있는 스페인령 라스팔마스항에 들어왔다. 그 이후 유럽과 아프리카 항구를 연결하는 요충지에 위치한 라스팔마스에 한국 어업전진기지를 설치하였다. 이곳을 통해 세네갈, 기니, 기니바사우, 시에라리온의 어장에서 갈치, 갑오징어, 돔, 문어 등을 잡아 수출하였다. 성실이 몸에 밴 한국 선원들은 아침 일찍부터 고기가 잘 잡히는 곳에 자리를 잡아 밤을 새면서 조업을 하여 타국 사람들이 도저히 따라올 수 없는 어획고를 올렸다. 1976년에는 4500만 달러, 1987년에는 1억 1000만 달러를 버는 등 해외 원양어업에 첫 진출한 1966년부터 1987년까지 21년간 총 8억 7000만 달러(약 1조 원)라는 엄청난 외화를 벌어 한국의 산업화를 이끄는 밑거름이 되었다.

원양어업이 성업(盛業)을 이루자 원양어선을 타는 한국선원들은 물론 선박 수리, 물품 조달 등 관련분야 종사자들이 모여들기 시작하였다. 이와 함께 한국인이 경영하는 미장원, 음식점, 술집 등이 생겨서 먼 이국에 온 한국인 선원들의 향수를 달래주었다. 최고 전성기이던 1970년대 후반에는 연간 210 척의 한국 원양어선이 이 항구를 드나들고, 1만여 명의 한국 선원과 5000여 명의 교민들이 이곳에 살고 있었다.

라스팔마스 외에도 아프리카 가나와 남태평양의 사모아에도 한국 어업전진기지가 설치되어 많은 한국 선원들이 태평양과 인도양, 그리고 대서양에서 참치, 오징어, 명태 등을 잡아 수출하면서 수산입국을 위해 헌신하였다. 1990년대 들어와 해외 근무할 선원을 모집하기도 힘들어지고, 인건비도 비싸진 데다 여러 차례 유류 파동을 겪으면서 채산성을 맞추기가 힘들어졌다. 아프리카를 비롯한 여러 나라들이 영해를 확대하고, 어장 쿼터를 설정하면서 한국원양어업도 내리막길을 걷기 시작하였다.

고난의 삶 속의 고소득, 그리고 낭만과 이국 풍물에 흔들리는 바다 사나이

바다에서 배를 타는 선원 생활을 하는 것은 여간 어려운 것이 아니다. 배를 타면 항상 태풍 등 바다의 일기불순 등으로 해난사고의 위험을 안고 있다. 더구나 원양어선이나 외항선의 경우 1년에 적게는 6개월, 많게는 9개월 정도 망망대해를 떠다녀야 한다. 마도로스 생활 41년째인 강대기 대한해운 선임선장의 증언에 의하면 40여 년 전에는 한번 배를 탔다 하면 2~3년 만에 한 번씩 집에 들르곤 했다고 한다.[4] 이것으로 미루어 부부 생활이 정상적으로 영위될 수 없는 것이 참으로 안타깝다. 더구나 거친 파도와 싸우며 군대식의 엄격한 규율 속에 남자들만 생활하는 것이 얼마나 힘들겠는가.

1960년대와 70년대 마도로스가 되면 육지에서 일하는 것과 비교도 할 수 없을 만큼 높은 소득을 올렸다. 예를 들어 1970년대 수산고등학교를 졸업하고 외항선의 3등 항해사가 되면 당시 1만 2000원 정도 되는 5급 공무원의 5~6배를 받았으며, 1급 항해사는 월 380달러 정도를 받아 5급 공무원의 20배 정도 많은 월급을 받았다.[5] 당시 일반적으로 원양어선을 타게 되면 보통 2년 6개월 근무하는 것이 근로조건이었는데, 그 기간을 다 채우고 저축을 잘 해서 귀국하면 부산에서 보통 집 두 채를 살 수 있었다고 한다.

사람이 돈을 너무 잘 벌게 되면 돈을 귀하게 여기는 마음이 없어지는 것이 인지상정이다. 험하게 일을 하고 벌었지만 오랜만에 항구에 오면 그만 마음이 풀어져서 돈을 함부로 낭비하는 경향이 있다. 그래서 이 항구 저 항구를 다니면서 여러 가지 이국적인 풍물을 즐기다보면 지독한 결심이 없으면 돈을 제대로 모으지 못한다. 그래서 해상보다는 육상생활을 해야 할 지긋한 나이에도 돈을 제대로 모으지 못해 배를 계속 타는 분들이 있다.

그런 분들 중에는 항구를 배경으로 술장사나 밥장사를 하는 여인들과의 사랑 때문에 돈을 잃고, 가정도 망친 분들이 있다. 오랜 기간 바다에서 근무하기 때문에 항구에 도착한 남자는 짧은 기간 그곳을 무대로 정(情)을 팔아 생계를 꾸리는 여성과 술을 마시며 사랑을 한다. 오랜 뱃길로 야수처럼 거칠어지기도 하고, 때론 여름날 화롯불처럼 벌겋게 달구어진 청춘의 정념으로 표상되는 사랑의 욕망을 그 단기간에 폭발적으로 쏟아내면서 항구의 여인들과 정을 주고받는다.

항구의 사랑과 이별

바다를 통해 물건을 나르는 상선(商船)의 경우 짧게는 6개월 길게는 9개월 정도 육지에 발을 붙이지 못하고 배에서 생활해야 한다. 먼 바다에서 조업을 해야 하는 원양어선을 타는 선원들도 외항선원과 같은 처지이다. 일정한 시간이 지나면 다른 곳으로 떠나가야 하는 뱃사람에게 한 곳에 정착하여 남녀 간에 정을 쌓고, 사랑을 나누며 오래도록 지내는 것을 기대하기는 어렵다. 그래서 항구의 사랑은 물 위에 떠다니는 부평초 같은 뜨내기 사랑이고, 하룻밤 풋사랑이다.

떠나야 할 날이 오면 여인은 가지 말았으면 하는 마음이지만 이내 체념을 할 수밖에 없다. 뱃사람들은 고기를 잡아 생계를 유지해야 하기 때문에, 아니면 다른 항구로 화물을 실어다 주어야 하는 등 여러 가지 이유 때문에 낯선 땅에서 짧은 기간 정을 나누었던 여인을 떠나야 한다. 그래서 한때 사랑했던 그 여자가 내미는 손길을 냉정히 뿌리치거나 아니면 언젠가 돌아온다는 공수표를 남발하며 약간은 씁쓸한 표정을 지으며 뱃고동을 울리고 그들은 부두를 떠난다.

그들이 배를 타고 항구를 떠난다고 모든 것이 끝나는 것이 아니다. 부두에 남겨진 여인은 그동안 정들었던 사람이 떠난다는 당혹감과 배신감 때문에 가슴이 몹시 쓰라리다. 너무 거세게 몰아세워 다시 오지 않을까봐 두렵기도 하고, 또 다음 기회에 올 재회의 그 기쁨을 마음 속에 그리면서 나를 잊지 말아 달라며 손을 흔든다.

그러나 한번 떠난 님은 다시는 그곳을 오지 않는다. 달콤한 꿈처럼 다가와서 여름날 폭풍우처럼 사람의 마음을 휘저어놓고, 봄날의 신기루처럼 사라져버린 옛사랑을 그리워하며 항구의 여인들은 가슴앓이를 하게 된다. 이처럼 정을 주고 간 선원을 그리워하는 항구의 여인들의 사랑의 감정과 슬픔은 시간이 갈수록 더 깊어질 수 있다.

특히 하룻밤 풋사랑으로 두 사람 사이에 아이들이라도 생기면 상황은 더 복잡해진다. 항구를 떠난 이후 다시 돌아오지 않는 아버지를 그리워하는 아이들이 항구의 여인에게 아빠는 어디로 갔느냐고 물으면 외국에 갔다며 거짓말로 상황을 무마한다. 아이들도 엄마가 그런 식으로 말하는 것이 거짓말이라는 것을 시간이 지나가면서 안다. 다만 그렇게 말하면 엄마의 가슴이 더욱 아플 수밖에 없으므로 아이들도 애기를 안할 뿐이다.

이 문제와 관련하여 필자는 북아프리카 북단 대서양에 있는 스페인령 라스팔마스의 현지 여인과 한국선원 사이에 난 한국인 2세 문제를 르포 취재한 어느 잡지의 오래 전 기사가 생각난다. 라스팔마스는 원양어선을 타는 많은 한국인들이 오랜 항해 끝에 잠시 물자 공급과 휴식을 위해 들르는 한국 최대의 어업전진기지이다. 그곳은 과거 한국의 유명한 여행가 김찬삼의 설명대로 세계 최고의 미인들이 많은 곳으로 유명하다.

당연히 한국인 출신 선원과 현지 여인과의 짧은 사랑이 이어지고, 한국인 선원들은 돌아올 기약도 없이 그곳을 떠난다. 그들이 떠난 후 여인들은 아버지를 모르는 아이를 낳게 된다. 아이들이 성장하면서 아버지를 그리워하고, 아버지의 부재(不在)를 아쉬워한다. 그 기사를 작성한 기자가 라스팔마스를 방문했을 때 한국 선원과 라스팔마스 현지 여인과의 사이에 난 2세들이 한국인 스타일의 동양 사람만 보면 '아버지' 하며 접근하더라는 얘기가 아직도 기억에 선명하다.

이런 식으로 항구를 매개로 한 얼치기 사랑과 이별이 아니라도 항구는 운명적으로 이별이 예고되어 있는 공간이다. 예측불능의 거친 파도에 몸을 맡기는 뱃사람들은 뱃길 도중 이 세상을 하직해야 하는 안타까운 상황이 다반사로 일어난다. 항구 주변에는 늘 죽음의 그림자가 드리워져 있다.

항구의 하룻밤 풋사랑과 일상적 이별을 노래한 대중가요

짧은 체재(滯在)기간에 일어나는 항구의 사랑은 솜사탕처럼 달콤하나, 배 떠나는 부두에서의 이별은 소태처럼 쓰다. 1939년에 나온 김운하 작사, 박시춘 작곡, 남인수 노래의 〈항구의 청춘시〉에 보면 '날씨 개인 항구에 기적이 울면 뜻 맞아 사귄 정이 뜻 맞아 사귄 정이 원수로다'라는 구절이 있다. 얼마나 부두의 이별이 서러웠으면 '뜻 맞아 사귄' 그 사람과의 '정이 원수'와 같다고 했겠는가. 이렇게 항구의 이별에 직면한 여인의 쓰라린 심정과 사무치는 그리움을 우리 민족 고유의 한으로 구체화시킨 대중가요들은 바다와 함께 살아가는 많은 한국인들의 일상적 경험들과 너무나 유사하여 큰 공명(共鳴)을 얻었다.

예를 들어 이난영의 〈목포의 눈물〉, 장세정의 〈연락선은 떠난다〉, 남인수의 〈울며 헤진 부산항〉, 윤일로의 〈항구의 사랑〉, 조미미의 〈바다가 육지라면〉, 조용필의 〈돌아와요 부산항에〉, 심수봉의 〈남자는 배, 여자는 항구〉 등 수많은 노래들이 항구를 매개로 하여 벌어지는 청춘의 사랑과 쓰라린 이별을 노래하고 있다. 이 노래들은 그런 정서를 솜이 물을 먹듯 자연스럽게 받아들인 한국인들의 공감을 많이 얻어 히트하였다.

원래 배가 나가고 들어오는 항구는 새로운 출발과 귀환의 분기점이다. 그러나 우리 대중가요에서의 항구는 돌아올 날을 기약할 수 없는 이별이 자아내는 슬픔과 한이 뒤범벅이 된 정서적 공간을 상징적으로 표상한다. 가족, 연인, 친구 등 가까운 이들과 헤어지는 비탄의 공간인 항구를 중심으로 연락선, 뱃고동, 부두, 해안, 선원 등을 대중가요의 주요 제재로 사용해왔다.

특별히 여기서 주목할 것은 우리 대중가요에서 항구의 이별이 갖는 특이한 역사적 정서의 울림이다. 우리는 살아가면서 기차가 떠나는 역, 버스가 출발하는 터미널, 비행기가 나는 공항, 그리고 배가 떠나는 항구에서 정든 사람들과 헤어진다. 역사적으로 많은 한국인에게는 항구에서의 이별이 가져온 슬픔의 정조가 공항이나 터미널, 그리고 역에서의 그것보다도 훨씬 강하게 다가온다. 예를 들어 1930년대와 1940년대에 나온 장세정의 〈연락선은 떠난다〉, 남인수의 〈울며 헤진 부산항〉을 보면 징병, 징용, 정신대와 위안부로 동원되어 일제의 전쟁 소도구로 사용된 한국인이 항구에서 겪는 비애의 정서가 가사와 곡조에서 듬뿍 묻어난다.

일제 하 대중가요에 나타난 항구의 이별이 대개 이런 민족주의적 정서를 내포하고 있다면 해방 후는 남백송의 〈마도로스 인생〉, 남인수의 〈마도로스 사랑〉, 백야성의 〈아빠는 마도로스〉와 〈잘 있거라 부산항〉, 고봉산의 〈아메리카 마도로스〉와 같이 외항선원 혹은 뱃사람을 상징하는 마도로스와 항구를 소재로 한 노래가 인기를 끌었다.

여기서 주목해야 할 것은 이런 유의 노래와 영화는 대체로 마도로스와 항구의 여인(주로 술집 아가씨)의 사랑과 이별을 주로 다루고 있다. 1959년에 나온 최치수 작사, 김부해 작곡, 윤일로 노래의 〈항구의 사랑〉에서 그리고 있듯이 항구에서의 뱃사람들과 술집 여인과의 사랑은 '간 곳마다 사랑하고 간 곳마다 이별하는' 식의 일회용 풋사랑이다. 또한 백야성의 〈항구의 영번지〉에서는 친구 사이에 연적(戀敵)이 되어 사랑하는 여인을 서로 뺏고 뺏기는 식으로 항구의 사랑을 묘사하고 있다.[6]

이렇게 항구의 여인과 선원들 간의 사랑이 대체로 돈을 매개로 이루어지는 부박(浮薄)한 모습을 보이지만 다 그런 것은 아니다. 여러 사람과 정을 주고받는 항구의 여인들의 사랑에도 그 어떤 사람에 대한 지고지순하고 순결한 참사랑을 지향하는 경우도 있다. 카바레 여급(전옥)이 마도로스 박(최무룡)과 나눈 하룻밤 풋사랑의 허무함을 그린 영화 〈항구의 일야〉(1957년)나 마도로스와의 사랑을 잊지 못하는 항구의 여인의 슬픔을 다룬 영화 〈갈매기 우는 항구〉의 주제곡 〈몸조심 하세요〉(1963년, 월견초 작사, 이미자 노래)를 보면 항구에서 정을 팔며 살아가는 여인들의 순결한 사랑을 묘사하고 있다.

심수봉이 작사, 작곡하고 스스로 노래한 〈남자는 배, 여자는 항구〉는 위에서 든 마도로스와 항구의 여인과의 이별과는 달리 외항선원 남편과의 이별을 겪는 선원 부인의 아픔을 작사 배경으로 깔고 있다. 1983년 가수 심수봉은 자신의 친구와 외항선원인 그녀의 남편을 인천까지 차를 태워다 준 적이 있다고 한다. 다시 해외로 배를 타러 가는 친구의 남편을 그의 친구와 함께 인천 연안부두에서 배웅하고 돌아오는 내내 그녀의 친구는 남편과의 이별의 슬픔을 가누지 못해 서울시 관악구 신림동에 도착할 때까지 계속 울었다고 한다. 그 후 너무나 마음이 '짠한' 그리고 '절절한' 그녀 친구와의 경험을 소재로 심수봉은 이 노래를 만들어 1984년에 음반으로 발매하였다. 해외로 나가는 배를 타기 때문에 오랜 기간 부부가 떨어져 지내야 하는 외항선원 부인의 슬픈 사연이 이렇게 좋은 노래를 만드는 원동력이 되었다.[7]

주

1) 정두수, 2013, pp.229~231.
2) 정두수, 2013, pp.229~232.
3) 반야월, 2005, pp.218~219.
4) 이만훈, 2008.
5) 이만훈, 2008.
6) 김종욱, 2015, p.229.
7) 임진모, 2018.

동백 아가씨

한산도 작사
백영호 작곡
이미자 노래
1964년

헤일 수 없이 수많은 밤을
내 가슴 도려내는 아픔에 겨워
얼마나 울었던가 동백 아가씨
그리움에 지쳐서 울다 지쳐서
꽃잎은 빨갛게 멍이 들었소

동백꽃잎에 새겨진 사연
말 못할 그 사연을 가슴에 안고
오늘도 기다리는 동백 아가씨
가신 님은 그 언제 그 어느 날에
외로운 동백꽃 찾아 오려나

〈동백 아가씨〉 개발연대 한국인의 사랑과 이별

1960년대 중후반 저의 고향 경남 남해군 상주해수욕장 백사장에 천막으로 임시로 차린 가설극장에서 영화 〈동백 아가씨〉를 상영하고 있었습니다. 저는 부모님을 졸라 돌아가신 큰형님과 함께 이 영화를 보게 되었습니다. 아주 큰 감동을 받아 수십 년이 지났는데도 이 영화의 내용과 주제곡이 생생하게 기억될 정도로 인상 깊게 제 가슴에 남아 있었습니다. 그 이후 가수 이미자의 여러 히트 곡 중에 저는 유독 이 노래를 가장 좋아합니다. 노래방에 가거나 기타 행사에서 노래를 부를 경우 저는 꼭 이 노래를 부르곤 했습니다.

19대 비례대표 의원이 끝난 후 20대 국회에서는 지역구 의원이 되어야 하겠다는 생각으로 저는 2014년 말부터 부산 사하에서 표밭갈이를 하고 있었습니다. 그곳에서 행사나 모임, 노래교실 등 여러 계기에 이 노래를

〈동백 아가씨〉 음반 앞면과 뒷면.

자주 부르다보니 지역사람들은 저를 만나면 농담조로 '동백 아가씨'라 칭하며 반가워했습니다. 2015년 여름 어느 날 진주시청 강의를 마치고 만난 작곡가 백영호 선생의 장남 백경권 원장의 병원에 있는 백영호 선생 기념관에서 그의 피아노 반주에 맞추어 저는 이 노래를 신나게 부른 적이 있습니다. 그 자리에서 이 노래를 비롯한 백영호 선생 작곡 일화를 들을 수 있었습니다. 헤어지는 자리에서 그는 영화 〈동백 아가씨〉 촬영을 한 부산 사하의 다대포 해수욕장에 백영호 선생의 노래비를 세워달라는 부탁을 받아, 꼭 실현시켜드리겠다는 약속을 했습니다. 그러나 제가 이것을 강력히 추진할 만한 입지를 확보하지 못해 아직도 실현을 못하고 있는 것을 유감으로 생각합니다.

한국가요사상 최대의 히트곡인 〈동백 아가씨〉와 그 탄생의 정치사회적 배경에 대해서 좀 알아보도록 하겠습니다.

영화 〈동백 아가씨〉의 주제가 빅 히트

1963년 동아방송(DBS)은 작가 '추식'이 쓴 〈동백 아가씨〉라는 라디오 드라마를 방송하고 있었다. 이 드라마는 서울 출신 대학생이 섬에 약초 캐러 왔다가 그 섬에 살고 있는 아리따운 처녀와 사랑에 빠지는 것으로 시작한다. 그는 서울 가면 금방 연락을 줄 듯이 말하고 떠나고는 끝내 무소식이다. 그 서울 출신 대학생과의 사랑으로 임신을 한 불쌍한 섬 처녀는 서울로 그 사람을 찾아 나선다. 그러나 그 남자의 주소를 적은 쪽지와 돈을 날치기당하고 갈 길을 잃다 남의 집 앞에서 해산을 하게 된다. 그 후 남의 집 식모살이를 하다 급기야는 '동백빠'의 여급으로 전락하게 된다. 세월이 흘러 몽매(夢寐)에도 그리운 사람과 연을 맺고 싶어 하나 미국 유학을 다녀온 그 남자는 이미 유부남인데다, 그녀를 외면한다. 다시 동백섬으로 돌아온 그녀는 아이까지 뺏긴 후 하염없이 눈물을 흘리는 것으로 끝이 나는 멜로드라마이다.

이런 통속적 스토리를 가진 이 라디오 드라마는 당시 애청자의 귀를 사로잡으며 폭발적인 인기를 얻었다. 그 결과 당시 유행하는 방식대로 이 라디오 드라마는 곧 영화로 제작되었다. 1964년 김기 감독은 당시 인기스타 신성일, 엄앵란, 김승호, 석일우 등을 캐스팅하여 부산 다대포 해수욕장과 울릉도에서 영화 〈동백 아가씨〉를 촬영하였다. 촬영이 마무리되자 김기 감독은 부산 출신 작사가 한산도와 작곡가 백영호에게 노래를 만들어 줄 것을 부탁하였다. 섬 처녀와 서울 청년의 이루어질 수 없는 사랑을 그린 영화의 전체 흐름을 살펴 본 부산 부평동 출신의 작사가 한산도 씨는 사랑에 속고 기다림에 지친 여인의 한을 검붉은 피처럼 빨간 동백꽃과 연계시키는 가사를 완성하였다. 이 가사를 본 부산 서대신동 출신의 작곡가 백영호 씨는 음악적 이미지가 삽시간에 떠올라 이미 오선지에 악상(樂想)을 다 그려놓았다는 듯이 단 2시간 만에 그 아름다운 선율을 완성했다고 한다.

당초 당대 최고의 인기 가수 최숙자가 이 노래를 부르려고 했다. 그러나 개런티가 너무 높아 1959년 〈열아홉 순정〉으로 데뷔한 이후 뛰어난 가창력을 선보인 이미자가 대신 부르게 되었다. 영화 〈동백 아가씨〉에서 주인공 엄앵란(영화에서는 '숙이')은 자신이 일하는 '동백빠'에서 이 노래를 부른다. 이미자는 서울시 중구 스카라 극장 근처 목욕탕 건물 2층에 있는 지구레코드 녹음실에서 더위를 쫓기 위해 낡은 선풍기 한 대가 일으키는 바람을 맞으며, 얼음물에 발을 담고 이 노래를 녹음했다고 한다. 그 당시 이미자는 큰 딸 정재은을 임신한 지 8개월이 넘었는데 애절하고 고운 목소리로 주인공의 서러운 신세를 아주 잘 표현하였다. 비슷한 시기에 이 녹음실에서 가수 현미가 둘째를 임신한 만삭의 몸으로 〈떠날 때는 말없이〉라는 영화주제가를 불러 히트를 하자 "만삭에 녹음을 하면 대박이 난다"는 속설이 생기기도 하였다.[1]

영화 〈동백 아가씨〉도 많이 히트했지만, 이미자가 부른 노래 〈동백 아

작곡가 백영호와 이미자.

가씨〉는 전무후무하게도 방송 인기차트에서 무려 35주 동안 1위를 할 정도로 엄청난 인기를 얻었다. 원래 이 영화의 타이틀곡인 최무룡의 〈단둘이 가 봤으면〉이라는 노래는 뒷전이 되고, 음반의 뒷면에 실린 이미자의 〈동백 아가씨〉를 찾는 사람들로 레코드점은 인산인해를 이루었다. 작곡가 백영호 선생의 증언에 의하면 "그때 술집에서 술값 대신에 〈동백 아가씨〉 음반 한 장을 구해 달라"[2]고 할 정도였다고 한다. 그 무렵 전 국민이 이 노래를 부르며 지내는 것처럼 보였다.

이 노래 한 곡으로 이미자는 엘레지의 여왕 자리에 등극하였고, 그녀를 일생 동안 괴롭혔던 그 지긋지긋한 가난으로부터 해방될 수 있었다. 일반적으로 그 당시 가수들은 2000원 정도 받고 극장에 출연했는데, 극장주들이 〈동백 아가씨〉를 부른 인기가수 이미자를 모셔가기 위해 출혈경쟁을 하게 되었다. 그녀는 그 20배가 넘는 5만 원을 받고 성남극장, 노벨극장, 금호극장 등 서울의 여러 극장을 하루 종일 돌면서 청중들의 열광적인 환호를 받으며 이 노래를 불렀다고 한다.

이 레코드를 낸 지구레코드의 임정수 사장의 증언에 의하면 그 당시 생산시설 수준으로는 하루에 600장밖에 찍지 못하는 바람에 폭주하는 주문을 제대로 맞출 수가 없었다. 그래서 다른 음반을 끼워서 팔아도 사람들은 불평 없이 사갔다고 한다. 전축이 있는 사람은 물론이고, 전축이 없는 사람도 이 영화의 OST(original sound track, 영화에 나오는 음악 원판)판을 구입함으로써 60년대 이후 한국 가요시장을 석권하였다.

이 노래를 담은 레코드는 얼마나 팔렸을까? 2006년 11월18일 밤 11시에 방영된 KBS의 '오래된 TV'에 의하면 100만 장이 팔린 것으로 되어 있다. 그러나 〈동백 아가씨〉 음반을 낸 지구레코드 임정수 사장은 KBS '일요스페셜' 인터뷰를 통해 지구레코드는 모두 200만 장을 판 것으로 증언하고 있다. 1960년대 우리의 경제수준, 가구당 레코드 보유 정도를 감안하면 지금으로 치면 몇 천만 장을 판 것으로 추산할 수 있다. 우리나라 가요시장이 활성화되었던 1990년대 당시 최고 인기가수 김건모의 히트곡이 100만 장 정도 나갔다고 한다. 이런 사정을 감안해 볼 때 경제상태가 좋지 않던 그 시절에 그렇게 많은 음반을 팔았다니 이 노래가 얼마나 대중의 열광적 성원을 받았는가를 알 수 있다.

이런 폭발적인 인기에 힘입어 반일 분위기가 여전히 지배적인 상황인데도 가수 이미자는 이례적으로 일본에까지 진출하게 된다. 1966년 7월 그녀는 일본 빅터레코드사에서 일본어로 〈사랑의 붉은 등〉으로 번안한 〈동백 아가씨〉를 이미자의 일본식 발음인 '리요코시'라는 이름으로 취입하였다. 또한 레코드 녹음을 끝낸 이미자는 일본의 TV까지 진출하여 노래를 불렀다.[3]

이렇게 이 노래가 인기가 한창이던 1965년 위키 리, 유주용 등 가수와 곽규석, 구봉서 등 코미디언과 함께 파월장병 위문공연차 사이공시(현 호치민시)에 있는 비둘기부대에 공연을 갔을 때였다. 마침 이 부대의 사단장인 조문환 준장이 이 노래의 열렬한 팬이어서 아침부터 저녁 식사 시간에는 이 노래를 꼭 틀어놨다고 한다. 이어 진행된 위문공연에서 장병들의 열화와 같은 요청으로 이미자는 그들과 같이 이 노래를 여러 차례 눈물을 흘리면서 불렀다고 한다. 그녀는 이 장면을 수십 년 가요인생에서 가장 감격스런 순간이며, 도저히 잊을 수 없다고 회고하고 있다.[4] 그녀는 이런 공적으로 1973년 방한한 티우 대통령으로부터 베트남 최고 문화훈장을 받았다.

호사다마라고 할까. 이렇게 대중의 폭발적인 호응을 받고 있던 노래가 왜색조라는 이유로 관계당국은 1965년 12월15일 방송금지 처분을, 1968년 2월 음반 제작, 판매, 공연을 금지하는 추상같은 조치를 내리게 된다.

왜 당시 공화당 정부는 이 노래를 왜색조라며 금지가요 처분이라는 극단적 조치를 내렸을까? 경쟁 음반사의 음해설 등 여러 가지 해석이 있었지만 지금 와서 가장 설득력이 있는 것은 '사회적 여론몰이 도구설'[5]이다. 1965년 한일국교정상화를 계기로 이를 반대하는 반정부 데모가 대학생을 중심으로 요원의 불길처럼 번져갔다. 반정부 데모를 주도한 사람들은 한일국교정상화를 추진한 박정희 정부를 일제 36년 간 한국인이 당한 엄청난 고통을 몇 푼의 돈으로 팔아먹는 반민족적 집단으로 매도했다. 이런 식의 비판에 직면한 박정희 정부는 그 당시 가장 대중적인 인기를 얻고 있는 〈동백 아가씨〉를 왜색조라고 딱지를 붙여 금지가요로 묶어두어 그들 스스로 민족주의적 정권이라는 점을 강조하기 위해서였다는 것이 이 설명의 주요 논지이다.

그럼에도 불구하고 1979년 5월 비공식적으로 방한한 후쿠다 전 일본 수상을 위한 박 대통령 주재 청와대 환영만찬 행사에서 이미자는 이 노래를 불렀다고 한다. 관계당국이 금지시킨 곡을 청와대의 공식행사장에서 부른다는 것을 어떻게 해석해야 할지 쉽게 이해하기 어렵다. 금지목록의 음반들이 해제되는 1988년까지 계속된 당국의 금지 조처에도 불구하고 이 노래에 대한 대중의 사랑은 계속되었다.

〈동백 아가씨〉의 히트 이유

〈동백 아가씨〉가 한국인의 사랑을 받게 된 데에는 여러 가지 요인이 있다.

우선 이 노래는 우리 인간이 만든 예술의 영원한 주제인 사랑과 이별을 제대로 다루었기 때문이다. 특히 불꽃처럼 타오르는 정념을 주체할 수 없는 청춘남녀가 사랑을 하다가 가문, 학벌, 직업 등 사회적 배경의 벽을 넘지 못해 헤어지는 경우가 상당히 많다. 이는 우리 대중가요는 물론이고, 영화와 텔레비전 드라마의 단골주제이기도 하다. 우리 대중가요에서 이런 유의 사랑과 이별을 다룬 노래가 많아도 유독 〈동백 아가씨〉가 그렇게 크게 히트를 했는지를 설명하는 데에는 어쩐지 부족하다.

두 번째 이미자라는 위대한 가수의 역할을 들지 않을 수 없다. 가수 조영남이 조선일보에 연재한 어느 글에서 그는 남들이 악을 써야 하는 음역(音域)을 이미자씨는 너무나 편안하게, 부드럽게 넘어가는 것에 대해 찬탄하는 것을 본 적이 있다. 그녀 스스로도 일부러 가성을 내거나 절묘한 꺾기 등 인위적인 조치가 없이 곡의 리듬과 선율에 따라 자연스럽게 부른다고 말한 적이 있다.

그녀만이 지닌 곱고 아름다우며 차라리 애소(哀訴)에 가까운 목소리가 누대에 걸친 가난과 침략, 억압적 문화로 한국인의 가슴에 '덧쌓인 한(恨)'을 일시적으로 달래고 해방시키는 역할을 하는 것 같다. 한국대중가요를 연구한 시인 이동순 영남대 교수는 이미자를 우리 겨레의 '곡비(哭婢)'라고 했다. 옛날 양반집에서 초상이 났을 때 그 상주를 위해 대신 울어주는 여자 종이 곡비이다. 그녀가 부르는 '슬픔과 한이 여름날 엿장수의 목판처럼, 혹은 송진처럼 눅진하게 묻어 나오는 애수의 가락'[6]을 통해 매일 연옥처럼 고통스런 삶의 터널을 힘겹게 통과하고 있는 보통사람의 답답한 마음을 시원하게 걸러주고 있다고 본다.

그녀는 이 노래 이후에 1970년대 후반까지 〈그리움은 가슴마다〉, 〈기러기 아빠〉, 〈저 강은 알고 있다〉, 〈섬마을 선생님〉, 〈아씨〉, 〈여자의 일생〉, 〈울어라 열풍아〉, 〈흑산도 아가씨〉, 〈서울이여 안녕〉 등 수천 곡을 취입하였다. 이 과정에서 그녀는 헤아릴 수 없이 많은 히트 곡을 양산하며 각 방송국의 연말 가요대상을 휩쓸었다. 그녀는 아직도 한국인이 가장 사랑하는 가수 중의 하나이다.

한국 대중가요계에서 그녀는 '엘레지의 여왕' 혹은 '가왕(歌王)'이라는 말을 듣고 있다. 사실 이미자만큼 한국인의 사랑을 지속적으로 많이 받으며 오랜 기간 활동한 가수를 찾기 어렵다. 그녀는 밤하늘에 명멸하는 네온싸인처럼 매일같이 판도가 변하는 이 험한 바닥에서 한국 대중가요사에 누구도 함부로 범접할 수 없는 거봉(巨峰)으로 남아 있다.

셋째로 구구절절이 우리의 서러운 정서를 자극하는 작사가 한산도의 노랫말도 인기를 얻는 데 크게 한 몫 한 것 같다. 우리들의 경험으로 미루어보아 크게 히트하는 가요의 노랫말은 너무 아름답고, 시대의 흐름과 역사성을 담고 있다.

본명이 한철웅인 작사가 한산도는 〈동백 아가씨〉 외에도 〈동숙의 노래〉, 〈여자의 일생〉, 〈해운대 엘레지〉, 〈울어라 열풍아〉, 〈추억의 소야곡〉 등 많은 히트 곡을 작사하고, 진송남의 〈바보처럼 울었다〉와 〈덕수궁 돌담길〉을 작곡한 역량 있는 예능인이다. 그는 〈동백 아가씨〉를 통해 날로 발전해 가는 도시와 시간이 갈수록 뒤떨어지고 있는 농촌의 그 극복할 수 없는 사회적 거리감으로 고통 받고 있는 사람들의 영혼을 울리는 시대상을 정확히 집어내어 가사에 반영했다.

전 서울대 교수이자 문학평론가인 조동일 선생은 〈동백 아가씨〉가 유행하던 1965년 12월 '청맥'이라는 잡지에 "유행가 시인과 비애라는 상품"이라는 제하의 글을 통해 이 노래의 가사를 우리나라의 위대한 시인 중의 한 분인 김소월의 시 '초혼'에 비교하였다. 그는 김소월의 '초혼'과 〈동백 아가씨〉는 "영원히 돌아올 수 없는 연인과의 이별"을 공통의 주제로 하고 있다는 점을 전제하면서, "부르다가 내가 죽을"이라는 '초혼'의 시구는 〈동백 아가씨〉의 "내 가슴 도려내는 아픔"으로 대치되어 있다면서 〈동백 아가씨〉 가사를 "유행가 시인의 초혼"이라고 극찬을 하였다.[7]

넷째로 작곡가 백영호 씨는 이처럼 시대정신을 반영한 좋은 가사에 아름답고도 애처로운 선율을 입혀 대중의 울고 싶은 마음을 대변해 주었다. 백 씨는 앞서 언급했듯이 단 2시간 만에 이 곡을 완성했다고 하니 아마도 신(神)은 그에게 한국 최대의 히트 곡을 미리 선물하지 않았나 생각한다.

1920년 부산서 출생한 백 씨는 만주 신경음악학원을 수료하고 〈여자의 일생〉, 〈서울이여 안녕〉, 〈울어라 열풍아〉, 〈황포돛대〉, 〈추억의 소야곡〉, 〈석류의 계절〉, 〈아씨〉, 〈여로〉 등 주옥같은 노래들을 남겼다. 백 씨의 주요 히트 곡들은 주로 이미자 씨가 불렀다. 백 씨는 또 문주란의 〈동숙의 노래〉와 남상규의 〈추풍령〉을 비롯해 모두 4000여 곡을 발표, 5000여 곡을 작사한 반야월 씨와 함께 각각 작곡과 작사 부문에서 국내 최다작 타이틀을 갖고 있다. 이 공을 인정받아 그는 1994년 자랑스런 서울시민상과 1999년 문화관광부로부터 옥관문화훈장을 받았다.

1960년대는 본격적인 근대화와 이촌향도(離村向都)의 시대

1960년대는 박정희 정부에 의해 추진된 근대화 작업으로 인해 한국 사회는 혁명적 변화를 겪고 있었다. 선진국에서는 비싼 인건비 등으로 신발, 의류 등 노동집약 산업의 경쟁력이 약화되어 해외탈출을 모색하고 있었다. 이런 기회를 활용하여 우리나라는 이 산업을 적극 유치하였다. 이 산업에 한국은 풍부한 노동력을 투입하여 생산된 제품을 다른 나라에 수출하는 방식, 즉 노동집약적 수출주도형 산업화로 경제발전을 추진하여 세계인이 놀랄 만한 성공을 거두었다. 그 결과 1962년에 4700만 달러였던 수출이 1964년에 1억 달러, 1971년에 10억 달러를 돌파하였다.

노동집약 산업이 확장적인 발전을 이룩하려면 값싼 노동력의 지속적인 공급이 필수적이다. 그 당시 한국은 6·25 전쟁의 폐허를 복구하지 못한 상태라 젊은이들은 일자리를 찾기가 어려웠다. 특히 과잉인구에 시달리는 농촌은 가을걷이가 끝나면 음주와 화투 등으로 소일하는 사람들이 많았다. 정부는 바로 이런 농촌의 과잉인력들을 도시의 산업역군으로 유치하기로 하였다.

정부의 그런 조치에 힘입어 농촌에 있는 사람들에게 도시는 희망의 상징이자 동경(憧憬)의 땅으로 인식되었다. 도시로 가지 않으면 시대에 뒤처진 별 볼일 없는 사람으로 인식된다는 분위기가 형성되어 농촌의 젊은이들은 경쟁적으로 도시로 나아갔다. 별다른 희망을 발견할 수 없는 농촌을 한시바삐 떠나 새로운 기회의 창이 열리는 도시로 가는 것이 살 길이라는 심리가 그 기저에 깔려 있었다. 반면 농촌에 남은 사람들은 '도시화'와 '개발'로 상징되는 '근대화의 낙오자'[8]로 스스로 느끼면서 도시로 떠난 사람들을 기약 없이 기다리는 무력한 존재로 여겨졌다.

농촌에서 도시로 가는 사람 중에는 유학을 가거나 직장이 확정되어 가는 경우도 있었지만, 그곳에 가면 무슨 길이든 열릴 것이라는 막연한 생각으로 무작정 농촌을 떠나가는 사람이 훨씬 더 많았다. 심지어 농촌에서 남의 집 머슴을 살거나 배를 타던 사람들도 계약기간이 남아 있는데도 주인 몰래 도시로 도망을 가는 경우가 상당히 많았다. 처녀들은 자기 한 몸 희생하여 경제적으로 어려운 집안을 돕거나 아니면 오빠나 동생의 공부를 지원해주기 위해 공장 직공, 식모, 버스차장 등 도시에서의 힘든 일을 마다않고 기꺼이 정든 고향을 떠났다.

출세를 위해 뛰고 또 뛰고

이와 같이 한국 역사상 그 유례를 찾아 볼 수 없는 대규모 '이촌향도'의 물결은 한국사회에서 가장 격렬한 '계층이동'을 유발하였다. 그 즈음 한국사회는 조선시대 이후 유지되어 오던 전통적 계층질서가 일제의 식민지배로 크게 흔들리고, 6·25 전쟁으로 잔존 질서도 거의 와해된 상태였다. 1960년대 초 한국 사람들은 약간의 차이가 있긴 하지만 거의 일직선상에서 새로 출발을 하는 기분으로 자신들이 소중히 여기는 희망을 향해 뛰고 있었다.

도시로 떠나는 사람들 중에는 직장에 취직하여 안정된 삶을 누리려는 소박한 꿈을 가진 사람들이 많았다. 일부 사람들은 사업을 해서 큰 부자가 되거나 자신이 다니는 회사의 사장 등 고위직으로 승진하고자 하는 보다 큰 꿈을 가지고 있었다. 또한 공부를 열심히 해서 고시를 합격하여 관료나 법관으로 출세를 꿈꾸거나, 유학을 가서 고명(高名)한 학자가 되려는 꿈을 가진 이들도 있었다. 이들은 자신이 가진 꿈을 실현하기 위해 밤낮을 가리지 않고 열심히 공부하고, 또 일했다.

그렇게 한국인 모두가 열심히 뛰자 국가경제의 규모는 날로 늘어났고, 특히 정부의 선별적 지원을 받은 기업들의 빠른 성장은 놀라울 정도였다. 정부의 적극적인 수출정책에 손발을 맞춘 중소기업은 순식간에 중견기업이 되고, 또 얼마 후에 수십 개의 계열사를 거느린 대기업이 되었다. 기업이 이렇게 빨리 성장하면서 그곳에 근무하는 사람들도 덩달아 승진을 거듭하게 된다. 결과적으로 1년에 한두 계단씩 올라가서 유능한 사람들은 30대 중반이 되면 기업의 임원이 되었다가, 40세가 되기 전에 사장과 부회장으로 승진하는 경우가 종종 있었다.

한편 국가가 주도하는 근대화 작업에는 민간사회의 발전을 위해 이것저것 개입하는 일이 많다보니 정부의 역할도 다대해지고, 이를 관리하는 행정기구도 날로 팽창했다. 20대 초중반에 고시에 합격한 사람들은 30대 중반이면 1급이나 차관급에 도달하고 40대 초반에는 장관이 되는 초고속 승진시대가 열렸다. 물론 외국 유학을 다녀온 사람들도 학자로서 이름을 날리다가, 젊은 나이에 장관, 국회의원으로 발탁되는 수가 많았다. 이런 초고속 승진 대열에는 쿠데타를 성공시킨 군인들도 장차관, 국회의원, 국영기업체 사장 등으로 예외 없이 등용되었다.

얼마 전까지 미천한 집안 출신이며, 평범한 장삼이사(張三李四)에 불과했던 사람들도 이처럼 시대가 제공하는 기회를 이용하여 목표를 향해 마음껏 유영하였다. 그들은 돈을 많이 벌고, 높은 관직에 오르며, 식견이 높은 학자로 변하는 식으로 좋은 시절인연에 따라 빠른 계층상승 이동(소위 출세)을 하게 된다.

한마디로 말해 1960년대 초중반 김용만이 불러 히트했던 노래이자,

그 당시 성공의 상징으로 여겨졌던 〈회전의자〉에 많은 사람들이 앉게 되거나, 또 다가갈 수 있는 기회를 잡을 수 있게 되었다. 대체로 자신의 재능과 노력을 배경으로 이런 성공신화를 착실히 쌓아왔지만, 반칙과 특권 등 부정적 방법을 통해 출세의 길을 걸어온 사람도 있었다. 일단 성공이라는 계단에 올라선 그들은 부유하고 권력 있는 집안과의 혼사(婚事)를 통해 더욱 그 기반을 확실하게 다져갔다.

불운하거나 판단미스 등 여러 요인으로 인해 이런 급작스런 출세의 사다리를 타지 못한 사람들은 정말 억울한 생각이 들었을 것이다. 그래서 아는 사람을 만나 얘기를 하거나 술을 먹을 때 출세한 과거의 지인들을 칭찬하기보다는 질시하며 비판적으로 평가하게 된다. 그런 부정적 말이 돌고 돌아 다시 비판적으로 평가한 상대방에게 가면 이미 지위가 달라져버린 그는 이를 매우 언짢게 생각하며, 그런 말을 한 사람들에게 '억울하면 출세하라'고 내뱉는다. 후일 그 말을 다시 듣게 된 사람은 이를 악물고 열심히 노력해서 드디어 성공하게 되면 〈회전의자〉의 가사에서 나타나듯이 '억울해서 출세했다'고 말한다.

남자의 고속 출세로 남녀 간의 순정과 사랑은 이별로 귀결

돈과 명예, 그리고 승진 등 출세를 위해 고속 질주하는 이런 시대적 분위기 아래서 남녀 간의 순정도 변할 수밖에 없다. 농어촌에서 같이 자라면서 서로 사랑한 남녀가 있다고 하자. 그 남자가 도시로 가서 성공하면 시골에 남은 여인과 결혼하겠다고 약속을 해도 그것을 그대로 이행하기가 쉽지 않다. 그는 시골출신 여인과의 순수한 연정을 지키는 것보다 도시에서 어렵게 잡은 출세의 기반을 유력가문 여인과의 결혼을 통해 더욱 확고히 다지는 것이 더 중요하다고 여길 것이다. 물론 도시의 부자나 권세가도 예지(叡智)가 빛나고 야망에 불타는 유능한 청년을 사위로 맞이하는 것이 자신과 가문을 위해 더 좋다고 여기기 때문에 놓치지 않을 것이다.

시골에 남은 여인은 오로지 남자의 사랑 하나만 믿고 기다린다. 세월이 상당히 흘러 그로부터 소식을 듣지 못해 여러 가지 방법으로 수소문을 해보면 그는 이미 도시의 다른 여인과 약혼을 하거나 장가를 간 것을 뒤늦게 알게 된다. 그녀는 피멍이 들 정도로 가슴을 치며 눈물을 흘리지만 어쩔 수 없는 사태이다. 이런 상황에 절망하여 시골 출신 여인은 스스로 생을 마감하는 경우도 종종 있었다.

이런저런 연유로 이 시절 시골에 남아 있는 여인이 도시로 가서 출세한 농촌 출신 남자로부터 버림받는 일들이 많았다. 또한 그 시절에 흔한 대학생 농촌봉사 활동이나 여행, 혹은 휴양 등 여러 계기로 농촌으로 온 도시 출신 남성을 만나 사랑한 시골 출신 여인들이 쓰라린 이별을 당하는 일도 빈번했다. 1960년대 라디오 드라마, 영화, 대중가요가 도시 출신 혹은 도시에서 성공한 시골 출신 남성과 시골에 있는 여인 간의 사랑과 이별을 즐겨 작품의 소재로 하였다.

이런 문예작품에는 시골 출신 여인을 사랑한 남자는 예외 없이 서울로 가고, 그를 사랑한 여인은 섬이라는 공간에 남아 있으며, 바다로 상징되는 남자의 출세라는 사회적 장벽 때문에 그와 인연을 맺지 못한다는 하나의 도식이 발견된다.[9] 그 즈음 작가들은 그들 작품에서 가난하고 천대받는 존재로 사는 것을 어쩔 수 없는 것처럼 여기는 사람들의 극단적인 소

ⓒ조이환

바닥에 떨어진 동백꽃.
동백꽃은 만개한 상태에서
송이째 떨어진다.

외감과 절망감을 표현하는 장치로 서울에서 멀리 떨어진 섬과 바다를 설정하였던 것이다.[10]

그때에 나온 인기 가요들, 특히 이미자의 〈동백 아가씨〉와 〈섬마을 선생님〉, 남진의 〈가슴 아프게〉, 조미미의 〈바다가 육지라면〉에는 바로 이런 상징적 구도가 그대로 드러난다. 이런 작품들은 도시로 가서 출세한 농촌 출신 남자 혹은 도시 출신의 귀한 남자를 사랑한, 시골에 남아 있는 여인이 그 사람과의 신분적 차이와 사회적 거리로 인해 그 사랑이 파탄에 직면한다는 것을 잘 그리고 있다.

우리 대중가요는 이처럼 1960년대 근대화의 혜택을 누리는 도시의 성공한 사람들과 이런 움직임에 뒤처진 농촌(혹은 어촌이나 섬) 하층민들과의 극복할 수 없는 '계층적 격차'를 시골에 사는 사람들의 '자학적'이고 '자기연민적'인 슬픔으로 표현하였다.[11] 즉, 몹시 가고는 싶지만 도저히 갈 수 없는 지리적, 심리적 거리감에서 나오는 심각한 좌절감에 따른 비극적 결말을 상징적으로 드러낸 작품들이 많이 나왔다. 바로 이런 유의 작품을 대표하는 노래가 〈동백 아가씨〉이다.

한반도의 남단 여기저기서 많이 발견되는 동백꽃과 관련된 사안들과 이 꽃을 소재로 한 예술작품에 대해 얘기를 해봄으로써 〈동백 아가씨〉에 담긴 사람들의 정서를 좀 더 이해하는 데 도움을 주고자 한다.

한국, 중국, 일본이 원산인 동백(camellia japonica)은 12월에 시작하여 4월까지 꽃이 핀다. 한파가 몰아치는 겨울도 5도 이상 되어 겨울을 날 수 있을 정도로 따뜻한 남쪽 나라에서 주로 자생하며, 동백나무의 꿀과 열매를 먹는 동박새의 도움으로 수분(受粉)을 하여 꽃을 피운다.

하나 특이한 것은 핏빛처럼 붉게 피어 아름답게 만개한 상태에서 동백꽃은 마치 목이 부러지듯 툭하고 송이째 떨어진다. 이 세상에 존재하고 있는 거의 모든 꽃들이 힘들게 피었다가 시간이 흘러 시들어서 모양이 추할 정도로 되어서야 떨어지는 것이 상례이다. 그런데 이렇게 시들기도 전에 스스로 미련 없이 이 세상에서 사라지는 이 꽃의 이별잔치를 어떻게 보아야 할까. 시인 유치환은 이 꽃의 떨어짐을 '청춘의 피꽃'이라며 피를 뚝뚝 흘리듯 화려하게 피었으나 아직 시들지 않는 떨기가 그 청순한 모습 그대로를 간직하면서 속절없이 떨어지는 것을 젊은 연인들의 죽음에다 비유한 바 있다.

최고일 때 스스로 사라지는 이런 현상을 다른 관점에서 볼 수도 있다. 인기를 먹고 사는 연예인이나 정치인은 인기가 최고 절정일 때 사라지는 것을 가장 좋은 은퇴의 미학(美學)으로 보고 있다. 옛날 인기에 연연하여 평소 자신이 활동하던 무대에 계속 머물다 인기가 추락하고 사람들이 외면하는 가운데 할 수 없이 밀려서 퇴장한다면 사람만 추해진다는 것을 그들은 잘 알기 때문이다.

이런 관점은 사랑하는 연인 간에도 적용되는 것 같다. 한때 사랑했으나 이제 애정이 소진해버린 상태에서 울며 매달려 그 사람을 괴롭히며, 내 자신의 모습도 아름답지 못한 상태를 계속 연출하느니 미련을 버리고 스스로 물러나는 것이 좋다는 생각을 할 수 있다. 어떤 연예인 부부가 '사랑하기 때문에 헤어진다'는 말을 한 적도 있다. 이렇듯 동백꽃은 시들어서 더 이상 사랑을 못 받느니 사람들이 아쉬워할 때 사라지는 '퇴장의 미학'을 시범적으로 보여주는 것 같다.

동백꽃의 꽃말은 '그대를 누구보다도 사랑한다'이다. 그래서 결혼식 같은 데서 굳은 약속의 상징으로 이 꽃을 사용한다. 그러므로 서양의 문예작품에서 동백꽃을 소재로 하여 사랑과 이별을 다룬 작품이 더러 있다. 그 대표적인 것이 알렉상드르 뒤마의 소설 〈춘희〉와 이 소설을 바탕으로 만든 베르디의 오페라 〈춘희〉일 것 같다. 뒤마의 소설 〈춘희〉의 주인공 마르그니트는 미모의 고급 창녀이다. 그녀는 화려한 치장을 하고 한 달에 25일은 흰 동백꽃, 나머지 5일은 붉은 동백꽃을 들고 사교계에 나타난다. 그녀는 아르망이라는 부르주아 청년을 사랑하나 그 남자 아버지의 반대로 아르망은 그녀를 떠난다. 그 후 그는 그녀의 진실한 사랑을 깨닫고 돌아왔으나 이미 죽은 뒤였다. 오페라 라트라비아타(La Traviata)에서 주인공 비올레타가 흰 동백꽃과 붉은 동백꽃을 들고 나오는데, 춘희가 바로 서양판 동백 아가씨이다.

주

1) 네이버 지식백과 이미자 편.
2) 네이버 지식백과 이미자 편.
3) 이영미, 2017, pp.188~192.
4) 이미자, 2009.
5) 이영미, 1988, pp.177~178.
6) 이동순, 1995, p.271.
7) 조동일, 1965; 서우석, 1984, pp.229~230.
8) 이영미, 1998, pp.178~181.
9) 김장실, 2019, p.41.
10) 이영미, 2007, pp.108~109.
11) 이영미, 1998, pp.180~181.

기러기 아빠

김중희 작사
박춘석 작곡
이미자 노래
1969년

산에는 진달래 들엔 개나리
산새도 슬피우는 노을진 산골에
엄마 구름 애기 구름 정답게 가는데
아빠는 어디 갔나 어디서 살고 있나
아 아 아 아 아 아
우리는 외로운 형제 길 잃은 기러기

하늘엔 조각달 강엔 찬바람
재 넘어 기적소리 한가로운 밤중에
마을마다 창문마다 등불은 밝은데
엄마는 어디 갔나 어디서 살고 있나
아 아 아 아 아 아
우리는 외로운 형제 길 잃은 기러기

〈기러기 아빠〉 한국인의 국제적 이산(離散), 그 정치사회학

라디오에서 나오는 이미자의 〈기러기 아빠〉를 여러 차례 들으며 익힌 저는 〈동백 아가씨〉와 함께 이 노래를 아주 좋아합니다. 그래서 제가 노래를 부르는 계기가 있으면 제일 먼저 〈동백 아가씨〉를 부르고, 그 다음에는 이 노래를 부르곤 합니다. 고독과 애조(哀調)가 물씬 풍기는 이 노래를 부르다 보면 내 마음이 슬퍼지기보다는 이상하게도 정화(淨化)되는 느낌을 갖습니다. 또한 기러기 아빠의 처지에 있는 사람들에 대한 연민의 정이 솟아나는 것을 느낄 수 있습니다.

2008년 이른 봄 이명박 대통령 취임 후 새로운 시대를 여는 정부의 자세를 가다듬는 장·차관 및 청와대수석 합동연찬회가 과천의 중앙공무원교육원에서 열렸습니다. 저는 그 당시 문화체육관광부 제1차관으로 이 자리에 참석했습니다. 여러 종류의 발표와 토의가 끝난 연찬회 첫날 저녁

회식 자리에서 이동관 청와대 공보수석과 유인촌 문화체육관광부 장관의 천거를 받아 이명박 대통령이 저에게 노래를 부르라고 지명했습니다. 저는 글로벌 금융위기 국면이라 노래부르는 것이 부적합하다는 생각이 들어 몇 번을 사양을 하다가 더 이상 그렇게 하는 것이 실례가 될 것이라는 판단이 들었습니다. 무대로 나와 월남참전과 중동건설, 그리고 조기유학으로 이어지는 한국의 현대사를 간략히 얘기하면서 이 노래 1절을 불렀습니다. 많은 분들이 앙코르를 외치는 바람에 이 노래의 2절을 불렀던 기억이 아직도 새롭습니다.

이제 1960년대 이후 전개된 한국인의 국제적 이산과 관련된 이미자의 〈기러기 아빠〉 탄생 일화부터 살펴보겠습니다.

이미자의 〈기러기 아빠〉 탄생 비화

1969년 동양방송(TBC) 라디오 드라마 〈기러기 아빠〉는 애청자의 호응 속에 방송되고 있었다. 이 드라마는 월남에 파병된 아버지가 죽어 돌아오지 못하는 것을 자식들이 몹시 슬퍼하고, 그리워하는 것을 주요 내용으로 하고 있었다.

이 드라마의 주제곡 〈기러기 아빠〉는 소설가이자 방송작가인 김중희가 작사하고, 해방 이후 가장 많은 히트 곡을 가진 박춘석이 작곡하여, 인기가수 이미자가 노래하였다. 한국인의 국제적 이산(離散)이 갖는 이별의 정서를 대표하는 곡으로, 격동의 한국사를 온몸으로 겪으며 말 못할 그리움과 한을 가슴에 품고 살아온 한국인의 애잔한 슬픔을 잘 표현한 노래이다. 특히 1절에서는 가정에서 아빠의 부재가 가져온 애타는 심정을, 2절에서는 엄마의 부재로 인한 안타까운 사정을 고아로 전락한 아이들의 입장에서 애절하게 호소하고 있다.

이 노래는 그 당시 국제적 이산이 전개되기 시작한 시절 인연과 맞아서 그런지 대단히 인기를 얻었다. '엄마 구름 애기 구름 정답게 가는데, 아빠는 어디 갔나 어디서 살고 있나'라는 슬픈 가사를 애절한 선율에 실어 부르면 저절로 눈물이 나는 이 노래로 작곡가 박춘석은 1971년 백상예술대상 영화부문 주제가상을 받게 된다. 월남에 파병 간 군인의 부인이 드라마의 비극성을 잘 드러낸 이 노래를 듣고 매일 울다가 시어머니에게 혼이 났다는 얘기가 시중에 돌 정도로 인기가 있었다.

북한과의 체제 대결에서 이기고, 경제건설에서 성공하는 데 필수적인 국민 사기 앙양에 방해된다는 인식이 당국자들에게 들었는지 이 노래는 나온 지 얼마 되지 않아 지나친 비탄조라는 딱지를 씌워 방송금지는 물론 음반제작과 판매까지 금지하였다. 〈동백 아가씨〉에 이어 이 노래까지 금지 조치를 당하자 이미자는 심한 좌절감에 빠졌다. 1987년에 금지가 해제된 이 노래는 〈동백 아가씨〉, 〈섬마을 선생님〉과 함께 이미자 스스로 꼽는 3대 히트 곡 중의 하나이다.

이 노래는 1970년 권혁진 감독이 메가폰을 잡고, 신영균, 윤정희, 김진영, 서영춘 등이 출연한 동명(同名)의 영화로 만들었다. 그 줄거리를 요약하면 다음과 같다. 육군 일등병 신동욱은 군에서 운영하는 취약지구 공민학교 선생님으로 전출되었다. 그곳에서 8년 전 헤어졌던 애인 혜영을 만나게 된다. 그런데 그녀는 진영이라는 아이까지 있는 미망인이었다. 신동욱은 과거에 있었던 일과 상관없이 그녀를 가까이 하려 하지만 혜영은 그럴 기회를 전혀 주지 않는다. 그럼에도 혜영의 아들 진영은 동욱을 친아빠처럼 따른다. 그러던 어느 날 동욱이 월남전선에 전속(轉屬) 명령을 받게 되면서 혜영은 진영이 그의 아들임을 알리고 무운장구(武運長久)를 빈다.

'기러기'에 대한 두 가지 사회적 상징(象徵)

언어는 사회적, 역사적 산물이다. 그래서 시대에 따라 역사적 맥락이 바뀌면 대중들이 사용하는 그 말의 의미하는 바가 달라진다. '기러기 아빠'라는 말에 담긴 사회적 의미도 시대에 따라 달라졌다. 이미자의 〈기러기 아빠〉라는 노래가 나온 1969년을 전후하여 사용된 '기러기'라는 말은 우리 사회에서 '부모 잃은 아이'를 상징하는 단어였다. 1980년대부터 한국가정법률상담소에서 남편과 사별하거나 이혼한 여인을 대상으로 '기러기 교실'을 운영하는 것으로 보아 이런 처지에 있는 엄마들을 통상 '기러기'라고 하였다.[1]

2000년대에 들어와 기러기 아빠는 자녀교육을 위해 아내와 초중고에 재학하는 아이들을 외국으로 보내고 홀로 한국에 남아 뒷바라지를 하는 아버지를 말하는 것으로 바뀌었다. 한국은 교육을 중시하는 문화가 지배하는 사회이다. 이런 문화적 배경 하에 자녀들이 질 좋은 교육을 받고 인생에서 성공하기를 바라는 부모들의 마음이 무척 강하다. 1990년대 조기유학 열풍이 분 이후 기러기 아빠는 꾸준히 증가하고 있다. 동시에 가족의 이산과 해체가 도처에서 일어나고 있다.

원래 가족 혹은 식구는 한 집에 살면서 같이 밥을 먹고, 한 이불을 덮고 잠을 자며, 가족공동체의 고민을 공유하며 지내는 것을 기본으로 하고 있다. 박정희 정부가 1960년대 산업화를 적극적으로 추진하면서 경제활동 영역이 국제적으로 확대되자 국내외에 걸친 직장과 자녀교육 문제 등으로 이렇게 가족이 같이 있지 못하고 떨어져 지내는 경우가 다반사가 되었다.

다시 말해 직장 혹은 다른 사유로 아빠가 홀로 국내의 타지에서, 아니면 외국에 나가서 근무하기 때문에 부인과 아이들을 자주 만나 정을 나누기 어렵게 되었다. 1965년부터 본격적으로 참전한 월남전과 그에 동반한 월남특수(特需), 그리고 1972년부터 시작된 중동건설 붐으로 인한 수많은 근로자들의 중동진출이 있었다. 이로 인한 대규모 국제적 이산가족의 발생은 '기러기 아빠의 탄생을 알리는 전조적 사건'이었다. 이렇게 산업전사로서 외국에 홀로 떨어져 고국에 있는 가족을 그리워하는 '원조 기러기 아빠'[2]가 그때부터 생기기 시작하였다.

그러면 이미자가 부른 유행가의 한 제목에서 출발하여 이제 한국사회의 보통명사로 되어버릴 정도로 울림이 큰 〈기러기 아빠〉가 이처럼 히트한 정치사회적 배경을 구체적으로 살펴보자.

월남전 참전과 월남특수

월남전이 격화되자 1965년 미국 존슨 행정부는 한국군의 월남파병을 요청하였다. 이미 1961년 11월 미국 케네디 대통령과의 회담에서 한국군의 월남 파병 가능성을 제의한 바 있는 박 대통령은 경제발전과 군 현대화라는 실리와 함께 대미관계 정상화로 안정적인 국정운영을 기한다는 목

적 아래 월남 파병을 결정하였다.[3]

1964년 9월 이동병원 부대원 140명이 최초로 월남 땅을 밟은 이후 1965년 2월 공병·수송부대가 파견되었다. 연이어 해병 청룡부대와 육군 맹호부대, 백마부대 등 모두 4만 7872명의 군인이 참전하였다.[4] 그때 이후 1973년까지 총 8년간 우리 군은 모두 31만 2853명이 월남전에 참전하여 4만 1000명의 적군을 사살하는 전과를 올렸다. 이 과정에서 국군은 4960명의 전사와 1만 7000여 명이 넘는 부상자를 남겼다.

그런 대규모 희생과 미국의 용병이라는 대내외적 비난을 딛고 월남전에 참전함에 따라 한국인들이 국제사회에 본격적으로 진출하였다. 베트남에서 미군 군수물자의 수송 및 용역을 담당한 한진상사가 1966년부터 1971년까지 1억 5000만 달러라는 거액을 번 것을 포함하여 현대건설, 대우, 삼환기업 등 한국의 민간회사들이 1973년까지 10억 달러의 외화를 벌었다. 이외에 미국의 특별군사원조 10억 달러, 한국 파월경비 지원 10억 달러, 미국의 기술이전 및 기술진흥 지원 20억 달러 등 총 50억 달러에 달하는 경제적 이득을 월남파병으로 얻은 것으로 보인다. 이렇게 많이 번 돈을 경제개발의 자금으로 사용하게 되어, 한일 국교 정상화와 함께 한국경제 도약의 기반이 되었다.[5]

특히 우리나라의 운수업체와 건설업체는 베트남을 비롯한 해외 주둔 미군의 보급 및 수송시설 건설 등에 투입되었다. 1965년 현대건설이 태국 파타니와 나라타왓을 연결하는 고속도로 건설을 522만 달러에 수주[6]하였다. 그 이후 인도네시아 등 인근 동남아 국가들의 공사를 차츰 따게 되어 '월남특수'라고 표현할 정도로 해외에서 돈을 많이 벌기 시작하면서 우리

파월 한국군 부대 마크. 윗줄 왼쪽부터 주월한국군사령부, 청룡부대, 맹호부대, 백마부대. 아래 왼쪽부터 십자성부대, 비둘기부대, 은마부대, 백구부대.

초대 주월한국군 사령관(1965~1969)을 지낸 채명신 장군.

의 근로자들이 나라 밖으로 본격적으로 나가기 시작하였다.

중동건설 붐에 편승

1969년 닉슨 독트린(일명 괌 독트린)이 발표된 이후 미군의 월남전 개입이 큰 폭으로 줄기 시작했다. 이에 따라 우리 기업들이 한때 특수를 누리던 베트남을 비롯한 동남아에서 돈 벌기가 어려워지게 되자 다른 나라로 눈을 돌리게 된다.

우리 기업들이 가장 많이 눈독을 들인 곳이 오일 달러가 넘치는 중동이었다. 1972년 8월 삼환기업이 사우디아라비아의 알울라-카이바간 164킬로미터 고속도로 공사를 수주한 이후 많은 한국 건설업체가 중동에 진출하였다. 그들은 처음에는 도로건설에 치중하다 기술이 축적되자 차츰 항만건설로, 다시 백화점·병원·신시가지 건설 등 고급화·고부가가치 분야로 이어졌다.

중동건설 붐이 본격화됨에 따라 그곳에서 일하는 근로자들 숫자도 계속 늘어 1981년에는 59개 국내 건설회사에서 16만 명이 넘는 근로자가 현지에서 일하고 있었다. 기능공들은 국내의 동종업종 근로자들보다 3배나 많은 돈을 받았다. 그들은 금주(禁酒)에 금녀(禁女), 별다른 오락수단도 없는 중동에서 오직 돈을 많이 벌어 고국의 가족들을 위한다는 각오 하나로 공휴일도 반납하며, 횃불을 밝힌 채 야간공사도 마다하지 않았다. 중동 근로자들이 그렇게 뼈빠지게 노력해서 국내로 송금한 돈은 1977년에 2억 7000만 달러, 1978년에 4억 달러를 넘어섰다.

중동건설 수주액은 1974년 890만 달러를 기록한 이후 빠른 속도로 늘어 1979년까지 총 205억 9600만 달러나 되었다. 이는 같은 기간 수출로 얻은 외화의 40%에 해당하는 엄청난 액수였다.[7] 1983년까지 우리나라 건설업계는 해외건설에서 무려 678억 달러나 수주하게 되는데, 이 대부분이 중동 지역에서 나온 것으로 보면 된다.

이 금쪽같은 돈은 1973년 이스라엘과 이웃 중동국가 간의 전쟁으로 시작된 석유 값 폭등(일명 오일쇼크)으로 인한 충격을 완화하고 투자재원 조성 등으로 중화학 공업화를 뒷받침하는 재원으로 사용되었다. 더구나 해외 선진 건설업체들과 경쟁하는 과정에서 우리 기업체들에게 필요한 기술혁신과 경영합리화를 이룩하여 한국기업의 선진화에 크게 공헌하였다.

이와 같이 국가적으로 많은 성취를 이루었으나 이 과정에서 여러 형태의 가슴 아픈 일들이 가족, 친지, 연인 등 가까운 사람들 간에 생기게 되었다.

중동 근로자들의 경우 한 번 가면 몇 년씩 부부나 연인들이 떨어져 있어야 했다. 처음 몇 달간 혹은 1년은 열사(熱砂)의 땅에서 고생하는 남편이 안쓰럽고, 그렇게 힘들게 벌어서 보내주는 돈을 아끼며 검소하게 생활하게 된다. 그 기간이 길어지면 심리적으로 공허한 상태를 달래기 위해 술을 마시거나 아니면 그런 방면에 선배 격인 아는 사람들과 유흥업소에 출입하면서 다른 사람과 춤도 추는 기회를 갖게 된다. 결국 카바레 등 유흥업소에 자주 출입을 하다 이런 부류의 여자들을 요리하는 데 도가 튼 제비족에게 걸려 돈도 탕진하고 가정도 깨지게 되는 경우를 종종 보아왔다.

그런 식으로 탈선하지 않더라도 부부가 오랜 기간 떨어져 있으면 심리적으로 멀어지는 것이 현실이다. '안 보면 마음도 멀어진다(out of sight, out of mind)'라는 서양 속담이 있듯이 남편들도 오랜 외국생활 끝에 가정으로 돌아오면 그동안 부인과 멀리 떨어져 있었기 때문에 나타난 크나큰 심리적 틈바구니를 메우는 것도 참으로 힘든 일이다.

조기유학 붐

1980년대 중후반을 넘어서면 우리 사회는 근대화 작업 성공으로 상당히 두껍게 형성된 중산층의 가처분 소득도 늘어 해외여행과 유학도 활발해진다. 과거 소수의 머리 좋은 엘리트들이 장학금을 받거나 접시닦이·주차요원 등으로 힘들게 일하며 공부하거나, 혹은 경제적으로 여유 있는 집안의 사람들이 외국유학을 다녀오던 시절이 지나갔다. 이제 한국의 보통 사람들이 유학 혹은 외국연수 형태 등으로 외국 나가서 공부하는 것이 유행처럼 번지기 시작했다.

해외 유학·연수 현황 (단위 : 천명 %)

구 분		2002년	2003년	2004년	2005년
유 학		162(22.5)	183(12.6)	193(5.3)	214(11.3)
	조기유학	10(27.5)	10(3.6)	16(56.7)	20(24.0)
연 수		181(25.0)	165(-9.1)	201(22.1)	223(10.5)
계		344(23.8)	348(1.2)	394(13.3)	437(10.9)

주 : ( )는 증감률

자료 : 한국무역협회 국제무역연구원, 급증하는 서비스적자, 활로는 있다: 관광, 의료, 교육을 중심으로, 2007. 5. 4

한국사회에서 직업적 성공을 결정하는 주요 요건 중의 하나는 명문대학교에 들어가는 것이다. 명문대 입학을 위한 치열한 입시경쟁에 염증을 느끼거나, 탈락했거나, 또는 이를 우회하여 특목고 입시나 대입 특별전형 등에서 혜택을 보려는 사람들이 생기기 시작하였다.[8] 이런 사람들을 주축으로 하여 조기에 외국으로 유학을 가는 붐이 1990년대에 접어들면서 서서히 일기 시작했다. 이것 외에도 영어라도 제대로 배우는 것이 치열한 경쟁에서 살아남을 수 있다는 생각으로 아이들을 해외에 보내게 되어 한국사회에서 조기 유학 분위기를 돋우는 데 일조했다.[9]

유학을 가는 사람들의 연령이 점점 어려져 이제 외국의 초·중·고교에 바로 입학하는 식으로 바뀌었다. 한국교육개발원에 의하면 1995년 국내 초·중·고를 자퇴하고 외국으로 유학을 간 학생은 2259명이었다. 10년 뒤인 2005년에는 조기유학생이 2만 1000여 명을 돌파하였고, 2007년에는 2만 7668명으로 늘었다.[10]

더구나 "한 살이라도 어릴 때 가자"라는 사회적 풍조가 형성되어 초등학교 학생들의 외국유학이 더욱 늘기 시작했다. 1995년 외국유학을 떠난 초등학교 학생은 225명으로 그 해 유학을 떠난 초·중·고 학생 2259명의 10%였다. 2002년을 기점으로 초등학생의 조기유학 비율이 엄청나게 늘어나 2007년에는 전체 조기유학생 2만 7668명의 44.6%인 1만 2341명의 초등학생이 유학을 간 것으로 밝혀졌다. 1995년부터 2007년까지 12년 간 초·중·고 학생들의 조기유학이 10배 늘었고 그 중 초등학교 학생들의 유학은 54배나 늘었다.[11]

이런 유학생 중에 엄마와 함께 사는 초·중고생들이 많아 고국에서 홀로 지내는 기러기 아빠를 양산하고 있다. 언론보도에 의하면 우리나라는 매년 1만 명 이상의 기러기 아빠를 양산[12]하고 있다고 한다.

사단법인 하이패밀리가 조사한 바에 따르면 기러기 아빠들 중에는 교수 등 전문직과 사업가가 절반 이상이었다. 월평균 송금액은 300만 원에서 500만 원이 가장 많았는데, 월평균 소득이 300만 원이 안 되는 사람들의 절반은 자신의 소득보다 많은 돈을 송금하고 있는 것으로 드러났다고 한다. 기러기 아빠들은 대체로 자신의 아이들을 외국에 유학을 보낼 만큼 경제적 여유가 있는 것은 아니지만, 자식의 앞길을 열어주기 위해 경제적으로 무리하고 있다는 얘기다.

몇 년 전부터 자식교육을 위해 아내와 아이들을 다른 나라에 보내고 혼자 국내에서 돈을 벌어 꼬박꼬박 송금을 하는 기러기 아빠들이 과중한 경제적 부담을 이기지 못해 매우 힘들어 하는 경우가 많다. 또한 멀리 떠난 부인과 자식을 그리워하다가 생긴 우울증과 습관적인 음주 등으로 몸이 망가지다가 끝내 이런저런 부담을 이기지 못해 스스로 목숨을 끊었다는 소식을 종종 듣는다.

알코올질환 전문치료병원인 다사랑 병원과 '기러기 가족' 후원모임인 '하이패밀리 기러기 서포터스'가 기러기 아빠 80명을 대상으로 '얼마나 자주 술을 마십니까?'라는 질문을 던졌다. 그 결과 조사대상의 23%가 1주일에 1회 이상, 31%가 월 2~4회 꼴로 한 번에 소주 한 병 또는 맥주 4병 이상을 마신다고 응답을 하여 기러기 아빠들이 대체적으로 과다 음주를 하는 것으로 밝혀졌다.[13] 이처럼 술도 많이 마실 뿐만 아니라 제대로 챙겨주는 이가 없으니 식사도 불규칙적일 수밖에 없어 건강이 쉽게 나빠진다.

보다 더 심각한 것은 가정의 붕괴이다. 장기간 부부가 멀리 떨어져 혼자 있다 보니 누가 먼저랄 것도 없이 수시 때때로 밀려오는 심리적 외로움과 육체의 욕망을 극복하는 것은 쉽지 않다. 더구나 세상은 그런 처지에 있는 사람들을 가만두지 않는다. 이들의 허점을 파고드는 주변의 유혹을 이기는 것이 여간 힘드는 것이 아니다. 잠시 다른 이성에게 한눈을 팔다보면 기러기 가정의 아내와 남편들은 탈선을 하게 되고, 소중한 가정의 '일시적 해체'[14]가 영원한 파괴로 연결된다.

그런 불미스러운 일이 없더라도 유학간 지 몇 년이 지나 현지생활에 성공적으로 적응을 한 아이들과 아내에게 남편은 어서 우리나라로 다시 돌아오라고 요청을 한다. 그러나 미국 등 선진국들이 제공해주는 생활의 편리함에 푹 젖어 있는 그들은 다시는 한국으로 돌아가지 않겠다고 말한다. 기러기 아빠는 울며 겨자 먹기 식으로 참고 그들을 기다리든지 아니면 막무가내로 외국에서 살겠다는 부인과 이혼을 해야 되는 선택에 직면하게 된다.

특히 아빠의 존재가 몹시 필요한 사춘기에 아빠가 없는 상태가 오랜 기간 지속됨으로써 아이들의 인성(人性)교육도 제대로 이루어지지 않아 아이들도 여러 혼란을 겪게 된다는 소식을 접할 때마다 안타까움을 금할 수 없다.

예부터 기러기는 부부애와 가정 질서의 상징이며, 그 우는 소리가 애달픈 감성을 자아내므로 시인 묵객들의 시 혹은 그림의 소재로 자주 활용되었다. 잉꼬부부로 알려진 원앙은 바람을 피지만 기러기는 평생 다른 쪽에는 눈길 한번 주지 않는 부부애를 지니고 있어 옛날 결혼할 때 신랑이 나무로 만든 기러기(목안)를 소중히 안고 신부 집에 가는 전통이 있었다.

10월에 시작하여 12월이면 본격적으로 우리나라에 많이 찾아오는 기러기는 특이하게도 일자(一字)나 꺽쇠 모양으로 줄지어 날아간다. 물론 공기저항을 최소화하기 위해 그렇다고 하며, 시간의 흐름에 따라 공기 저항을 많이 받는 맨 앞의 새와 다른 새가 교대로 앞줄에 나선다고 한다. 그때 기러기의 맨 앞은 수컷이고, 그 다음이 새끼들이며, 맨 뒤가 암컷인 경우가 대부분이라는 것이 경희대 교수이자 유명한 조류학자인 윤무부 선생의 분석이다.

그처럼 가족을 끔찍이 여기는 기러기 둥지에 아내와 자식이 텅 비어 있으니 얼마나 외로울지는 미루어 짐작할 수 있을 것이다. 그 사랑스런 가족들을 보고 싶은 애절한 마음과 그들의 부재에서 오는 쓸쓸함과 고독감을 달래기 위해 그들은 매일 밤 마음 속으로 〈기러기 아빠〉를 부를 것이다.

돈 있는 사람, 시간 여유 있는 사람들이야 마음만 먹으면 아내와 자식이 있는 그곳에 쉽게 가지만 그렇지 못한 경우는 참으로 난감할 것이다. 이와 관련하여 시중에 돌고 있는 유머 하나를 소개할까 한다. 1년에 한두 번 외국에 유학 가 있는 가족(주로 아내와 아이)을 만나러 가는 사람을 '원조 기러기 아빠'라 하고, 재력이 있어 언제든지 가족을 만나러 갈 수 있는 사람을 '독수리 아빠', 경제적 능력이 되지 않아 가족에게 날아갈 수 없어 공항에서 손만 흔드는 사람을 '펭귄 아빠'라고 한다. 또한 직장 일 등으로 자녀를 서울에 두고 홀로 지방에서 지내는 사람을 '갈매기 아빠'라고 하고, 기러기 아빠처럼 아내와 아이를 외국에 보낼 만큼 재력이 없어 서울 강남에 유학 보낸 사람을 '참새 아빠'라 한다고 한다.[15]

여기서 주목해야 할 것은 가장인 남편이 해외로 나가고 부인과 아이들이 국내에 남아 있는 것이 과거 기러기 가족의 주류였다면, 요즘은 외교관 등 전문직종에 근무하는 아내가 해외로 나가고 남편이 국내에서 근무하거나 부부 모두가 해외에서 일하며 1년에 겨우 몇 차례 만나는 '원거리 가족'도 점차 늘어가고 있다는 것이다. 2008년 통계청이 발표한 통계자료에 의하면 이처럼 우리나라 각지로, 세계로 뿔뿔이 흩어져 사는 '원거리 가족'이 모두 270만 명에 달한다고 한다.[16] 이렇게 원거리에서 오랫동안 떨어져 사는 것이 일상화됨에 따라 이미자가 부른 〈기러기 아빠〉는 한국사회의 보통명사가 되었고, 아직도 우리들의 가슴을 적시고 있다.

주

1) 정재훈, 2020. 8.20.
2) 유인경, 2007.
3) 조우석, 2009, pp.347~348.
4) 유석재, 조선일보, 2008. 7.4; 신성원, 2008, p.136.
5) 신성원, 2005, pp.136~137; 임영태, 1998, p.352, 조우석, 2009, pp.346~351; 김충남, 2009, pp.219~220.
6) 이제교, 2004.
7) 김충남, 2009, pp.340~342.
8) 이두휴, 2007; 조선일보 특별취재반, 2009. 6.30.
9) 김남인, 2008.
10) 조선일보 특별취재반, 2009. 6.30.
11) 조선일보 특별취재반, 2009. 6.30.
12) 이두휴, 2007.
13) 문화일보, 2007. 8.7.
14) 이두휴, 2007.
15) 조선일보 특별취재팀, 2009. 2.28, A5.
16) 조선일보 특별취재팀, 2007. 7.28, A5.

고향역

임종수 작사
임종수 작곡
나훈아 노래
1972년

코스모스 피어있는 정든 고향역
이쁜이 꽃분이 모두 나와 반겨주겠지
달려라 고향열차 설레는 가슴 안고
눈 감아도 떠오르는 그리운 나의 고향역

코스모스 반겨주는 정든 고향역
다정히 손잡고 고개 마루 넘어서 갈 때
흰머리 날리면서 달려온 어머님을
얼싸안고 바라보았네 멀어진 나의 고향역

〈고향역〉 서민의 고달픈 삶과 상상 속의 고향

저는 문화체육관광부 후배의 소개로 오래 전부터 〈고향역〉을 작곡한 임종수 선생님을 잘 알고 있습니다. 시간이 날 때마다 대중가요를 좋아하는 문화체육관광부 몇몇 사람들과 함께 임 선생님을 좌장으로 모시고 정기적인 모임을 여러 해 동안 가졌습니다. 국회의원 시절에는 동료 국회의원 등 여러 사람들과 함께 임 선생님을 오찬이나 만찬에 모시는 기회를 제법 많이 가졌습니다. 그럴 때마다 자신이 겪은 가요계 이야기들을 저는 많이 들었습니다. 그렇게 식사를 끝내고 우리는 마이크 성능이 좋은 불광역, 종로구청, 연희동 연세대 북문 인근의 노래방에서 같이 노래를 불렀습니다. 그분은 좌중이 배꼽을 잡고 웃을 정도로 말씀도 재미있게 잘 하시고, 가수 출신이라 그런지 노래도 정말 잘합니다. 그분의 노래를 듣고 제가 아주 좋다고 말씀드리면 “김 의원이 지금보다 젊었으면 내가 가수를 시킬 것인데…" 하는 덕담을 저에게 합니다.

그는 인기가수가 되기 위해 치열하게 노력하다가 스스로 포기하고 작곡가의 길로 들어선 이래 많은 고생을 했다고 합니다. 절치부심하여 작품을 만들며 오래 기다린 끝에 자신이 작사, 작곡한 〈고향역〉이 크게 히트합니다. '고생 끝에 낙이 온다'는 속담이 생각나는 그 시절 그 사연들을 저는 여러 번 그에게 들은 적이 있습니다.

이제 나훈아가 부른 〈고향역〉의 탄생에 얽힌 여러 사연부터 차근차근 알아보도록 하겠습니다.

〈고향역〉이라는 노래의 탄생 일화

1942년 전북 순창 출신인 작곡가 임종수 씨는 어릴 때부터 가수가 되고 싶어 마을 뒷산에 올라가 열심히 발성연습을 했다고 한다. 그런 꿈을 간직한 채 서울로 와서 참여한 어느 콩쿨대회의 심사위원이었던 작곡가 황문평 선생님을 찾아가 가수가 되고 싶으니 도와달라고 얘기했다고 한다. 그의 간절한 얘기를 들은 황문평 작곡가의 소개로 계수남 작곡가 사무실에서 수련을 하며 갖은 고생을 다하였다.

오랜 기다림 끝에 임시원이라는 예명(藝名)으로 1967년 나화랑 작곡가의 곡 〈호반의 등불〉을 취입했다. 해방 전에 유행했던 남인수식 창법으로 된 자신의 노래를 들어본 그는 이런 스타일로 좋은 승부를 할 수 없다는 생각을 하게 되었다. 이미 미 8군 무대, AFKN 등을 통해 나온 팝송의 영향 등으로 한국인이 좋아하는 노래의 곡조와 리듬은 그 전 시대와 확연히 달라졌다는 것을 그는 느끼고 있었다. 특히 한명숙이 1961년에 불러 히트한 〈노란 샤쓰 입은 사나이〉는 바로 이런 변화를 상징하는 사건으로 다가왔다.

나훈아의 〈고향역〉 앨범.

그는 눈물을 머금고 곡을 자신에게 준 나화랑 작곡가를 찾아가 가수를 포기한다고 말했다. 나화랑 선생의 권유로 작곡가의 길에 들어서, 악상이 떠오를 때마다 오선지에 곡을 그렸다. 가수의 꿈을 안고 서울로 상경하여 고생하고 있는 자신의 삶을 녹여내어 68번째로 만든 곡이 바로 〈차창에 어린 모습〉이었다.

그때 임종수 작곡가는 무명 작곡가인 자신이 성공하는 길은 유명 가수에게 곡을 주는 것이라 판단하였다, 그래서 그는 당시 최고 인기가수인 나훈아가 소속된 오아시스 레코드사의 손진석 사장을 찾아갔다. 손 사장의 양해 아래 사장실 앞에서 책상을 놓고 오전 9시부터 오후 4~5시까지 3개월을 기다린 끝에 마침내 손진석 사장을 면담하고 나가는 가수 나훈아를 만났다. 그는 "딱 5분만 시간을 내어달라"며 바쁜 걸음으로 가려는 나훈아를 간곡히 설득하여, 사장실 옆에 있는 방으로 가서 자신이 준비한 〈차장에 어린 모습〉이라는 곡을 피아노 반주에 맞춰 스스로 노래를 불렀다. 임종수의 노래를 들은 나훈아는 "선생님, 노래를 참 잘하시네요" 하면서 한 번 더 불러달라고 요청했다. 두 번을 부르고 나자 다시 한 번 더 불러달라고 하더니 이번에는 나훈아 자신이 그 노래를 부르기 시작했다. 나훈아의 노래에 맞춰 피아노 건반을 두드리면서 임종수 작곡가는 그가 세간에 알려진 대로 '정말 노래를 잘하는구나' 하는 생각을 했다고 한다. 그렇게 노래를 부르고 난 후에 취입하겠다는 의사표시로 그는 그 악보에 일필휘지(一筆揮之)로 사인을 했다.

당초 타이틀곡으로 한다는 얘기가 있었으나 기존 작곡가의 반발, 전속금 문제 등 여러 사정으로 1970년 3월9일 이 노래는 나훈아 앨범의 세 번째 곡으로 취입되었다. 그러나 이 노래는 물론이고, 나훈아가 같이 취입한 임종수의 다른 곡 〈그 사람을 버린 죄로〉도 인기를 얻지 못한 채 끝이 났다. 타이틀곡이 아닌 데에다 두 곡 모두 불건전한 가사가 정부 방침과 맞지 않다는 이유로 방송 불가 판정을 받았다.

1971년 우연히 오아시스 레코드사에서 임종수 작곡가는 가수 나훈아를 만났는데, 나훈아는 〈차창에 어린 모습〉이라는 노래가 너무 아깝다는 얘기를 하였다. 그러면서 그는 이 노래의 슬픈 가사를 당시 분위기에 맞추어 밝고 건전하게 고치고, 고고를 넣어 리듬도 경쾌하게 해달라는 뜻밖의 제의를 했다. 그는 집에 돌아와 슬픈 가사를 어떻게 건전한 것으로 바꿀까 밤을 꼬박 새며 엄청난 고민을 했다. 그러다 새벽 4시경 마침내 이리 남성중학교에 다닐 때 내리고 탔던 기차역 정경이 섬광처럼 떠올라 제목을 〈고향역〉으로 정하고 노래 가사를 금방 완성했다.

그는 남성중학생 시절 전북 익산군 삼기면의 어느 파출소에 근무하는 형님 댁에서 몇 개의 산등성이를 넘어 황등역으로 가서, 그곳에서 기차를 타고 학교가 있는 이리역까지 통학을 했다. 아침에 일찍 일어나면 밥을 해서 먹을 수 있지만, 그렇지 않으면 밥을 굶고 뛰다시피 해서 탄 열차로 숨을 몰아쉬면서 그 먼 거리를 통학을 했다. 특히, 아침과 점심까지 굶은 상태에서 형님 댁으로 귀가할 때 차창 밖으로 핀 코스모스를 보면서 고향의 어머니를 생각하며 그는 많이 울었다고 한다. 이런 그의 개인적 경험을 〈고향역〉 가사에 잘 녹여 담았다.

작곡가 임종수.

여러 우여곡절을 겪은 끝에 1972년 2월8일 나훈아는 다시 〈고향역〉을 취입하였다. 임종수 작곡가는 이번에도 타이틀곡이 아니었기 때문에 인기를 얻기는 틀렸다는 생각을 하고 있었다. 그 즈음 나훈아가 갑자기 지구레코드로 이적하고 내놓은 〈녹슬은 기찻길〉이 인기를 얻으면서 사태는 급변하기 시작했다. 최고의 인기가수를 라이벌 레코드사에 빼앗긴 오아시스 레코드사는 이에 대응하기 위해 묘안을 찾고 있었다. 그런 차원에서 오아시스 레코드사는 잘 아는 전국의 방송국 PD들에게 나훈아의 앨범 중 타이틀 곡을 제외하고 최고의 노래로 생각되는 10곡을 골라달라고 부탁을 하였다. 그 조사에서 1위를 차지한 것이 바로 임종수 씨가 작곡한 〈고향역〉이었다.

오아시스 레코드사는 이 노래를 나훈아 제7집 앨범의 타이틀곡으로 하여 발매했는데, 추석이 다가오면서 고향을 떠난 이들의 사랑을 받으며 엄청난 인기를 얻었다. 이 곡으로 나훈아는 1972년 MBC 10대 가수에 선정되었다.

그 이후에도 이 노래의 인기는 계속 되었다. 특히, 도시로 간 이농민과 그 후예들이 지치고 힘들 때 고향에 대한 그리움과 향수를 달래며 〈고향역〉을 즐겨 불렀다. 이렇게 되어 이 노래는 추석 명절을 전후하여 방송을 타는 여러 노래 중 우리 국민이 가장 좋아하는 곡 1위가 되었다.

전북 익산역에서는 〈고향역〉의 탄생 배경이 된 곳이 익산역이라는 안내방송과 함께 매시 정각과 30분마다 이 노래를 틀어준다고 한다.[1]

임종수 작곡가는 〈옥경이〉(조운파 작사, 태진아 노래, 1989년)와 〈부초〉(김순곤 작사, 박윤경 노래, 1990년)를 통해 고향을 떠나 타향에서 외롭게 생활하는 술집 여인의 애환과 이별의 아픔을 그려 또 다시 크게 인기를 얻었다.

고향을 떠난 사람들

해방 직후 한국은 전체 인구의 80%가 농촌에 거주하고, 취업자의

80%가 농민인 농촌 중심 사회였다. 6·25 전쟁과 그 이후 진행된 도시화로 다소 완화되기는 했지만 농촌은 여전히 많은 사람들이 작은 농토를 가꾸며 사는 곳이었다. 그렇기 때문에 농촌에서 딱히 농사를 지어 사는 삶이 쉽지 않았고, 앞으로 제대로 수입을 올릴 전망도 어두웠다.

자료에 의하면 1957년 농민의 50% 정도가 하루 세 끼의 식사를 할 수 없는 상태였다. 가을 추수 때 거두어들인 식량(쌀, 고구마 등)은 이미 다 떨어졌고, 심은 보리는 아직 여물지 않아 추수할 수 없는 봄철은 '춘궁기'라 하여 양식이 떨어진 절량(絶糧)농가가 속출하여, 나무껍질과 풀뿌리, 산나물로 굶주린 배를 채울 정도였다. 온 가족이 당장 같이 굶어 죽을 수 없기 때문에 '어린 자식을 남의 집 양자로 보내거나', 나이 어린 청소년이 도시의 공장에 '공원(工員)'으로 취직하곤 했다. 1960년대 초가 되어도 이런 사정은 특별히 개선되지 않았다. 1963년 열린 대통령 선거에서 "배고파 못 살겠다. 죽기 전에 갈아치자"라는 정치적 구호가 나왔을 정도였다.[2]

그런 상태에서 박정희 정부는 본격적으로 노동집약적 수출산업화를 추진하면서 농촌에 있는 많은 유휴인력을 도시로 유인하여 공장근로자 등 도시가 필요한 인력으로 사용하였다. 경제개발이 본격화되면서 너도나도 활기가 넘치는 도시로 가서 일거리를 찾는 등 새롭게 도전하려고 하였다. 이른바 '이촌향도(移村向都)' 현상이 이때부터 두드러지게 나타났다.

이미 1950년대 중반에 농촌을 떠나 서울로 상징되는 대도시로 대거 몰려가는 사회풍조를 묘사한 노래 〈앵두나무 처녀〉(천봉 작사, 한복남 작곡, 김정애 노래, 1955년)가 나왔다. 이 노래의 가사를 보면 시골 처녀들이 서울 바람이 들어 '이쁜이도 금순이도 단봇짐을' 싸자, 그녀들을 찾아서 '복

돌이와 삼룡이'도 덩달아서 무작정 상경을 한다.[3]

그때 농촌 사람들은 서울로 대표되는 도시들을 '유토피아'로 인식하게 된다. 이처럼 이미 '대중의 욕망의 대상'[4]이 된 도시에 가면 형편이 지금보다 많이 나아지리라 상상을 한다. 농촌에서 도저히 이룰 수 없는 꿈의 실현을 위해 그들은 도시를 향해 과감히 떠났다. 또한 '모험심이 많고' 피가 펄펄 끓는 젊은 사람들은 '산 입에 거미줄 치랴' 하는 '막연한 기대'로 도시로 떠나갔다. 실제로 1960년대 중반 해마다 50만 명에서 70만 명 정도가 농촌을 떠났으며, 1960년에서 1975년 사이에 약 700만 명의 농촌 사람들이 도시나 공장지대로 떠났다.[5]

그들은 자신이 이루고자 하는 다양한 꿈을 가지고 홀로 혹은 가족 전체가 도시로 올라왔다. 그 결과 '과잉도시화'라고 부를 만큼 도시집중이 심하였다. 당시 한국사회는 빈민층과 중산층을 포함하여 모두가 엘리트가 되겠다는 '대중화된 엘리트주의(popularized eliticism)'가 만연한 사회였다. 많은 사람에게 열려있는 교육이 그런 기회를 제공했고, 또한 급속한 개발 과정에서 부동산 투기 등으로 일확천금을 모아 벼락부자가 될 기회도 많았다.

표에서 보듯 1960년에 도시인구는 28%였으나, 1970년에는 41.4%, 1980년에는 57.3%로 급속하게 뛰어오른다. 특히 1960년 서울인구는 245만 명이었으나, 1970년에는 543만 명이 되어 '서울은 만원이다'라는 말이 나왔다. 그 당시 서울은 빠른 경제성장의 파도를 타고 밝은 내일을 열어가는 곳이자, '졸부의식과 천민자본주의'[6]의 그림자가 드리워지는 대표적인 곳이다. 서울 외에도 부산, 대구, 인천 등 여러 대도시들과 울산, 창원, 구미 등 대규모 공업단지에도 농촌 사람들이 일자리와 교육기회를 찾아 몰리다 보니 급속히 팽창하였다.

시기별 도시와 농촌인구의 변화

구분	1960년	1970년	1980년	1990년
도시인구	28%	41.4%	57.3%	74.4%
농촌인구	72%	58.6%	42.7%	25.6%

출처: 정범모, "경제적 성취와 사회발전", 조이제·카터 에크트(편저), 한국 근대화, 기적의 과정, (서울: 조갑제닷컴), 2017, pp.477~498, 필자 재작성.

도시로 간 그들은 어떻게 되었나 : 농촌 출신 사람들의 꿈과 좌절

도시는 농촌에서 온 사람들이 쉽게 정복할 수 있을 만큼 절대 만만한 곳은 아니다. 돈이라도 좀 있거나 아니면 돈을 벌 수 있는 기술이나 도시가 필요로 하는 특별한 전문지식이라도 있으면 그래도 경쟁이 격렬한 도시에 안착할 수 있다. 반면 돈도 없고 배운 지식이나 기술도 없이 맨몸 하나로 온 많은 시골 출신들이 서울 혹은 다른 도시에 뿌리 내리기는 쉬운 일은 아니다.

1970년에 발표한 어떤 연구에 의하면 1966년 서울로 상경한 사람 중 40% 정도가 무직상태이며, 이들 중 55%는 4년이 지나도록 직장을 구하지 못하였다고 한다.[7] 결국 그들은 지게꾼, 넝마주이, 고물상, 노점상, 공사장 날품팔이 등 도시빈민이라는 이름의 우리 사회 최하위 계층으로 전락하여 품을 팔아 생활할 수밖에 없었다. 그들은 자신이 벌어들이는 수입의 70% 정도를 식비로 지출한다. 또한 벌이가 시원찮아 산등성이, 공원부지 등 산동네 혹은 달동네로 명명된 도시 변두리에 블록, 흙, 루핑을 이용해

얼기설기 만든[8] 무허가 빈민촌에 집단으로 거주한다. 이곳에는 1966년을 기준으로 할 때 서울시 인구 380만 명의 3분의 1에 해당하는 127만 명이 빈민가 무허가 주택에 살았다.[9] 무허가 판자촌에는 수돗물이 잘 나오지 않고, 몇 가구가 공동 화장실을 이용해야 한다. 아울러 국공유지 혹은 사유지를 불법 점거한 상태에서 집을 지어 살기 때문에 항상 관계당국의 철거 위협에 노출되고 있다.

그들은 내일은 오늘보다 더 괜찮겠지 하는 실낱같은 희망을 담보로 현실적으로 당면한 이런 절망스런 상황을 어쩔 수 없이 견디는 '디스토피아'[10]의 세계에 살아가고 있다. 빈민촌에 사는 사람들은 온 식구가 생활전선에 나선다. 특히 농촌 출신 가난한 집안의 딸들은 대체로 어린 나이에 가정집 식모(식순이), 공장 여공(공순이), 버스 안내양(차순이) 등 소위 '삼순이'라는 비하하는 말로 상징되는 직업을 가지며, 오빠 학비나 부모님 약값 보조 등 가난한 집안을 돕는다.[11]

우리 사회의 주변부에 자리잡은 그들은 장시간 노동으로 몸은 지쳐가는데, 수입은 변변치 않았다. 그렇게 좌절을 겪으면서 그들은 수입이 괜찮은 곳을 알아보게 된다. '무수한 욕망이 생산되고 소비되는' 도시에서 젊고 아리따운 여성들은 곧 '성적 욕망의 대상'[12]이 된다. 도시라는 공간이 만들어낸 욕망의 수요와 공급이 만나면서 자발적으로 혹은 사기나 유인 등으로 술집, 카바레, 카페, 다방 등 유흥업소로 잘못 가는 수가 있다.[13]

이렇게 도시빈민과 주변부 노동자로 살아가는 사람들은 작업환경과 수입이 좋지 않고, 식사도 불규칙하고 영양도 좋지 못하였다. 더구나 의료혜택의 사각지대에 머물다보니 건강상태가 좋지 않았다. 특히, 공단에 근무하는 여공들은 구로구 구로동이나 영등포구 가리봉동에 많은 소위 '벌집방'에 집단으로 거주하며 출퇴근을 한다. 이는 화장실 등 공동공간을 가운데 두고 사면(四面)에 겨우 한두 사람이 누울 정도로 작은 방들이 벌집처럼 아주 밀집되어 있는 주거공간이다. 이 방을 두세 명이 같이 빌려서 잠자는 곳으로 주로 이용하므로 같은 방에 살지만 그들은 1일 3교대로 일하기 때문에 서로 얼굴을 볼 새도 없다.[14]

「歸心如矢」…故鄕으로 달린다

◇어젯밤의 서울역…여기만은 추석대목이 한창이다

秋夕대목의 서울역
歸省客들 밀어닥쳐
어제하루5萬名의人波

서울역 광장을 가득 메운 귀성객. 1963년 10월1일자 조선일보 지면.

윤흥길의 소설 〈아홉 켤레 구두로 남은 사내〉, 조세희의 〈난장이가 쏘아올린 작은 공〉, 황석영의 〈객지〉, 조선작의 〈영자의 전성시대〉, 최인호의 〈별들의 고향〉 등은 이 시절 사회의 하층부에서 힘겹게 살아가는 사람들의 삶을 잘 그린 작품들이다. 이런 작품들은 소설가가 그린 허구의 세계이다. 하지만 그들이 그린 사회현상과 그 속에 있는 문제의 본질을 보는 '망원경'이자 '현미경', 심지어 '만화경'[15] 역할까지 문학이 하고 있음을 감안할 때 당대 시대상의 반영일 수도 있다.

그대 다시는 고향으로 가지 못하리: 상상 속에 그리는 고향의 꿈과 그 노래들

농촌에서 태어난 이후 도시로 올 때까지 온갖 추억이 함께 하고 있는 고향은 어머니의 품 속처럼 푸근하고 정다운 곳이다. 그곳은 보통 이향민의 '정체성을 확인하는 곳'이다. 이향민들은 기쁠 때나 슬플 때 사무치는 그리움이 몰려와 늘 '돌아가고픈 마음을 불러일으키는 상상 속의 장소'인 고향 생각을 많이 한다. 특히, 도시생활이 어려울수록 떠나온 고향은 그곳을 떠나기 전 겪었던 온갖 즐거운 일이 연상되는 '유토피아'이자 '낙원'이다. 그곳은 이렇게 잠시 도피하면 위안을 주는 '정서적 공간'[16]이기도 하다.

추석과 설 등 명절에는 도시에서 직장을 잡은 농촌지역 출신의 청춘 남녀들은 고향 부모님과 형제들에게 줄 선물을 가득 안고 고향 집으로 간다. 이들 중에 도시에서 온갖 풍상을 다 겪으면서 성공을 거둔 사람들은 그동안의 과감한 도전과 뛰어난 성취를 자랑스럽게 얘기하곤 한다. 이렇게 성공하지 않았어도 많은 사람들은 명절날에는 무리를 해서라도 고향을 간다. 그들은 귀향하여, 도시에 나가 남보다 뒤처지지 않고 그럭저럭 잘 살고 있다는 표시를 하고 싶어 했다.

동서고금을 막론하고 성공해 고향으로 돌아가고 싶은 마음은 누구나 다 갖고 있다. 그러나 외지에 나온 사람이 가고 싶다고 고향에 쉽게 갈 수 있는 것은 아니다. 이향민이 고향 가는 길에도 약간의 통과의례가 필요하다. 설혹 타지에 나와 성공을 해도 평소에 고향 사람들을 자주 만나고 어울리며 정을 붙여놓거나, 아니면 고향에 금전적으로 기부라도 좀 해서 자신의 선행(善行)을 제법 알려 놓아야 고향 가는 길이 편하다.

누구에게 내세울 만한 성취도 없는 상태에서는 아무리 강심장을 가진 사람이라도 명절 때 잠시 고향을 방문하는 것은 물론이고, 고향으로 완전히 귀향하는 것은 더욱 어렵다. 그렇게 성취 없이 쓸쓸하게 고향을 돌아오면 어려운 살림살이 때문에 고투하고 있는 부모와 형제들을 어찌할 것인가 하는 현실적인 문제가 가장 급박하게 다가선다. 아마도 부모형제 중에는 아픈 사람들이 있을 경우 그들의 약값과 진료비 조달은 어떻게 하는가 하는 고민이 있을 것이다. 더구나 오빠나 남동생은 공부를 더 해야 하는데 자신이 도시에서 조금이라도 벌어서 고향집으로 송금하는 것을 중단하면 그들의 학비는 어떻게 조달할 것인가가 가장 큰 문제일 것이다. 그래서 도시생활이 몹시 어렵지만 '기를 쓰고' 버틸 때까지 버텨보자는 결심을 하게 된다.[17]

이런 현실적인 이유 외에도 심리적으로 동네 사람들이 자신을 실패한 사람으로 취급할까 내심 두렵기도 하다. 잠시 고향에 와도 마주치는 마을 사람들이 도시에서 '뭘 하고 지내느냐' 혹은 '잘 사느냐'는 안부를 물으면 대답하기도 곤란하다. 이런 엉망인 상태로 고향을 방문하면 늘 도시에서 성공하기를 기원하는 부모님과 형제들을 보기도 미안하다. 이런저런 자격지심이 자꾸 들어 그들은 명절날 많은 사람들이 열성적으로 동참하는 오천만 한민족의 대이동 대열에 빠지게 된다. 이렇게 고향을 갈 수 없는 상태가 되면 사회의 낙오자라는 인식이 스스로 들면서 고향은 돌아갈 수 없는 곳이 된다. 이렇게 고향을 잃은 사람들은 부평초처럼 근원을 상실한 삶을 살게 되는 것이다.

원래 많은 사람들이 좁은 공간에 엄청나게 밀도 있게 모여 사는 '근대적 도시는 타인과의 연대감이 상실된 익명의 공간'[18]이다. 살인적인 경쟁이 24시간 진행되는 도시에서 살아남기 위해서는 잠시라도 한눈을 팔 수가 없다. 이렇게 '산 사람 코 베어가는 곳'이라는 말이 도는 도시에 생존하려면 사람들은 늘 긴장하게 된다.

많은 사람들이 치열한 생존경쟁을 벌이는 도시도 막상 명절날 농촌 출신 사람들이 고향에 가고나면 철시(撤市)상태와 다름없다. 인적이 드문 명절날 도시에 잔류하는 농촌 출신 사람의 마음은 쓸쓸하고 스산하다. 그들이 거주하는 옥탑방이나 지하 단칸방에서 그동안 밀린 잠을 자거나, 술을 먹으면서 들뜬 목소리로 고향길 가는 소식을 전하는 라디오를 듣거나, 텔레비전을 보며 고향 생각에 잠기게 된다. 고향을 떠나기 전 삶은 가난하고 고되었지만 평화로웠고 순수했으며, 제법 희망을 가졌던 좋은 시절이었구나 하는 생각이 절로 날 것이다. 도시에서 성공하려 했지만 '쥐꼬리만한 월급'[19]에 목을 매는 자신이 한스럽고, 더구나 사회의 밑바닥으로 추락한 자신을 살펴보고 더욱 눈물짓는다.

이렇게 마음 속으로 고향에 대한 그리움을 상상하면서도, 실제로 다시 그런 세계로 돌아가기는 어렵다는 것을 곧 알게 되는 사나이들이 잠시 가서 '위안과 오락'을 얻을 수 있는 곳은 포장마차나 아니면 '오랫만에 오셨습니다' 하는 콧소리를 내며 반기는 '니나노' 술집[20]이다. 이런 곳에서 우연히 명절에 고향을 가지 못하는 같은 처지에 있는 다른 사람들과 만나게 되면 '삶의 끈을 놓칠 수 없으나' 점차 '희망으로부터 멀어져 가는'[21] 자신의 힘겨운 삶과 험난한 세상살이에 대해 같이 푸념할 것이다.

1970년대 초반에 나온 애잔한 고향 노래들

박정희 대통령이 의욕적으로 추진한 경제근대화 작업이 크나큰 성과를 내면서 세간에 '한강의 기적'이라는 깃발이 높이 올라가던 시절이 바로 1970년대 초반이었다. 경제개발의 성공적 결과를 자랑스럽게 구가(謳歌)하는 노래가 많이 불려지던 시절이었다.

그 시절 부모형제를 두고 고향을 떠나올 때의 애잔한 마음과 서러움이 덕지덕지 묻어나는 타향생활의 어려움을 격심하게 느끼며 좌절하고 있는 이향민[22]의 이런 복잡한 심정을 가요계가 알기나 한 것일까.

고향을 떠난 이들의 한 많은 타향살이의 서러움,[23] 정처 없이 타향을 헤매는 사람들의 푸념을 담은 노래들이 그 시절에 대거 나왔다. 같은 논리의 연장선상에서 그 정다운 고향을 여러 가지 사정으로 가지 못하는 사람들의 괴로운 심사나, 도시라는 거대한 파도를 헤쳐 나가면서 고향의 정을 잃어 갈 곳을 모르는 '정신적 집시'들의[24] 애잔한 마음을 담은 고향 노래도 많이 나와 히트를 했다.

남상규가 부른 〈고향의 강〉(손석우 작사, 원이부 작곡, 1970년), 나훈아의 〈너와 나의 고향〉(정진성 작사, 정진성 작곡, 1970년), 〈머나먼 고향〉(박정웅 작사·작곡, 1971년), 〈고향역〉(임종수 작사·작곡, 1972년)과 〈물레방아 도는데〉(정두수 작사, 박춘석 작곡, 1972년), 그리고 김상진의 〈고향이 좋아〉(고향 작사, 남국인 작곡, 1972년)와 〈고향 아줌마〉(김진경 작사, 정민섭 작곡, 1973년), 홍세민의 〈흙에 살리라〉(김정일 작사, 김정일 작곡, 1975년) 등이 그 시절 고향을 떠나 객지에서 뿌리를 내리지 못하고 부초처럼 떠돌며 온갖 신산을 겪는 이들의 고향을 그리는 정서를 대표하는 노래이다.

이런 고향 노래들을 작사하거나 작곡한 분들은 대체로 이렇게 타향 생활의 서러움을 절절하게 경험한 농촌 출신들이 많다. 예를 들어 나훈아가 노래한 〈머나먼 고향〉을 작곡한 박정웅은 그의 나이 25세 때인 1968년 경남 밀양에서 상경하여 친구의 쪽방에서 자취하며 어렵게 지내고 있었다. 마침 그해 10월 초 추석 명절에 다들 고향으로 가는 바람에 고향의 집집마다 시끌벅적할 것이라는 생각이 들었다 한다. 하지만 그는 고향 갈 면목도 없고, 또 고향 갈 차비도 없어서 그 쪽방에서 홀로 남아 라디오를 듣는데 몹시 '처량한' 기분이 들었다고 한다. 물리적으로 갈 수 없지만 '마음만큼은 고향으로 달려가는' 기분을[25] 기타를 튕겨가며 즉석에서 만들었다. 이 노래를 1969년 유지성이 불렀으나 히트하지 못했다. 그러다 1971년 나훈아가 다시 불러 크게 인기를 얻었다.

주

1) 고광무·이정국, 2018, pp.54~60.
2) 선성원, 2008, p.219; 박진도, 2010, pp.138~139.
3) 이영미, 2008, p.144; 주현미, 2020, p.68~72.
4) 김재관·장두식, 2007, p.18; 이영미, 2008, p.27.
5) 선성원, 2008, p.220; 정찬일, 2019, pp.66~69.
6) 김재관·장두식, p.43.
7) 정찬일, 2019, p.67.
8) 김재관·장두식, 2007, p.76.
9) 박은숙, 2010, pp162~168.
10) 김재관·장두식, 2007, p.18; p.22, p.51.
11) 정찬일, 2019, p.13.
12) 김재관·장두식, 2007, p.224.
13) 강정숙, 2010, p.301.
14) 이영미, 2008, pp.216 ~222.
15) 김재관·장두식, 2007, p.13.
16) 장유정, 2006, p.325; 김재관·장두식, 2007, p.48, p.236.
17) 이영미, 2008, p.230.
18) 김재관·장두식, 2007, p.153.
19) 이영미, 2008, p.211.
20) 이영미, 2002, p.189.
21) 김재관·장두식, 2007, p.77.
22) 이영미, 2008, p.211.
23) 김종욱, 2015, pp176~180.
24) 정영도, 2008, p.227.
25) 손민정, 2009, p.216.

님과 함께

고향 작사
남국인 작곡
남진 노래
1972년

저 푸른 초원 위에 그림 같은 집을 짓고
사랑하는 우리 님과 한백년 살고 싶어
멋쟁이 높은 빌딩 으시대지만
유행따라 사는 것도 제 멋이지만
반딧불 초가집도 님과 함께면
나는 좋아 나는 좋아 님과 함께면
님과 함께 같이 산다면
저 푸른 초원 위에 그림 같은 집을 짓고
사랑하는 우리 님과 한 백년 살고 싶어

봄이면 씨앗 뿌려 여름이면 꽃이 피네
가을이면 풍년되어 겨울이면 행복하네
멋쟁이 높은 빌딩 으시대지만
유행따라 사는 것도 제 멋이지만
반딧불 초가집도 님과 함께면
나는 좋아 나는 좋아 님과 함께면
님과 함께 같이 산다면
저 푸른 초원 위에 그림 같은 집을 짓고
사랑하는 우리 님과 한 백년 살고 싶어

〈님과 함께〉 성공적 산업화와 한국인의 꿈

2001년 3월경 제가 문화체육관광부 예술국장을 하던 시절에 〈님과 함께〉를 부른 가수 남진은 한국연예협회 이사장을 하고 있었습니다. 어느 날 종로구청 옆 복집식당에서 저의 예술국장 부임에 따른 상견례 차원에서 그를 만나 점심을 같이 했습니다. 제가 초등학교 6학년 때 학교 공부를 끝내고 집으로 오는 길에 상주해수욕장 근처에 있는 가게에서 나오는 남진의 〈가슴 아프게〉를 듣고 너무 감동을 받아 그 노래가 다시 나올 때까지 전기에 감전이나 된 듯 그 자리에 한참 동안 서 있었다는 얘기를 그에게 해주었습니다. 그 얘기를 시발로 그분은 자신이 가수가 된 사연, 수련과정, 영화계 진출, 학창시절 등 여러 얘기를 저에게 해주었습니다. 반주로 술이 한 순배 돌자 대낮인데도 둘이서 노래를 부르기 시작했습니다. 그분이 한 곡 부르면 제가 받아서 또 부르는 식으로 두어 시간 넘게 즐겁게 보낸 적이 있습니다. 사람을 편안하게 대해주는 소탈한 태도가 아직도 기억에 남습니다. 그 뒤 행사장에서 뵈었지만 개별적으로 따로 만나지는 못했습니다. 그러나 그분과 친한 임종수 작곡가를 통해 그분의 소식을 가끔 듣곤 했습니다.

이제 〈울려고 내가 왔나〉, 〈가슴 아프게〉, 〈우수〉 등을 불러 인기를 끌다 월남전에 참전하고 군에서 제대를 한 뒤 그는 〈님과 함께〉를 불러서 다시 가요계 정상(頂上)의 위치를 재확인했습니다. 이제 〈님과 함께〉의 탄생과정부터 알아보도록 하겠습니다.

〈님과 함께〉의 탄생

우리 가요계에서도 한국사회에서 무언가를 이루어 낼 수 있다는 대중들의 희망과 용기가 꿈틀대는 1960년대와 1970년대 초의 분위기를 대변하는 노래들이 많이 만들어졌다. 패티김이 부른 〈서울의 찬가〉와 남진이 부른 〈님과 함께〉는 박정희 정부의 근대화정책이 가져온 빛나는 성취를 긍정적으로 조명하는 대표작이다. 그 중에서 〈님과 함께〉는 가사와 곡조의 상징성과 대중적 호응도에서 그 시대를 대표하는 노래이다.

이 노래가 나올 때쯤 전국은 정부가 주도하는 '새마을운동'의 열기로 가득 차 있었다. 그럴 즈음 경북 포항으로 친구들과 함께 밤낚시를 가던 작곡가 남국인은 충북 옥천을 지나가다 '초가집도 없애고 마을길도 넓히고'라는 새마을운동 가사처럼 바뀌어 있는 현장을 목도하였다. 그가 차창 밖으로 본 정경은 '산기슭에 즐비하던 초가집'이 '형형색색의 슬레이트' 지붕으로 바뀐 '야산마을이 마치 평화로운 그림'같이 느껴졌다. 그 순간의 감

오빠부대의 원조격인 남진.
1971년 제대 후 작곡가 남국인과
손잡고 그의 최고 히트곡
〈님과 함께〉로 최고 가수
반열에 올랐다.

흥을 그는 즉시 오선지에 적기 시작하여 곧장 완성하였다.[1] 그는 그런 곡의 정신을 살린 가사를 완성하여 월남전에 다녀온 후 군에서 제대한 남진에게 이 곡을 주었다.

앞서 말한 대로 문화공보부에서 만든 영화 〈팔도강산〉이나 1980년대 초 나온 정수라의 〈아! 대한민국〉처럼 각 시대마다 정부가 자신들의 업적을 의도적으로 홍보하기 위해 만든 관제 노래들이 있다. 이 노래는 정부가 만든 그런 홍보용 노래가 아니면서도 그 이상으로 박 대통령 시대의 경제 업적을 잘 선전하는 노래가 되었다. 즉, 이 노래에는 근대화로 인한 도시의 발전(예: 멋쟁이 높은 빌딩)과 함께 농촌에서도 저 푸른 초원 위에 그림 같은 전원주택을 짓고 사랑하는 사람과 함께 깨소금 쏟아지는 생활을 기대하는 이미지가 강조되어 있다.

1972년 지구레코드에서 발매된 이 노래는 그해 텔레비전의 최고 인기 가요가 되었다. 경쾌한 음악에다 세련된 춤이 함께하면서 전 국민의 흥을 돋우고, 댄스 열기를 확산하면서 가수 남진의 인기를 올리는 데 크게 기여하였다. 그 당시 많은 사람들이 야유회, 소풍, MT 등 야외행사를 가면 이 노래를 틀어놓고 춤을 추는 것이 유행하였다.[2]

잘 생긴 외모와 세련된 옷차림으로 수십 편의 영화에도 출연한 만능 엔터테이너 남진은 도시적 분위기를 풍기며, 미국의 인기가수 엘비스 프레슬리의 흉내를 곧잘 내었다. 반면 라이벌 관계에 있었던 나훈아는 정통 트로트 리듬에다 '간드러진 꺾기 창법'에 토속적 분위기[3]를 내는 대조적인 면모를 보이며 남진과의 경쟁관계를 더욱 촉진시켰다. 당시 인기정상에 있던 두 가수를 좋아하는 사람(특히 여성)들이 그들이 지지하는 가수의 공연이 있는 곳에 가서 적극적으로 환호하기도 하고, 상대편을 비난하는 식으로 활동하였다. 이런 활동이 가열되어 급기야 남진의 팬이 공연하는 나훈아를 급습하여 얼굴에 큰 상처를 입히는 사태가 생기기도 하였다. 이때부터 오늘날 우리들에게 너무나 익숙한 개념인 '오빠부대'가 우리나라 최초로 생겨나게 되었다.

경제발전을 국정(國政)목표로 내세운 박정희 정부

4·19 의거 후 등장한 장면(張勉) 정부는 집권 민주당의 격렬한 계파 갈등에다 무능과 부패문제, 그리고 연일 지속되는 데모 등으로 크나큰 정치·사회적 혼란에 빠져 있었다. 더구나 1958년 이후 미국 원조가 줄고 물가가 치솟는 가운데 전체 노동력의 35%에 해당하는 400여만 명이 실업 상태에 있는 중첩된 경제위기가 닥쳤다. 국민들은 소나무 껍질, 풀뿌리와 산나물 등으로 겨우 연명했으며, 900만 명 이상의 아동이 점심을 먹지 못하는 등 보릿고개를 넘기가 힘들 정도로 배고픈 사회였다.[4]

바로 이때 6·25 전쟁을 겪고, 미국 유학과 연수 등을 통해 선진문물을 익힌 군부는 한국사회의 어느 집단보다 잘 조직화되고 보다 유능한 집단으로 성장하였다.[5] 그들은 1961년 5월16일 박정희 소장을 앞세워 군사쿠데타를 일으켜 반공을 기반으로 대중적 빈곤을 없애고, 한국 경제를 획기적으로 발전시키겠다고 선언하였다.

노동집약적 수출산업화의 성공적 추진

이와 같은 '압축적 경제성장'을 위해 고도로 집중화된 기관을 만드는 등 '혁명적 수단'을 사용하기로 하였다.[6] 그들은 경제개발 정책을 총괄 기획하고, 통합 조정하는 경제기획원을 설립하는 등 정부주도형 '조국 근대화' 작업에 본격적인 시동을 걸었다. 1962년부터 1970년대 중반까지 1차, 2차, 3차에 걸쳐 경제개발 5개년 계획을 본격적으로 추진하여 한국사회의 대변혁을 이끌었다.

그때 박정희 정부는 부존자원과 자본은 없으나 값싸고 질 좋은 노동력이 풍부하다는 점에 착안하여 수출주도형 발전전략을 채택하였다. 수출이 잘 되면 관련 산업이 발전하고, 이에 따라 고용이 확대되며, 국민생활이 향상된다는 선순환(善循環) 논리를 굳게 믿고 있었다.[7]

때마침 미국과 일본 등 선진국에서 노동집약적 경공업이 대외경쟁력이 떨어지는 사양(斜陽)산업으로 바뀌고 있었다. 1960년대 이후 선진국들 사이에 관세장벽을 제거하고 수출입 제한을 푸는 등 자유무역의 폭을 더욱 넓혀 국제적으로 수출입 물량이 크게 늘어나는 등 세계시장의 크나큰 구조변동이 진행되고 있었다. 이에 따라 면직물, 가발, 합판 등 우리나라 경공업 제품의 대외경쟁력이 상대적으로 좋아지면서 수출이 많이 늘기 시작했다.[8]

이외에도 박 정부의 개방적인 수출주도 공업화 전략이 한층 탄력을 받게 되는 대외여건이 조성되었으니 바로 한일국교 정상화와 월남파병이었다.

한일국교 정상화와 월남파병을 도약대로 삼아 수출에 매진

식민통치의 유산을 극복하는 문제 등으로 지연되고 있었던 한일협정은 동북아시아에서 한일 간의 협력을 통해 반공전선을 강화하려는 미국의 권유 등을 바탕으로 1965년 6월 타결되었다. 이로 인해 무상자금 3억 등 총 8억 달러에 달하는 자금이 들어와 경제개발의 종자돈으로 사용되었다. 더구나 일본에서 중간재를 사다가 우리의 질 좋고 값싼 노동력을 투입, 가공하여 미국 등 선진국 시장에 수출할 수 있게 되었다.[9]

또한 박 정부는 야당과 대학생의 격렬한 반대를 무릅쓰고 1965년부터 월남전에 참전하였다. 이는 주한미군 일부를 월남전선으로 이동시키려는 미국정부의 움직임을 차단하고, 미국의 한국에 대한 안보 공약을 확실히 하는 효과를 거두었다. 한국은 1965년에서 1973년까지 베트남으로부터 2억 8300만 달러의 무역흑자를 기록하는 한편 1965년부터 1972년까지 월남에 진출한 기업의 이익과 그곳에 파견된 노동자와 군인의 봉급소득은 모두 7억 5000만 달러에 달하는 경제적 이득을 얻었다.

이처럼 좋아진 대외여건을 적극적으로 활용하여 박 정부는 기업에 대해 재정, 금융, 세제상 우대조치 등 모든 수단을 다해 수출지원에 나섰다. 특히, 박 대통령은 1965년부터 매달 정례적으로 개최되는 민관합동의 수출진흥확대회의와 월간경제동향보고회의에 직접 참석하여 수출현황을 비롯한 주요 경제동향을 직접 점검하고, 즉시 조치하였다.

경제를 급속히 발전시키려는 정부의 노력은 '하면 된다'는 신념으로 가득찬 기업인과 근로자는 물론 일반국민의 적극적인 호응을 이끌어내었다. 성실하고 유능한 기업인은 정부가 중점 추진하려는 분야에 모험심을 발휘하여 스스로 혹은 정부로부터 해보라는 권유를 받고 과감히 뛰어들었다.

근로자들도 잘살아보겠다는 일념으로 야간작업은 물론 휴일근무도 마다않고 열심히 일했다. 문제는 1960년대 초 국내에는 아직 제대로 된 일자리가 없었다. 1963년 발표된 통계에 의하면 2400만 명의 전체 인구 중 250만 명이 실업상태에 있었다. 그러자 정부는 당면한 실업난을 일부 해소하고 부족한 외화를 얻기 위한 노력의 하나로 서독에 광부와 간호사를 파견하기로 하였다.[10]

서독에 파견된 광부와 간호사

서독 본 주재 한국대사관 직원들은 독일 노동청과 채탄(採炭)회사를 설득하여 우리나라 광부들이 1963년부터 독일에서 일할 수 있게 되었다. 그 당시 경제기획원이 공개한 파독(派獨) 광부들의 근로조건은 중졸 이상 학력을 가신 사람으로 3년 근무에 월 650 독일 마르크를 받는 것이었다. 처음 서독 루르 탄광지대에서 일할 광부로 최종 선발된 사람들의 20%는 대학 졸업자일 정도로 고학력자가 모였다. 지하 1000~3000m의 막장에서 각종 재해와 싸우며 힘들게 일했던 광부들은 1978년까지 모두 8395명이 파견되었다.[11]

한편 간호사들의 파독은 독일 본 의과대학 병원 외과의사인 이종수 박사와 서독 마인츠 대학병원 소아과 의사 이수길 박사 등 두 한국 출신 민간인에 의해 시작되었다. 그 결과 1963년부터 1968년까지 1200여 명의 간호 인력이 서독에서 일하게 되었다. 이 사업은 1969년부터 해외개발공사가 전담하여 1977년까지 1만 371명의 간호사가 서독에서 일하였다. 그들은 하루 종일 몸을 움직이지 못하는 환자를 웃음으로 돌보고, 영안실에서 시신을 알코올로 닦으며 악착같이 일했다.[12] 한국 간호사들의 유능함, 친절, 봉사정신은 한국에 대한 독일인의 긍정적인 이미지를 만드는 데 크게 기여하였다.

서독에 간 광부와 간호사를 포함하여 해외 취업자들이 1965년 국내로 송금한 외화는 상품수출액의 10.5%, 무역외 수입의 14.6%나 되었다. 1967년에 가면 월남파병에 따른 특수(特需)로 해외송금액이 상품 수출액의 36%, 무역외 수지의 31%를 차지하게 된다. 한편 1977년 서독에 간 1만

함보른 탄광을 방문하여 한국인 광부와, 간호사들을 위로한 박정희 대통령. 아래 사진은 대통령의 연설을 들으며 연신 눈물을 닦아내는 간호사들.

8000여 명의 광부와 간호사들이 1억 164만 달러를 한국에 송금하였는데, 이는 1964년 한국의 수출총액과 맞먹는 큰 액수였다.[13]

1964년 12월10일 서독을 방문한 박정희 대통령이 루르 지방 함보른 탄광회사를 방문하여 그곳에서 일하는 광부와 간호사들을 격려하는 행사를 가졌다. 광부들로 구성된 브라스 밴드가 애국가를 연주하였으나 행사에 참석한 광부 300여 명과 간호사 50여 명은 눈물을 흘리며 흐느끼는 바람에 애국가를 다 부르지 못했다. 그들은 조국의 대통령을 맞아 가난 때문에 오게 된 외국에서 겪게 되는 외로움, 서러움 등 온갖 신산을 눈물을 흘리며 일시에 토해내고 있었다. 그들의 울음에 감전이라도 된 듯이 육영수 여사와 수행원도 같이 울었고, 박 대통령도 연설을 제대로 마무리하지 못하였다. 그는 서독의 수도 본으로 돌아오는 차 안에서 내내 울었고, 그와 동승한 서독의 뤼브케(Lubeke) 대통령은 박 대통령에게 손수건을 꺼내주며 가난한 나라의 대통령을 위로하고, 한국 경제발전에 대한 전폭적인 지원을 약속하였다. 서독은 광부와 간호사들의 월급을 담보로 2억 5000만 마르크 상업차관을 제공하였다.[14]

이처럼 거의 모든 국민이 정부가 내건 국가의 근대화라는 목표를 향해 일로매진하는 시기였다.

박정희 정부의 강력한 경제개발 정책에 따라 우리나라는 1960년대 중반을 넘어서자 세계인들이 놀랄 정도로 빠르게 성장하기 시작했다. 수출은 연평균 40% 이상 팽창하여 1964년 1억 달러, 1971년에는 수출 10억 달러에 제2차 공산품의 비중이 86%에 달했다.[15]

중화학공업화 전략 추진

1970년에 경부고속도로를 완공하여 전국을 단일시장권으로 통합하고, 1973년 포항종합제철소를 완공하였다.[16] 선진국에서 수입한 부품과 중간재를 조립하거나 가공하여 미국이나 일본 등에 수출하는 수출가공무역에서 성공을 거두자 박정희 정부는 새로운 도약을 준비하였다.

1973년 박정희 정부는 철강, 비철금속, 기계, 조선, 전자, 화학 등 6개 중화학 전략업종에 1981년까지 88억 달러를 투입하여 1인당 국민소득 1000 달러와 수출 100억 달러를 달성하겠다는 대담한 계획을 발표하였다.

박 정부가 이런 조치를 취한 것은 날로 높아가는 선진국의 보호무역주의 장벽, 국내 임금수준의 급상승 외에 다른 개도국(開途國)들의 노동집약제품 수출시장 진입으로 더 이상 이 분야에 머물면 도태될 수밖에 없는 위기의식이 작용하였다. 또한 월남전쟁, 닉슨독트린, 북한 도발 등 안보위기 상황에서 중화학 제품을 만들어내는 공장은 비상시 즉각적으로 무기를 만들 수 있다는 안보적 고려가 크게 작용하였기 때문이었다.[17]

이 사업을 성공시키기 위해 박정희 정부는 대통령비서실 내에 중화학공업추진 기획위원회라는 강력한 추진기관을 두었다. 그들은 또한 전략업종별로 유능한 소수의 사기업을 선별적으로 선정하여 공장 및 부대시설 건립, 설비 및 운영자금 등 필요한 지원을 아끼지 않았다. 이를 통해 많은 자본과 기술, 경영능력을 가진 재벌이라는 대기업집단이 본격적으로 형성되고, 한국경제에 대한 그들의 지배력이 크게 강화되었다.[18]

강력한 중화학 공업화의 추진에 따라 한국은 1973년부터 1979년까지 제조업이 16.6% 성장하고, 수출도 빠르게 늘어 100억 달러 수출목표는 예정보다 4년 앞당긴 1977년에 달성하였다. 이와 같은 한국의 경이로운 성장을 두고 외국인들은 이를 '한강의 기적'이라고 부른다. 1960년대 초 1인당 국민소득 70불 수준에 머물던 우리나라는 1969년 200불로, 1974년에는 500불, 1979년에는 1647달러로 급증하였다. 이처럼 세계에서 유례를 찾아보기 힘든 고도성장의 열차를 탄 우리나라는 유사 이래 오랫동안 시달렸던 절대빈곤에서 서서히 벗어나기 시작했다.[19]

이런 고도성장의 결과로 우리나라는 공업국가로 변모하기 시작하였다. 광업, 제조업, 건설업 등 2차 산업은 1961년 19.9%에 불과했으나 1979년에는 38.8%로 그 비중이 높아졌다.[20]

급속한 공업화로 농촌에 사는 사람들이 대거 빠져나와 도시가 필요로 하는 신규 노동인력을 채워주면서 도시화가 빠르게 진행되었다. 전국경제인연합회가 발표한 '한국경제연감'에 따르면 1961년 도시인구 비율은 43.5%였으나, 1966년에는 44.8%, 1971년에는 54.6%로 급속히 올라갔다. 이처럼 빠른 도시화는 도시와 농촌, 중소도시와 대도시 간의 격차를 가져왔다.[21]

새마을운동 전개

박정희 정부로서는 도시와 농촌 간의 격차를 해소하는 것이 크나큰 국가적 과제였다. 이에 따라 1970년대 초부터 그들은 새마을운동을 통해 적극적으로 농촌개발에 나섰다.

1970년 10월부터 그 이듬해 6월까지 박정희 정부는 3만 3000여 개에 달하는 전국의 모든 마을에 시멘트 355포대를 주어 스스로 환경개선사업을 하도록 하였다. 1년 뒤 성과가 있는 1만 6000여 마을만 추가로 시멘트 500포대와 철근 1톤을 주었다. 근면, 자조, 협동을 모토로 하는 새마을운동은 정부의 일률적인 지원방식보다는 자발적으로 잘하려는 마을 위주로 선별적으로 지원하여 마을 간 경쟁을 촉진시켰다.[22]

새마을운동은 농촌주민의 소득을 높이고, 생활환경을 개선하며, 복지를 높이는 데 크게 기여하여 한국 농촌근대화의 이정표가 되었다. 1971년 도시근로자 소득의 79%에 불과하던 농가소득이 1982년에는 103%로 역전되었다. 1970년 초가집이 전국 농가의 80%에 달했으나 슬레이트집 혹은 기와집 등으로 개조되어 1975년에는 이런 집을 찾아보기가 어려울 지경이 되었다. 마을길이 넓혀지고, 농로(農路)가 확장되어 마을 안과 농가까지 자동차와 경운기가 들어갈 수 있게 되었다.[23]

박 정부의 건전가요 진흥정책

또한 전국을 연결하는 교통수단이 발달하고, 텔레비전과 라디오, 신문 등 대중매체도 빠른 속도로 보급되어 소비적이고 향락적인 도시문화의 전국적 확산이 이루어지기 시작하였다. 개인의 가처분 소득이 늘어나면서 영화를 보거나 레코드를 구입하는 등 대중문화를 왕성하게 소비하는 사람들이 점차 늘어났다. 특히 선데이 서울, 주간경향 등 연예계의 소식을 담은 주간지들이 많이 창간되어 널리 읽혀졌다.

대중의 문화적 욕구가 이처럼 폭발적으로 증가하는 데 비해 정치적으로 이를 용인하는 공간을 넓히는 것은 권위주의 체제의 속성상 어려웠다. 1957년 이승만 정부의 공보처가 건전가요 진흥정책을 펴기 시작한 이후 박정희 정부도 같은 정책을 계속 추진하였다. 정부는 대중의 기호를 무시하고 모든 대중가요 음반에 소위 말하는 '건전가요'를 의무적으로 끼워 넣을 것을 음반제작업자들에게 요구하였다. 박 정부는 물질적인 삶의 개선을 위한 근대화 작업이 성공하려면 국민들의 정신적 자세도 많이 개혁되어야 한다고 생각하였다. 정부는 명사(名士)들을 동원한 대중 강연 등 캠페인을 전개하는 한편 그들이 원하는 메시지를 담은 건전가요를 널리 보급하려고 하였다.

1960년대에 접어들어 일부 언론사도 이런 작업에 호응하여 상당히 많은 건전가요들이 쏟아져 나왔다. 사실 1960년대가 되면 혹독한 일제 식민통치 끝에 찾아온 짧은 해방의 환희 뒤에 일어난 한국전쟁의 상처들이 서서히 아물기 시작할 때였다. 동시에 혼란스런 사회도 안정을 되찾아 가고, 정부가 주도하는 '하면 된다'는 근대화 이데올로기를 대중들이 마음 속에 내면화하는 시기였다.[24]

우리 사회를 긍정적으로 소명하는 이런 건전가요에 대해 일상에서 일어나는 새로운 성취와 내일에 대한 희망으로 가득차 있었던 대중들도 적극적으로 호응하였다.

건전가요의 총아 〈잘 살아보세〉와 〈팔도강산〉

이른바 1960년대 건전가요 전성기에 나온 대표적인 가요는 1962년에 나온 〈잘살아 보세〉, 월남전 파병 당시 만들어진 〈맹호는 간다〉와 〈육군 김일병〉, 그리고 1967년대에 나온 〈팔도강산〉 등이 있다.[25] 이런 정책은 1970년대에도 이어져 1970년 초에 본격 추진된 새마을운동의 정신을 선양하는 "새벽종이 울렸네, 새 아침이 밝았네"로 시작되는 〈새마을 노래〉[26]가 전국에 메아리쳤다. 또한 거듭되는 북한의 도발과 베트남 패망, 미군철수 등 날로 어려워진 안보위기를 돌파하려는 의도 하에 만들어진 〈나의 조국〉과 같은 노래가 방송국의 전파를 타거나, 학교나 마을의 확성기를 통해 매일같이 흘러 나왔다.

이런 노래들 중에서 역동적으로 경제개발을 이룩하고자 하는 1960년대 한국사회의 모습과 한국인의 의욕적인 자세를 가장 상징적으로 그린 대표곡이 〈잘살아 보세〉와 〈팔도강산〉이다. 이 노래가 어떤 과정을 거쳐 탄생되었는지를 한번 살펴보는 것이 이 시대의 사회상을 이해하는 데

도움이 된다고 본다.

방송극작가 한운사 씨는 1962년 어느 날 음악 평론을 하는 이상만 씨로부터 5·16 군사쿠데타 1주년을 기념하여 개최되는 '민족예술제' 행사에 많은 사람이 함께 부를 노래를 지어달라는 부탁을 받았다. 물론 그는 당시 군사정권의 실세 김종필 씨로부터 이런 청탁을 받아 한운사 씨에게 전했던 것이다. 이 부탁을 받은 한 작가는 조상 대대로 물려받은 누천년의 가난을 물리치는 것이 정부가 해내야 할 급선무라는 생각이 들자 〈잘살아 보세〉라는 제목이 떠올랐다고 한다. 그 이후 그는 그런 목표를 향해 거침없이 달려가는 한국인의 염원과 기상을 잘 표상(表象)하는 가사를 완성했다고 한다.[27]

한운사로부터 이 가사를 받은 이상만 씨는 경희대 김희조 교수에게 작곡을 의뢰했고, 서울대 음대의 이인영 교수(베이스)와 연세대 음대 황영금 교수(소프라노)가 대규모 합창단의 도움을 받아 장충체육관에서 처음 그 노래를 불렀다고 한다.[28]

이 행사가 있은 후 방송국은 연일 이 노래를 틀었고, 각 마을마다 설치한 확성기를 통해서, 때로는 새마을 교육 등 각종 교육 시에 반드시 합창하는 노래가 되었다. 또한 '한강의 기적'이라는 성과를 낳은 '돌진적 근대화'의 상징처럼 되어버린 '잘살아 보세'는 한국의 개발연대를 주도한 박정희 체제가 산업화를 추구하면서 내놓은 가장 핵심적인 구호가 되었다.

1968년에 출범한 문화공보부는 박정희 정부의 업적을 선전하는 여러 가지 홍보물을 만들었다. 그중 문공부 산하 국립영화제작소는 영화배우 김희갑과 황정순을 출연시켜 정부와 국민의 노력으로 전국 팔도가 점차 풍요로운 곳으로 변화하는 것으로 묘사하는 영화 〈팔도강산〉을 제작하였다. 이 영화는 정부가 제작한 홍보용 영화가 일반적으로 대중의 관심을 얻는데 실패한다는 속설을 깨고 대단히 인기를 끌어 제 2탄, 3탄이 연속으로 제작되었다. 물론 이 영화가 히트함에 따라 가수 최희준이 부른 동명(同名)의 영화 주제곡도 엄청나게 히트하였다.

1969년 3선 개헌과 1972년 유신체제의 등장으로 1970년대 정치사회적 분위기는 전반적으로 대단히 경직되어 있었다. 그러나 이 즈음 경제적으로 대단한 성취가 이루어지고 있었다. 수출은 날로 늘어나는 등 산업 전체가 활기를 띠고 있었다. 국내 일자리보다는 몇 배 더 벌 수 있는 중동 등 해외 일자리를 찾아 나가는 근로자들의 발걸음이 분주하기도 하였다. 한편 더 좋은 꿈, 즉 '아메리칸 드림'을 성취하기 위해 많은 젊은이들이 미국 유학이나 이민을 떠나던 시기이다.[29]

이처럼 역동적이고 진취적인 분위기가 지배하는 사회에서 야망과 능력을 겸비한 사람들은 희망을 가지고 이를 이루어내는 것은 너무나 당연하다. 사회 상층부 사람들의 그런 빛나는 성취를 수없이 보아온 길거리의 보통사람들도 그런 꿈을 성취하는 것이 어렵지 않다는 생각을 가지고 있었다.

주

1) 하춘화, 2006, p.75.
2) 장유정·서병기, 2015, p.238.
3) 이영미, 2002, pp.185~186; 장유정·서병기, 2015, pp.238~239.
4) 김충남, 2006, pp.192-197; 교과서 포럼, 2008, p.80; 김충남, 2019, p.139.
5) 교과서 포럼, 2008, p.80.
6) 김충남, 2019, p.151.
7) 김충남, 2019, p.204.
8) 김충남, 2006, p.224; 교과서포럼, 2008, pp.87~90.
9) 김성진, 2006, p.108; 교과서포럼, 2008, p.91; 김충남, 2019, p.208.
10) 조갑제, 2009.
11) 조갑제, 2009, pp.306~311.
12) 교과서포럼, 2008, p.101.
13) 김충남, 2019, p.206.
14) 교과서포럼, 2008, p.101; 조갑제, 2009, p.332.
15) 교과서포럼, 2008, p.94.
16) 교과서포럼, 2008, p.95.
17) 김충남, 2006, pp.270~273.
18) 김충남, 2006, p.277; 교과서포럼, 2008, pp.106~109.
19) 허근회, 1987, p.38; 하춘화, 2006, p.32에서 재인용; 교과서포럼, 2008, p.93.
20) 교과서포럼, 2008, p.93.
21) 하춘화, 2006, pp.32~33.
22) 교과서 포럼, 2008, pp.111~112.
23) 김충남, 2006, p.280; 교과서포럼, 2008, p.112.
24) 이영미, 1998, p.169.
25) 이영미, 1998, pp.167~168.
26) 한국역사연구회, 1998, P.54.
27) 한운사, 2006, p.134.
28) 한운사, 2006, pp.134~137.
29) 하춘화, 2006, p.70.

고래사냥

최인호 작사
송창식 작곡
송창식 노래
1974년

술 마시고 노래하고 춤을 춰봐도
가슴에는 하나 가득 슬픔뿐이네
무엇을 할 것인가 둘러보아도
보이는 건 모두가 돌아 앉았네
자 떠나자 동해바다로 삼등삼등 완행열차 기차를 타고

간밤에 꾸었던 꿈의 세계는
아침에 일어나면 잊혀지지만
그래도 생각나는 내 꿈 하나는
조그만 예쁜 고래 한 마리
자 떠나자 동해바다로 신화처럼 숨을 쉬는 고래 잡으러

우리의 사랑이 깨진다 해도 모든 것을
한꺼번에 잃는다 해도
모두들 가슴 속에 뚜렷이 있다
조그만 예쁜 고래 하나가
자 떠나자 동해바다로 신화처럼 숨을 쉬는 고래 잡으러
자 떠나자 동해바다로 신화처럼 숨을 쉬는 고래 잡으러

〈고래사냥〉
자유를 향한 열망

제가 소설가 최인호 선생을 처음 뵙게 된 것은 문화관광체육부 예술국장으로 근무하던 2002년 뮤지컬 〈몽유도원도〉가 예술의전당 오페라극장에서 올려질 때였습니다. 이 작품의 원작을 쓴 그와 이 뮤지컬을 작사·작곡한 양인자·김희갑 부부와 같이 윤호진 선생이 연출한 이 작품을 같이 보며, 휴식시간에 이런저런 얘기를 나눈 적이 있습니다. 그는 〈가족〉, 〈별들의 고향〉, 〈잃어버린 왕국〉, 〈겨울 나그네〉, 〈불새〉, 〈길 없는 길〉, 〈상도〉 등 수많은 인기 소설을 쓴 작가입니다. 아울러 〈바보들의 행진〉, 〈병태와 영자〉, 〈고래사냥〉, 〈깊고 푸른 밤〉 등 영화 시나리오를 쓰기도 했습니다. 그는 이 과정에서 〈고래사냥〉, 〈어제 내린 비〉 등 주옥같은 대중가요 가사를 지은 바 있습니다.

〈고래사냥〉을 노래한 송창식은 제가 한 번도 직접 뵌 적은 없습니다.

제가 고교와 대학을 다닐 때 그는 눈을 지그시 감고 익숙한 솜씨로 기타를 퉁기며 자신만의 독특한 스타일로 노래를 잘 부르는 인기가수였고, 그 시대 우리들의 우상이었습니다. 그 시절 〈고래사냥〉을 비롯한 그의 히트 곡 〈피리 부는 사나이〉, 〈왜 불러〉 등을 저는 시간 날 때마다 정말 많이 불렀습니다. 가난했지만 꿈과 낭만이 가득했던 그때가 그리워집니다.

이제 박정희 시대의 권위주의 통치에 대응하는 비판세력의 움직임이 긴박하게 전개되는 시점에서 탄생한 〈고래사냥〉을 살펴보도록 하겠습니다.

체제비판의 노래들과 〈고래사냥〉의 탄생

박정희 체제는 국가안보를 튼튼히 하고, 경제를 발전시키는 측면에서 엄청난 성과를 거두었으나 정치사회적으로 대단히 억압적이었다. 이에 따라 의식 있는 대중예술인들은 당시 한국사회가 앓고 있는 문제점들을 직설적으로 드러내거나 아니면 은유적으로 비판하는 노래들을 발표하였다. 송창식의 〈고래사냥〉, 김민기의 〈아침이슬〉, 한대수의 〈물 좀 주소〉 등이 그 시대에 젊은이들의 사랑을 받았던 노래들이다. 그들은 이런 노래들을 부르며 반정부 데모현장에서 민주화를 요구하는 목소리를 힘차게 토해내거나 아니면 어두컴컴한 생맥주 집에서 은밀하게 권위주의 체제의 어두운 면을 갑갑해하거나 새 세상의 건립을 위한 변화의 동력이 없음을 한탄하였다.

아침이슬

(김민기 작사·작곡, 양희은 노래, 1971년)

긴 밤 지새우고 풀잎마다 맺힌 진주보다 더 고운 아침이슬처럼

내 맘에 설움이 알알이 맺힐 때 아침 동산에 올라
작은 미소를 배운다
태양은 묘지 위에 붉게 타오르고 한낮에 찌는 더위는
나의 시련일지라
나 이제 가노라 저 거친 광야에 서러움 모두 버리고 나 이제 가노라

서울대 미대생인 김민기의 작사, 작곡에 서강대 출신의 양희은이 노래한 〈아침이슬〉은 대학생들에게 많이 인기가 있었다. 특히 민주주의를 향한 희생과 헌신을 다짐하는 대학생들과 노동자, 혹은 재야인사들이 데모현장이나 반정부 투쟁의지와 동지적 연대의식을 북돋우는 MT에서 이 노래를 많이 불렀다. 그러나 이 노래는 일반인들이 폭넓게 사랑한 대중가요는 아니었다.

동숭동 소극장에서 공연한 뮤지컬 〈지하철 1호선〉으로 상업적 성공을 거둔 바 있는 김민기 씨는 권위주의 체제에 억눌린 젊은 사람들의 고뇌와 좌절, 투쟁과 희망을 신선한 가사와 독특한 선율로 표현하는 데 성공하였다. 그가 작사하거나 작곡한 노래는 당국에 의해 금지가요로 규정되어 방송을 타기는 어려웠으나 답답한 현실의 변혁을 꿈꾸는 그 시절 젊은이들 사이에서는 언제나 들을 수 있었다.

그런 의미에서 송창식이 노래한 〈고래사냥〉은 김민기의 〈아침이슬〉만큼 진한 사회성을 지니지도 못하고, 또 데모현장에서 많이 부른 것은 아니다. 그러나 〈고래사냥〉은 1970년대의 암울하고 억압적인 권위주의 지배체제의 정치·사회적 소외를 비판하고, 자유를 갈망하는 젊은이들의 희망을

은유적 기법으로 잘 그려내어 대중의 사랑을 많이 받았다.[1]

이 노래는 1975년 하길종 감독의 영화 〈바보들의 행진〉의 삽입곡으로 들어갔다. 유신체제라는 군사권위주의 체제가 풍기는 답답하고 암울한 정치사회적 구조와 분위기 때문에 좌절하는 청년들이 꿈꾸는 세상은 자유민주주의가 실현되는 세상이라는 것을 이 노래는 암시하고 있다. 술을 마시고 노래를 해도 억눌린 가슴은 풀어지지 않고, 오히려 주변에 있는 모두가 돌아앉아 있어 온통 슬픔뿐인 현실이라면 얼마나 갑갑하겠는가. 아마도 탈출구가 없는 지옥 같은 세상일 것이다.

1974년부터 1979년까지 시행된 일련의 긴급조치는 유신체제를 비방하고 이를 다른 사람에게 옮기는 언동을 금지하며 정치적 결사와 집회의 자유를 엄금하였다. 이런 상태에서 정치체제에 대한 공개적 비판은 어려워지고, 모두들 침묵으로 아니면 은밀한 신호를 통해 겨우 의사를 주고받는 갑갑한 세상이었다.

이런 세상을 살아가는 주인공 병태가 장발단속에 나선 경찰관을 피해 도망치는 장면에서 흐르는 〈왜 불러〉(송창식 작사, 작곡, 노래)와 동해바다에 뛰어들며 그가 자살할 때 나오는 〈고래사냥〉(최인호 작사, 송창식 작곡, 송창식 노래)은 기성세대의 독주에 대한 젊은이들의 도전과 저항정신을 상징한다. 〈고래사냥〉이라는 노래에 나오는 고래는 자유민주주의 구현일 수도 있고, 기성권력일 수 있다. 만약 후자라면 가장 큰 고래는 가장 큰 권력이라고 여겨지며, 자유민주주의 실현을 위해 극복되어야 할 존재였다. 어쨌든 염세주의를 부추긴다는 이유로 이 노래는 금지곡이 되었다. 그럼에도 〈고래사냥〉은 일반인뿐만 아니라 체제 저항적인 운동

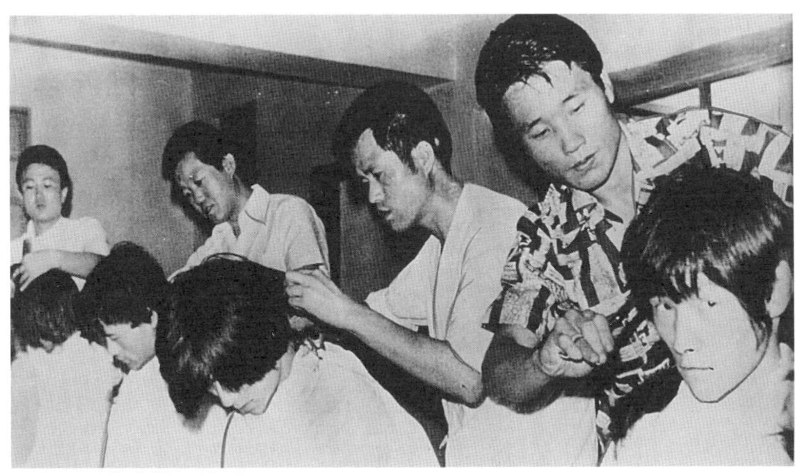

1970년대 장발 단속은 남녀의 성별을 구별할 수 없을 정도로 긴 머리카락, 옆머리가 귀를 덮고 뒷 머리카락이 옷깃을 덮거나 퍼머 또는 여성의 단발머리를 한 남성들을 대상으로 했다.

권 학생들의 애창곡이 되었다. 그들은 원곡의 가사를 '자 부수자 상부구조를, 역사발전 저해하는 상부구조를'로 개사(改詞)하여 데모현장에서 부르곤 했다.[2]

이 영화에서 주인공인 두 남학생 중의 하나는 군에 입대하고, 다른 하나는 자살하는 것으로 마감함으로써 자유로운 세상의 구현이라는 그들의 꿈이 아직 현실 속에서 이루어지기는 어려운 것으로 그려진다.

영화 〈고래사냥〉에서 예감하듯 유신체제는 민주화에 대한 국민들의 열망을 긴급조치로 제압하고, 장발과 미니스커트를 단속하는 등 체제의 경직성을 더욱 드러내었다. 또한 대마초 사건을 통해 신중현, 이장희, 김추자 등 당시 인기가수들을 구속하여 가요계로부터 추방하고, 김민기의 〈아침이슬〉 등 기성세대에 반기를 들었던 여러 노래들을 금지가요로 묶어 유통을 금지시켰다. 아마도 유신체제가 노린 것은 '전쟁을 앞둔 병영'[3]과 같은 긴장된 분위기를 조성하여 대학생과 야당 및 재야인사들이 요구하는 자유롭고 창의적인 민주주의 실현 요구를 억누르는 데 있지 않았나 생각된다.

야당과 재야(在野), 그리고 학생들의 도전에 직면한 박정희 정부

1961년 5월16일 박정희 장군을 주축으로 하는 군부가 군사쿠데타를 일으켜 경제발전에 최고 주안점을 두고 강력한 통치력을 행사하였다. 4·19 의거를 비롯하여 권위주의 정부에 대한 저항의 전통을 가진 나라에서 야권과 지식인 사회는 박정희 정부의 국가발전 전략에 대해 거침없이 비판하였다.

또한 이처럼 현실인식과 처방이 판이하게 다른 두 정치 세력은 사안이 생길 때마다 격렬하게 부딪쳤다. 정치사회적으로 문제가 될 만한 이슈가 제기되면 야당과 대학생, 재야는 연대관계를 형성하여 반정부 투쟁에 나섰다. 이에 대한 정부의 강압적 진압조치는 더 큰 반발을 불러일으키며 정치적 갈등의 수위를 높여왔다.

1964년 한일국교정상화를 위한 협상 내용이 알려지자, 야당은 이 회담을 즉각 밀실 홍정이고 굴욕외교라며 재야인사를 포함한 범국민투쟁위원회를 구성하고, 반대운동을 선도하였다. 야당과 언론의 무책임한 선동에 학생들이 동조했다고 본 박정희 대통령은 계엄령을 선포하고 군을 동원하여 사태를 진압하였다.[4]

박 대통령은 1967년 5월 제6대 대통령선거와 6월의 제7대 국회의원 선거에서 승리한 후 부국강병을 위해 자신의 집권기간이 더 연장되어야 한다고 생각하였다. 박 대통령은 '중단 없는 전진'을 내세우며 3선 개헌을 추진하였다. 야당과 대학생은 3선 개헌을 저지하기 위한 범국민적 투쟁기구를 설치하고 맹렬히 반대하였으나 우여곡절 끝에 국회의결을 거쳐 국민투표를 통해 확정되었다.[5]

1971년 4월에 실시된 제7대 대통령선거에서 부정부패, 대기업과 중소기업 및 도농 격차 문제가 제기되면서 박 대통령은 어려움에 당면하였다. 반면, 소위 '40대 기수론'에 편승한 신민당 김대중 후보는 성장과 분배의 균형을 주장하는 대중경제론과 미·일·중·소 등 한반도 주변 4대국 안전보장론을 주요 공약으로 내걸었다. 이 선거에서 박정희 대통령은 95만여 표차로 신승하였다.

유신체제의 성립과 그 배경

박정희 정부는 야당과 재야의 거친 도전을 민주적으로 관리하는 것이 어렵게 되자 대의정치를 기본으로 하는 민주제도를 대체하는 새로운 정치체제를 강구하기 시작했다.

1968년 1·21 청와대 습격사건 등으로 북한발 안보위기가 더욱 심화되는 가운데 미국은 1970년 한국과 협의도 없이 주한미군의 3분의 1을 철군하겠다는 계획을 발표하였다. 그러자 박 대통령은 자주국방을 국정목표로 삼고 핵개발을 비밀리에 추진하였다. 이와 함께 자주국방의 토대가 되는 중화학공업화 전략을 1973년부터 본격적으로 추진하였다.[6]

1970년대에 접어들자 노동집약적인 경공업 제품의 수출을 위주로 한

朝鮮日報

全國에 非常戒嚴令 선포

10월 17일 오후 7時기해 非常國務會議서 憲法機能수행

平和統一지향 改憲案 27日까지 公告

한달내 國民投票, 政黨 政治활동中止

늦어도 年末이전 憲政秩序正常化

各大學 休校-通禁그대로

言論·出版·방송 事前檢閱

政治목적 屋內外集會 금지

10·17 非常宣言에 對한 우리의 決意

大韓民國在鄉軍人會 會長 金一煥 外 會員 一同

전국에 비상계엄령 선포를 보도한 1972년 10월18일자 〈조선일보〉 지면.

발전전략이 더 이상 원활히 작동하지 않았다. 특히, 우리나라 상품에 대한 미국의 수입규제가 강화되었고, 설상가상으로 정해진 수출목표의 달성을 위해 무리를 하면서 기업의 채산성이 크게 악화되었다. 은행에서 돈을 구하는 것이 어렵게 된 기업들은 높은 이자를 지급하는 사채를 쓰면서 도산 위기에 몰리고 있었다. 정부는 고리(高利) 사채로 어려움에 처해 있는 기업들을 구제하기 위해 1972년 8월3일 '경제안정과 성장에 관한 대통령 긴급명령(8·3 긴급조치)'이라는 비상경제조치를 발표하였다.

고도성장을 구가하던 그때 우리 사회는 경제성장의 혜택이 누구에게 많이 배분되느냐를 놓고 여기저기서 불만을 터뜨리는 사람들이 생겨나기 시작했다. 특히 농민과 노동자, 그리고 도시 빈민층에서 그런 목소리가 많이 나왔다.

농산물 가격을 낮게 하여 공장에 근무하는 노동자들의 임금인상 압박을 피하려 하다 보니 농업과 공업부문 간의 소득격차가 확대되었다. 이에 따라 한 해 평균 60만 명 정도가 농촌을 떠나 도시로 향했다. 그들은 신발, 섬유, 의류산업 등에 종사하며 저임금과 장시간 노동에 시달렸다.[7] 그러나 근로자들의 애로를 진지하게 들어주고 해소해주는 제도적 장치가 제대로 작동하지 않았고, 일반사회도 이런 사람들의 고통을 이해하는 분위기는 아니었다.

1970년 11월13일 서울 동대문 평화시장에 있는 영세 봉제업체의 재단사로 일하던 22세의 전태일은 노동조건 개선을 요구하며 분신(焚身)하였다. 환기가 되지 않는 '닭장처럼 좁고 더러운' 작업장에서 하루 12시간 이상 고된 노동을 하면서도 인간으로서의 대접을 제대로 받지 못하는 근로자들의 고통스러운 처지가 부각되면서 큰 사회적 반향을 일으켰다. 이에 따라 대학생과 종교계 등에서 노동운동에 대한 관심과 참여가 늘어나기 시작하였다.[8]

이런 식으로 이곳저곳에서 권력에 대한 비판과 도전이 거세어지는 가운데 박 대통령은 경제개발을 더 촉진시키면서, 진행되고 있는 남북대화를 적절히 관리할 수 있는 체제가 필요하다고 생각하였다. 그는 행정효율의 극대화에 초점을 맞추어 '10월 유신'이라는 '국가총동원 체제'[9]를 구축한 후 1972년 10월17일 전국에 비상계엄을 선포하였다. 1972년 11월 국민투표를 통해 '유신헌법'이 확정됨에 따라 1972년 12월 박 대통령은 제 8대 대통령으로 취임하였다.

유신헌법의 가장 큰 특징은 대통령에게 '통제받지 않는 절대권력'을 줌으로써 대의제 민주주의를 희생해버렸다는 데 있다. 즉, 유신헌법은 대통령 직선제를 폐기하고, 체육관에서 통일주체국민회의 대의원들이 사실상 종신토록 연임이 가능한 임기 6년의 대통령을 선출하고, 국회의원 정수의 3분의 1을 추천할 수 있도록 하였다. 이렇게 선출된 대통령은 국가안보와 관련된 중대사태가 발생했을 때 법관의 영장 없이 체포, 구금, 압수, 수색을 하는 등 국정 전반에 대한 긴급조치를 할 수 있도록 하였다.[10]

거세어지는 정치적 도전과 흔들리는 유신체제

국민의 자발적 동의를 이끌어내지 못한 유신체제는 국민들 사이에서 '자연법적 권리'로 인식되고 있는 대통령 직선제를 없애고,[11] 국민의 자유와 권리를 억압하는 사태가 연이어 발생하자 국민의 마음으로부터 점점 멀어지기 시작했다. 1973년 2월에 있었던 제9대 국회의원 선거에서 야당인 신민당과 민주통일당은 무려 48%의 득표율을 얻었는 데 반해 여당인 공화당은 겨우 39%를 기록하였다. 이런 상황 하에서 대선에 패배한 후 해외에서 강력한 반정부 활동을 전개하던 김대중 씨를 납치하는 사건이 1973년 8월에 일어났다. 이 사건을 계기로 대학가에서 유신체제를 비판하는 시위가 확산되고, 그 해 말에는 재야인사들을 중심으로 '개헌청원1백만인서명운동'이라는 전국적인 유신헌법 철폐운동이 전개되었다. 유신체제에 대한 저항이 확산되자 정부는 1974년 1월 긴급조치 1호 발동 이후 1975년 5월 사이에 긴급조치 9호를 연속적으로 선포하며 이를 막으려 했다.

유신체제 아래서 우리 사회의 분위기는 얼음처럼 차가워지고 더욱 경직되었다. '자유분방한 청년문화의 상징'[12]인 남자들의 장발과 여자들의 미니스커트를 풍기문란 차원에서 단속하였다. 음란하고 저속한 가요를 금지시키는 등 사회문화적인 분위기도 답답할 정도로 엄숙해졌다.

유신정부는 누구도 감히 도전할 수 없는 성역처럼 비쳐졌지만 정치적 민주주의 실현을 원하는 야당과 대학생의 도전은 물론 급속한 경제발전 과정에서 소외된 노동자, 농민들의 분배 요구도 급속히 높아졌다.

1970년 전태일의 분신사건을 계기로 대학생의 위장취업, 기독교계의 도시선교사업 등 노동운동의 급진과격화와 사회적 확산이 촉진되었다.

1977년 초 지미 카터가 미국 대통령으로 취임하면서 인권외교를 내세우며 유신정부를 공개적으로 비판하였다. 그는 1977년 5월26일 향후 5년 이내 미군을 완전히 철수시키겠다고 선언하여 박 대통령과 한국정부를 경악하게 하였다. 더구나 1976년 10월 워싱턴포스트 보도로 촉발된 재미(在美) 로비스트 박동선의 미국정부 관리와 의회의원 등 주요 인사에 대한 뇌물공여 사건(일명 코리아게이트)이 한국의 정치판을 흔들었다.

유신체제를 정당화해 왔던 경제성장도 대내외 경제여건의 악화로 1970년대 말에는 제대로 성과를 내지 못하고 있었다. 1979년에 제2차 석유파동이 또다시 닥쳐와 원유가격이 2배 이상 올랐다. 기록적인 성장을 거듭하던 수출이 1979년에는 감소하기 시작했다. 이로 인해 경상수지가 악화되고 외채가 크게 늘어났다.[13]

더구나 1973년 이래 전체 제조업 투자의 70%를 차지할 정도로 중화학분야에 대한 지나친 과잉투자로 인해 소비재 생산과 주택건설에 대한 투자가 상대적으로 많이 줄었다. 소득의 증가로 소비재와 주택공급에 대한 수요가 폭증하는데 이에 대한 공급이 부족하다 보니 물가는 크게 올라 일반 서민들의 살림살이가 점차 어려워졌다. 박 대통령은 물가를 잡기 위해 경제팀을 교체하고, 경제안정 조치를 취했으나, 이는 곧 경기침체를 초래했다. 경기가 하강하자 1979년에는 근로자에게 임금을 체불하는 회사가 전년도에 비해 4배나 늘었고, 근로자를 해고하거나 문을 닫는 회사가 속출하면서, 이에 항의하는 노동자 파업도 늘었다.[14]

이처럼 장사가 제대로 되지도 않는데 부가가치세 도입 등으로 일반국민들이 부담하는 세금은 계속 높아지고 있다고 느꼈다. 설상가상으로 정부가 의욕적으로 전국에 보급했던 다수확 품종 볍씨 '노풍'이 병충해에 약해 작황이 크게 나빴다. 경제적인 어려움은 즉각적으로 국민들의 유신체제에 대한 불만으로 나타났다.

부마사태와 유신체제의 종언

한동안 유신체제에 협조적이었던 야당인 신민당도 이제 재야인사들과 본격적으로 손잡고 유신헌법의 개정을 요구하였다. 1978년 12월에 실시한 총선에서 야당인 신민당이 32.8%를 얻어 31.7%를 얻은 집권공화당을 1.1% 차이로 이겼다. 민심이 자신들에게 있다는 것을 확인한 신민당은 1979년 5월31일 있었던 전당대회에서 즉각적인 민주회복과 유신체제에 대한 강경투쟁을 선언한 김영삼 의원이 총재로 재등장하였다. 이때부터 유신체제는 결정적으로 흔들리게 되었다.

1979년 8월 YH무역회사에서 근무하는 여공 190명이 회사의 폐업조치 철폐를 요구하며 신민당사에서 농성하고 있었다. 그런데 이에 대한 경찰의 강제 해산과정에서 여공 1명이 죽고, 신민당 당직자들이 구타당하는 등 불행한 일이 일어났다. 이 사건은 민주화세력과 집권세력 간의 투쟁이 더욱 심해지는 촉매로 작용하였다.

1979년 9월10일 김영삼 총재는 미국 뉴욕타임스와의 회견을 통해 박 대통령의 즉각적인 사임을 요구하고, 그가 이에 응하지 않으면 '박정권 타도운동'을 전개하겠다고 선언하였다. 그는 여기서 멈추지 않고, 한 발 더 나아가 동년 9월15일 뉴욕타임스와의 회견에서 '박정희 소수정권의 종말이 가까워 왔다'며 '미국은 독재정권과 민주주의를 열망하는 다수 중에서 분명한 선택을 할 때가 왔다'고 주장하며, 그들의 결단을 촉구했다.[15]

야당의 강경투쟁에 대해 이미 유연성을 상당히 상실한 여권은 더 이상 그들에게 끌려다닐 수 없다며 강경대응으로 맞섰다.

10월4일 여권은 김영삼 총재의 외신 기자회견을 이유로 국회의원직에서 제명하였으나 그는 "닭의 목은 비틀어도 새벽은 온다"며 더욱 강경하게 유신체제에 맞섰다. 이 사건을 계기로 신민당 의원 69명은 즉각 의원직 사퇴서를 제출하며 맞섰는데, 여권이 야당의원 사퇴서를 선별 수리한다는 보도로 민심이 요동쳤다. 김영삼 총재의 정치적 고향인 부산과 마산에서 학생과 시민이 가세한 대규모 반정부데모가 동년 10월15일부터 며칠간 계속 일어나 파출소와 경찰차량을 불태우며 격렬히 저항하였다. 수많은 데모대를 경찰만으로 진압하기 어려워 10월18일 부산지역에 계엄령을, 10월20일에는 마산지역에 위수령을 선포하고, 군대를 동원하고서야 일시적으로 겨우 진정시킬 수 있었다.[16]

이처럼 유신체제에 저항하는 움직임이 전국적으로 확산되면서 그들은 완전히 정치적 수세 국면에 몰렸다. 이런 상태에서 권력의 '중추신경이 마비되고, 명령계통이 난맥상'[17]을 보이면서 유신체제의 핵심부에서는 부마사태와 같은 정치적 소요의 대처방안을 놓고 강온으로 엇갈리면서 자체 균열이 일어났다.

1976년 10월26일 청와대 인근 안전가옥에서 있었던 저녁식사 자리에서 차지철 경호실장은 김재규 중앙정보부장이 소요사태를 미리 파악하지 못했을 뿐만 아니라 미온적으로 처리했다며 박 대통령의 면전에서 몹시 비난했다. 그러나 시위현장을 시찰하면서 유신체제에 대한 민심이반을 확인한 김재규 중앙정보부장은 시위대에 대한 강경대응을 주문하고 있는 차지철 경호실장의 행태에 화를 내며 박정희 대통령과 차지철 경호실장을 시해함으로써 유신체제는 종막을 고했다.[18]

권위주의 체제에 대한 저항문화의 표출

우리나라가 정치적 자유를 희생하며 경제발전을 추구하던 1960년대 후반, 문화적으로 한국의 대학생들에게 결정적으로 영향을 끼치는 일들이 나라 안팎에서 일어나고 있었다.

1968년 이후 유럽에서 기성체제를 비판하는 대학생들의 대규모 데모가 발생하였다. 특히 미국에서는 히피적 성향의 염세주의 등 기성문화를 비판적으로 성찰하는 '반문화'가 득세하는 가운데 점점 수렁으로 빠지는 월남전에 대한 비판적 분위기를 타고 대학가를 중심으로 반전(反戰)데모가 격렬히 일어났다.

우리 대학가를 비롯한 젊은 지성인들은 1960년대 말부터 격렬하게 표출되었던 미국과 유럽에서의 반전운동과 체제 비판적이고 저항적인 사회비판 문화의 영향을 많이 받고 있었다.[19] 이즈음 청년기에 이른 사람들은 일제의 끔찍한 식민지배 경험이 없는 해방 후 세대들이다. 그들은 미국영화를 보고 팝송을 들으며 민주주의 소중함을 학교교육을 통해 배워왔으며, 4·19 이후 전개된 일련의 학생운동을 직간접적으로 접하고 살아온 전후세대들이다. 그런 이유로 그들은 '미국식 자유와 반항'을 받아들이면서 일제시대에 살았던 기성세대가 여전히 가지고 있었던 '권위주의에 대한 반감'[20]을 노골적으로 드러내었다.

치렁치렁 늘어뜨린 생머리에다 미니스커트를 입은 여자들과 어깨까지 내려오는 장발을 하고 청바지를 입은 남자들은 생맥주를 마시며 통기타를 치고 포크송을 부르며 고고 춤을 추었다. 그들은 이렇게 기성세대의 관행과 질서에 반항하는 솔직하고 순수한 행동을 통해 청년의 가치와 낭만을 표현하면서 정서적 공감대를 확인하였다. 이것이 바로 1970년대 한국 청년문화의 상징이다.[21]

그러나 유신체제는 '대중문화 정화운동'이라는 이름 아래 '한 손에는 가위, 다른 손에는 줄자를 쥔 훈육국가의 모습'[22]으로 장발과 미니스커트를 단속하였다. 또한 체제비판적인 노래를 금지시키고, 대마초 사건에 연루된 연예인들의 활동을 전면 금지시켰다.

문화예술인들은 시와 소설, 노래와 영화 등을 통해 유신체제라는 '억압적인 국가주도적 '동원체제'[23]의 부조리한 모습들을 직접적 또는 은유적 수법을 사용하여 고발하였다. 김지하 의 시 〈오적〉과 〈타는 목마름〉, 황석영의 소설 〈객지〉, 조세희의 소설 〈난쟁이가 쏘아 올린 작은 공〉, 최인호의 소설 〈바보들의 행진〉 등은 권위주의 정부 아래서의 정치적 자유의 억압, 분배적 정의의 왜곡, 문화적 소통의 부재라는 현실을 비판적으로 성찰

한 문학작품들이다. 한편 1970년대 나온 이장호 감독의 〈별들의 고향〉, 김호선 감독의 〈영자의 전성시대〉와 〈겨울여자〉 등은 산업화의 뒤안길에 외롭게 서 있는 도시빈민층 출신의 여성, 특히 술집 호스테스의 비참한 삶을 다룬 영화들이었다.[24]

1970년대 접어들면 대중들의 음악적 취향은 일제시대 이래 한국 대중가요의 중심에 서 있었던 트로트를 가요의 중심부에서 밀어내고, 청바지를 입은 젊은 통기타 가수들이 부르는 포크송이나 팝송으로 바뀌었다. 이런 노래들은 남녀 간의 깨끗한 사랑, 자유와 순수를 향한 갈구, 자연에 대한 관조와 사색 등을 주요 제재로 했다. 은희의 〈꽃반지 끼고〉, 라나에로스포의 〈사랑해〉, 김세환의 〈목장길 따라〉, 박인희의 〈모닥불〉과 〈끝이 없는 길〉, 윤형주의 〈라라라〉, 송창식의 〈딩동댕 지난 여름〉, 어니언스의 〈사랑의 진실〉 등이 이런 경향을 대표하는 노래들이다. 아마도 권위주의 정부의 엄격한 검열과 경직적인 사회 분위기에서 오는 비난과 족쇄를 피하기 위하여 의도적으로 이런 식의 노래를 만들었을 가능성이 높다.

주

1) 조영남·이나리, 2011, p.73.
2) 선성원, 2008, p.178.
3) 이영미, 1998, p.240.
4) 교과서포럼, 2008, p.97.
5) 교과서포럼, 2008, p.98; 조우석, 2009, p.145.
6) 교과서포럼, 2008, p.105, 조우석, 2009, p.318.
7) 교과서포럼, 2008, p.102.
8) 김재관·장두식, 2007, p.158; 교과서 포럼, 2008, p.103; 조우석, 2009, p.79
9) 김충남, 2006, p.302.
10) 교과서포럼, 2008, pp.104~105.
11) 교과서포럼, 2008, p.113.
12) 교과서포럼, 2008, p.135.
13) 김충남, 2006, pp.293~295.
14) 김충남, 2006, pp.293~295; 교과서포럼, 2008, p.115.
15) 김충남, 2006, pp.295~296.
16) 김충남, 2006, p.29; 조갑제, 2009, pp.726~731.
17) 김성진, 2006, p.167.
18) 김충남, 2006, pp.296~297; 교과서포럼, 2008, p.116; 조갑제, 2009, p.766.
19) 교과서포럼, 2008, p.13.
20) 이영미, 1998, pp.188~189.
21) 이영미, 1998, p.190; 이영미, 2002, pp.142~159; 이영미, 2008, p.157; 손성진, 2008, p.152; 조영남·이나리, 2011, p.276.
22) 조우석, 2009, p.70.
23) 조우석, 2009, p.70.
24) 교과서포럼, 2008, pp.134~135; 전경옥 외 3인, 2005, pp.152~183.

돌아와요 부산항에

황선우 작사
황선우 작곡
조용필 노래
1976년

꽃피는 동백섬에 봄이 왔건만
형제 떠난 부산항에 갈매기만 슬피 우네
오륙도 돌아가는 연락선마다
목메어 불러 봐도 대답 없는 내 형제여
돌아와요 부산항에 그리운 내 형제여

가고파 목이 메어 부르던 이 거리는
그리워서 헤매이던 긴긴날의 꿈이었지
언제나 말이 없던 저 물결들도
부딪쳐 슬퍼하며 가는 길을 막았었지
돌아왔다 부산항에 그리운 내 형제여

〈돌아와요 부산항에〉 조총련계 재일동포 모국방문단 사업

1977년 여름방학 때 저는 경남 남해군 이동면 용소리에 있는 용문사 바로 옆에 있는 용문관에서 고시공부를 하고 있었습니다. 저는 뜻밖에도 이곳에 잠시 휴양을 온 작곡가 황선우 선생을 뵌 적이 있습니다. 그와 몇 마디를 나누지 못했지만 〈돌아와요 부산항에〉라는 히트곡을 작곡한 분인데도 대단히 소탈해 보이는 인상이었습니다.

세월이 한참 지난 뒤에 제가 2015년 부산에 있는 KNN 방송국의 아침 프로그램에 〈부산과 대중가요〉라는 타이틀로 출연한 적이 있습니다. 그 프로그램에서 저는 부산지역과 인연이 있는 가요와 가요계 인사들을 소개하며, 〈해운대 엘레지〉, 〈동백 아가씨〉, 〈돌아와요 부산항에〉 등 세 곡을 부른 적이 있습니다. 같이 대담하던 앵커와 아나운서가 방송 녹화 후에 저의 노래를 좋아한다고 말씀하셨습니다. 특히, 방송 후에 이 프로그램을 진행한 정희정 아나운서가 뉴욕에서 음악 기획자로 왕성하게 활동하고 있는 자신의 선화예고 동기를 연결시켜주어 제가 뜻밖에 그해 11월에 카네기홀에서 공연을 하는 계기가 되었습니다.

이제 가왕(歌王) 조용필의 출세작 〈돌아와요 부산항에〉의 탄생과 관련된 이야기부터 시작하겠습니다.

조용필의 〈돌아와요 부산항에〉의 탄생 비화

조총련계 재일동포 모국방문이라는 시대적 배경을 안고 작곡가 황선우 씨는 1976년 조용필의 '돌아와요 부산항에'라는 노래를 만들어 가수 조용필 씨에게 주었다. 실제로 작곡가 황 씨도 이 노래를 '모국을 찾는 재일동포들을 위해 만들었다'고 분명히 얘기한 적이 있다. 조용필의 회고에 의하면 이 노래의 가사 끝말은 원래 '그리운 내 님이여'로 남녀 간의 사랑 노래였다. 그런데 그때 한창 진행되던 재일 조총련계 동포들의 모국방문 분위기를 북돋우기 위해 '그리운 내 형제여'로 바꾸어 '형제애'를 강조했다고 한다. 이로 인해 더 많은 조총련계 인사들이 한국을 방문했다고 그는 주장했다.[1]

이 즈음 일부 가요 팬들은 1970년대를 풍미한 포크계열의 노래에 대해 싫증을 내고 있었다. 그러던 차에 트로트 곡에 고고 리듬을 가미한 이 노래가 1976년에 나오자마자 부산의 다방과 거리의 리어카 레코드상을 중심으로 인기를 얻었다. 그 후 서서히 북상(北上)하여 곧 전국을 진동할 정도로 히트하였다. 조용필도 그의 노래인생 40년을 결산하는 중앙일보의 특집 기고문을 통해 이 노래는 특이하게도 방송을 통하지 않고 언더그

라운드 루트를 통해 히트한 유일한 노래라고 말하고 있다.

〈돌아와요 부산항에〉가 실린 음반.

1972년 안치행 편곡집이라는 부제를 달고 앞면은 조용필의 노래를, 뒷면은 영사운드의 노래를 담은 이 음반이 처음 탄생하기까지는 여러 가지 기구한 사연들이 남아 있다.

충무 출신 가수 김성술 씨가 1969년에 작사한 〈돌아와요 충무항에〉라는 가사를 받아 1970년 황선우 씨가 작곡한 뒤 그해 12월에 유니버설 레코드를 통해 발표한 후 곧바로 그는 군에 입대하였다. 1971년 12월24일 휴가를 나왔다 대연각 호텔에 숙박한 김 씨는 화재로 숨지고, 노래도 대중으로부터 별다른 반응을 받지 못하였다.

그후 작곡가 황선우 씨는 이 노래의 가사를 일부 손질하고 〈돌아와요 부산항에〉로 제목도 바꾸어 가수 조용필에게 주어 1972년 2월 '여학생을 위한 조용필 스테레오 힛트앨범'이라는 타이틀로 발표를 했으나 대중의 반응을 얻지 못했다. 그러나 1976년 새로 발표한 앨범에 포함된 이 노래는 앞서 얘기했던 조총련계 동포 모국 방문단 사업이라는 시대적 분위기 등과 맞물려 엄청나게 큰 대중의 호응을 받았다.

이 때문에 김성술 씨의 어머니는 작곡가 황선우 씨를 상대로 2006년 저작권 침해를 이유로 소송을 제기하여 서울 서부지법 민사 12부에서는 피고 황 씨는 원고에게 3000만 원을 지급하라는 원고 일부 승소 판결을 내린 바 있다.

이 노래가 왜 부산에서 처음 히트했을까?

부산항은 일제시대 한국인이 강제징용 등으로 정다운 고국을 떠났던 곳이고, 돈을 벌기 위해 정들었던 친지들과 이별을 한 곳이다. 한국전쟁이 발발한 이후에는 수많은 피난민들이 사랑하는 가족과 재산을 잃고 절망감을 토해 내며 한 많은 피난살이를 하다 떠난 곳이다.

근대화가 진행되면서 부산은 한국의 제2 도시로 성장했고 농촌에서 꿈을 찾아 도시로 온 사람들을 많이 흡수하였다. 그래서 부산은 일제와 한국전쟁, 도시화 속에 숱한 민족적 이별의 상징적 공간이었다.

그 핵심적 위치에 해운대 백사장과 동백섬이 자리하고 있다. 그러기에 '언제까지나 언제까지나 헤어지지 말자고 맹세를 하던' 다정한 연인과의 해운대 백사장에서의 이별을 노래한 〈해운대 엘레지〉가 우리들의 심금을 울렸다. 아울러 동백섬과 오륙도를 돌아 일본으로 떠나가는 배를 탄 사람들이 속히 돌아와 줄 것을 요청한 조용필의 〈돌아와요 부산항에〉가 공전의 히트를 하였다.

이런 인연으로 부산 해운대구는 1994년 5월 해운대해수욕장 호안도로 옆에 〈돌아와요 부산항에〉 노래비를 세우고, 이 노래를 부른 조용필 씨를 '해운대 홍보대사'로 위촉하였다. 또한 문화재청은 이 노래의 소재가 되었던 부산시 해운대구 동백섬(부산시 기념물 22호)과 남구 오륙도(부산시 기념물 46호)를 자연경관이 뛰어난 곳을 보전하는 국가지정문화재의 일종인 '명승(名勝)'으로 지정하였다.[2]

작곡가 황선우.

동백나무와 소나무과의 상록 침엽 교목인 곰솔이 우거진 동백섬은 오랜 세월 들이치는 파도로 다듬어진 암석과 인근의 해운대해수욕장으로 이어진 경치가 정말 아름답다. 그곳에서 북쪽으로 바라보이는 달맞이 고개에서 동해안의 넘실대는 물결을 보면 세상사의 번뇌가 일시적으로 달아난다.

그 달맞이 고개에서 저 멀리 떨어진 바다 한가운데 조수간만에 따라 5개 혹은 6개로 보이는 기암절벽으로 이루어진 바위섬 '오륙도'를 볼 수 있다. 일제 하 많은 한국인들이 자신이 지닌 서러운 사연을 가슴에 안고 이별의 손수건을 흔들며 부산에서 배를 타고 이 섬 옆을 지나 대한해협을 거쳐 일본으로 갔다가 해방이 되자 돌아왔다. 한일 국교정상화 이후 다시 양국을 오가는 뱃길이 열려 부산항을 떠난 배는 이곳 오륙도를 거쳐 두

나라를 오갔다.

재일 조총련계 동포들은 일본 시모노세키에서 출발한 배를 타고 오륙도를 지나고 동백섬을 바라보다 부산항에 도착한 후 꿈에 그리던 고향을 찾았다. 보고 싶은 친인척을 만나보고 선영(先塋)에 술잔을 올리고 그 동안 살아왔던 서러운 사연들을 시간 가는 줄 모르게 털어 놓는다. 어느덧 떠나야 할 날짜가 다가오면 '이제 가면 언제 오나' 하는 생각에 가슴이 찢어질 것 같은 고통을 느끼면서 부산항에서 일본행 배를 다시 탄다. 기적을 울리는 여객선은 어김없이 정해진 시간에 떠나고 고향에서 온 친인척들이 눈에 보이지 않을 때까지 눈물 먹은 손수건을 흔들며 그들은 다시 애환이 서린 일본으로 돌아가게 된다.

이는 1930년대 말에 히트한 〈연락선은 떠난다〉(박영호 작사, 김해송 작곡, 장세정 노래, 1937년)와 〈울며 헤어진 부산항〉(조명암 작사, 박시춘 작곡, 남인수 노래, 1940년)이라는 노래에서 은연중 드러나고 있듯이 일제하 징용 등 여러 이유로 관부연락선을 타고 조국을 떠나야 했던 식민지 조선인들의 애달픈 마음을 또다시 상기시켜 준다. 한국전쟁과 피난 그리고 그 이후 산업화 과정에서 정든 사람들과 이별하는 상징적 공간으로 자리매김하고 있는 부산에서 조총련계 동포들의 모국방문 사업을 계기로 〈돌아와요 부산항에〉가 히트한 것은 어쩌면 당연한 일이라고 본다.

이 노래를 부른 조용필 씨는 '국민가수', '가왕(歌王)' 등으로 불려지며 한국의 대중음악계를 대표하는 가수이다. 〈창밖의 여자〉 등 그가 부른 노래들이 많이 히트했을 뿐만 아니라 젊은이에서 중년층, 심지어 노년층까지 그의 노래를 좋아하는 등 팬들의 연령대가 다양하고 그만큼 두껍다. 한국의 대중가수로는 최초로 미국 뉴욕 카네기홀(1980년), 일본 동경 NHK홀(1983년), 서울 예술의전당 오페라하우스 공연(1999년)을 한 바 있다. 그는 1994년에 우리나라 가수로는 최초로 음반 판매량 천만 장을 넘기기도 하였다. 또한 1996년 그가 부른 〈친구여〉는 우리나라 대중가요 중에서 최초로 고등학교 1학년 교과서에 수록되었다.[3]

어려서 다른 사람 앞에 나서서 노래를 부른 적이 없다는 조 씨는 내한(來韓) 공연을 한 벤처스(Ventures)의 음악 '상하이 트위스트', '파이프 라인' 등을 듣고, 가족의 격렬한 반대를 무릅쓰고 이 길로 나서기로 결심했다고 한다. 경기도 문산 근처에 있는 한 미군 기지촌의 이름 없는 밴드에서 일하던 조 씨는 1969년 초 4인조 밴드 '애트킨즈'를 결성하여 미8군 무대에 서게 됨으로써 그의 가수 인생에 큰 전환점을 마련한다. 1970년 그는 김대환, 이남이, 최이철 등과 함께 '김트리오'를 결성했으나 1972년에 해체하고, 같은 해에 8인조로 편성된 '조용필과 그림자'에서 활동을 하게 된다.[4] 1976년 킹 레코드사에서 발표한 〈돌아와요 부산항에〉는 공전의 히트를 하지만 곧이은 대마초 파동에 연루되어 연예활동을 할 수 없는 처지가 되었다가, 1978년 〈창밖의 여자〉로 다시 일어서 1980년대 인기정상을 달렸다.

이 노래의 인기에 힘입어 1978년 김성수 감독이 메가폰을 잡고 김희라와 유정희가 주연으로 한 영화 〈돌아와요 부산항에〉가 대영흥업사에 의해 만들어지기도 했다. 또한 폴모리아 악단에 의해 〈Please return to Pusan port〉라는 이름으로 편곡된 바 있다. 이 노래는 지난 2000년 새로운 천년을 맞아 한국 대중가요 100년을 정리하는 여러 설문 조사에서 수차례 20세기를 대표하는 최고의 대중가요로 꼽힌 바도 있다. 탈북자들에 의하면 심지어 북한에서조차 이 노래가 인기라고 하며, 일본에서도 여러 가수가 이 노래를 불렀다고 한다.

민단과 조총련으로 나누어진 60만 재일 한국인

1945년 8월15일 일본의 패망과 함께 일본에 거주하는 240만 명에 달하는 한국인들이 대거 조국으로 돌아왔다. 일본에 남아 있는 조선인은 60만 명에 이르렀다.

이렇게 일본에 남은 조선인들은 일본 전역의 거주지에 '조선인 연맹'을 만들었다. 그 후 지역별 조직을 전국적으로 통합하여 1945년 10월 '재일본조선인연맹(약칭 조련:朝聯)'을 만들었다. 재일동포들이 모두 힘을 합쳐 만든 '조련'이 한반도의 신탁통치 문제 등으로 좌우익 대결이 본격화되는 과정에서 좌경화하였다. 이를 거부하고 박열 등 우익의 편에 선 재일동포들이 중심이 되어 1946년 10월3일 '재일조선인거류민단'을 조직하였다.[5]

1955년 5월 조련이 '재일본조선인총연합회(약칭 조총련)'으로 개칭되고, 한덕수를 의장으로 선출하면서 재일동포 북송사업을 본격 전개하여 1984년까지 무려 9만 명에 달하는 재일동포를 북송시켰고, 이를 저지하려는 민단과 격렬한 대립이 있었다. 1965년엔 조총련이 앞장서서 한국정부가 주도하는 한일국교정상화 조약의 체결을 반대하는 투쟁을 이끌었다.

이념적인 이유로 사사건건 일본 땅에서 부딪친 민단과 조총련은 1974년 8월15일 광복절 경축식이 열리는 남산 국립극장에서 재일 조총련계 청년 문세광에 의한 육영수 여사 저격사건을 계기로 물리적 충돌양상으로 발전할 정도로 격렬하게 전개되었다.

광복절 기념사를 하는 박정희 대통령을 겨냥한 문세광의 총탄이 대통령 영부인 육영수 여사를 돌아가시게 만든 이 사건은 전 국민의 분노를 불러일으키기에 충분했다. 1972년 이후락 중앙정보부장의 북한 방문 이후 발표한 소위 7·4 남북공동성명 이후 조심스럽게 전개되어온 남북한 화해 기조가 이 사건으로 1년 만에 다시 종전의 대결국면으로 돌아갔다. 따라서 이로 인해 남북 간의 대결국면이 한층 강화되었으나 다른 한편 압박 위주로 진행되던 조총련에 대한 대한민국 정부의 정책이 유인전략으로 전환하는 계기도 되었다.

60여만 명에 이르는 재일동포 중 1965년 한일 국교정상화 이후 한국 국적을 취득하지 않은 조총련계 동포는 20여만 명이었고, 그 중 90%가 남쪽 출신이었다. 그들 중 일부는 북쪽의 이념에 경도되어 아예 남쪽의 고향을 방문할 생각을 하지 않는 사람도 있었다. 그러나 북쪽에 가족을 두고 있는 경우와 남한 방문시 국적 변경을 요구하는 한국정부의 요구에 대한 심정적 반발[6] 등 극렬한 남북대치 국면에서의 여러 복합적인 요인들이 겹쳐 차일피일 그리운 고향방문을 미루고 있었다.

재일조총련계 모국방문단 사업 전개

육영수 여사 저격사건이 있고 난 1975년 어느 날 당시 중앙정보부 판단기획국장 김영광은 신직수 중앙정보부장과 박경원 내무부 장관 등이 참석한 청와대 안보회의에 배석하였다. 그 회의가 끝나고 곧 이어진 식사자리에서 박 대통령은 자꾸 '머리는 안 쓰면 녹슨다'면서 기어이 그날은 무언가 아이디어 하나를 내라고 말씀하셨다. 회의에 참석한 다른 분들도 조심스런 태도를 보이고 있는 김 국장에게 뭘 말씀드리라고 채근하였다고 한다. 그러자 그는 용기를 내어 다음과 같은 얘기를 했다고 한다.

"외람되게 감히 말씀드리는데, 1년 전 영부인께서 문세광의 흉탄에 쓰러지신 일, 이는 보복적 관점에서 생각할 것이 아니라 오히려 이를 역으로 활용할 일이라고 생각합니다. 김일성은 북의 동포는 물론, 재일 조총련 동포들에게까지도 허위선전을 일삼고 있습니다. 남한의 번영상을 왜곡해 모두 굶어죽는 것같이 알고 있으니 무장간첩을 침투시키고 문세광 같은 암살범을 밀파하는 흉계를 꾸미는 것 아니겠습니까. 그러니 오히려 무지몽매한 그들을 가슴에 품어 들여서 찬란한 현실을 보여준다면 잘못을 뉘우치는 계기가 되지 않겠습니까. 그런 정책을 한번 실행해 볼 만하다고 생각합니다."

이렇게 재일 조총련계 동포 모국방문단 사업을 추진하는 것이 어떠냐고 김 국장이 건의하자 조총련계 재일동포 문세광의 저격으로 영부인을 잃은 박 대통령은 몸을 부들부들 떨며 표정이 굳어졌다. 주변에서도 폭음과 비탄으로 아픈 상처를 달래고 있는 대통령의 심경을 어지럽게 했다고 책망하는 분위기였다고 한다. 그런 분위기 때문에 괜히 얘기를 했다는 생각으로 후회하고 있던 김 국장에게 며칠 후 조총련계 동포들의 모국방문을 실현할 수 있는 구체적인 안을 만들어 올 것을 박 대통령은 지시했다고 한다.

당시 조총련의 위세는 상당했다. 중앙위 산하에 48개 지방본부와 300개 지부, 18개 산하단체와 23개 사업체를 거느린 거대한 조직을 지니고 있었다. 조총련은 김일성 생일, 노동당 창건일 등 계기 시마다 '애국사업'

이라는 이름으로 큰 돈을 송금하는 등 북한체제의 금고 역할을 하였다. 또한 일본 전역에 민단계열의 학교는 4개뿐이었으나 조총련은 유치원, 초등학교와 중등학교, 대학교 등 300여 개의 교육기관을 가지고 있었다. 더구나 일본 은행들의 대출 외면 등 차별대우로 재일동포들이 시달리고 있을 때 2조 5000억 엔 규모의 예금고를 가진 조총련계 조선은행은 조총련계 교포들의 사업자금을 대고 있었다.[7]

朝總聯系 省墓교포 歸國

民團서 계속추진 顯忠祠참배·工業團地 시찰도

어제 465명 오늘 200명

秋夕에 돌아온 「望鄕30年」

8旬老母, 겨우 알아보고 "이게 꿈이냐" 목메인포옹

어느一家

一家친척들 호텔서 옛얘기로 밤새워

들뜬 空港

"母國 많이 변했다"

親知만나자 울음터뜨려

兄弟도 몰라 어리둥절

조총련계 재일동포의 귀국을 다룬 1975년 9월16일자 조선일보 지면.

조총련 동포 모국 방문단 사업은 '민족분열을 조장하는 짓이다'라고 규정하는 조총련의 격렬한 반대를 넘어서는 것이 과제였다. 1975년 7월 민단은 '이념과 사상을 초월한 인도주의적 견지에서 재일동포들의 성묘를 위한 모국방문을 환영한다'는 성명을 발표하고, '추석명절을 고향에서 보내자'는 캠페인을 벌이면서[8] 분위기를 조성하였다.

이런 과정을 거쳐 추석을 즈음하여 1975년 9월13일 제1진 700여 명이 2주간의 일정으로 김포공항에 입국하여 30년 만에 그리운 고국 땅을 밟게 되었다. 남한이 너무 헐벗고 굶주리고 있다는 북측의 선전을 믿고 불쌍한 남측의 가족들에게 준다며 그들의 가방 속에는 헌 옷가지, 바늘, 양초, 화장지 등 생필품이 많았으며, 심지어 김밥을 싸온 사람들도 있었다.

9월24일 장충동 국립극장에서 조총련계 동포 추석 성묘단 서울시민 환영대회가 열렸다. 이 자리에서 야당 출신 유명한 여성정치인 박순천(朴順天) 여사가 "이제 자유롭게 고국을 찾게 됐으니, 돌아가서 조국이 그립거든 조국의 흙 한 줌씩을 싸가지고 가서 이 땅을 생각하고, 일본에 묻힐 땐 그 흙과 함께…"라고 말하자 그들은 주체할 수 없이 많은 눈물을 흘렸다. 또한 영화배우이자 코미디언인 김희갑 씨는 자신의 전매특허인 〈불효자는 웁니다〉라는 노래를 환영공연 석상에서 불러 몽매에도 그리던 고향을 찾은 이들의 누선(淚腺)을 또다시 자극했다. 김희갑이 구성지게 부른 이 노래는 그 이후 모국을 방문하는 사람들에게 너무 인기가 좋아 30만 장의 레코드가 팔렸다고 한다.[9]

당초 이 노래를 불렀던 작사가 반야월(가수로는 진방남이 예명) 씨의 애틋한 사연이 담겨져 있어 우리의 눈길을 끈다. 그가 1940년대 초반 이 노래의 레코드 취입을 위해 태평레코드 문예부장 고려성 씨 인솔 하에 가수 백년설, 선우일선, 고운봉 등과 함께 일본 오사카에 있는 녹음실에 도착했을 때 어머님 별세라는 청천벽력 같은 소식을 들었다고 한다. 그는 비보(悲報)를 듣고 첫날은 눈물이 너무 나고 목이 메어 도저히 노래를 부르지 못하고 뒷날 겨우 감정을 수습하여 울면서 취입을 끝냈다고 한다. 이런 과정을 거쳐 나온 이 노래는 그 당시 엄청나게 히트했다고 한다.

2007년 4월에 외교통상부가 공개한 외교문서에 따르면 1975년에는 조총련계 재일동포 귀성단의 숫자가 1310명에 불과했다. 1976년에는 조총련계와 민단계를 합쳐 7800여 명에 이르러 전년에 비해 무려 6배나 늘어났다. 한국을 방문하는 조총련계 재일동포 귀성단 수가 이처럼 급격하게 늘어나게 된 것은 1976년 3월부터 일본 내 모국방문 추진 위원회가 첫 결성된 이후 총 25개 추진위를 구성하여 이 사업을 의욕적으로 이끌어온 한국정부의 적극적인 노력이 있었기 때문이다.

조총련은 조총련계 동포들의 남한 방문을 막기 위해 필사적인 방해공작을 전개하였다. 그들은 한국을 방문하려는 의사를 가진 조총련계 동포들의 등급을 매겨 그 급수에 따라 방해공작을 달리하였다. 조총련은 한국을 방문하려는 사람들에게 한국 가면 못 돌아온다고 협박하는 것은 기본이고, 그들의 관청출입을 방해하거나 관련서류를 탈취하기도 하였다. 또한 각 공항 및 출입국사무소에 청년행동대를 동원하여 출국을 실력으로 저지하였다. 또한 조총련계 금융기관에 진 융자금의 강제회수와 재산차압 등 압박 작전은 물론 조총련계 금융기관(조선은행 및 신용조합)은 2000만엔 미만의 사업자금을 담보 없이 꾸어주는 회유작전을 병행하는 등 다각적인 방식으로 이들의 한국행을 방해하였다.[10]

1975년 조총련계 추석성묘단 1진으로 한국에 왔던 사람 중의 한 사람이 증언한 바에 의하면 하도 조총련의 방해공작이 심해 '와이샤쓰 바람으로 이웃 마을에 가는 척 슬쩍 빠져나와 그대로 와 버렸다'고 한다. 또한 오전 10시에 출발하는 비행기를 타기 위해 새벽 5시에 공항에 나오기도 했다고 말하고 있다. 그래서 초기에 30여 명이 신청하면 그 중 10여 명은 한국방문을 못하겠다며 떨어져 나갔을 정도였다. 이에 대항하여 오사카 민단 교민들이 중심이 되어 한국을 방문한 조총련계 동포들의 부채상환과 여비지원을 위한 모금운동을 전개하였고, 한국 내에서도 불우 재일동포 모국방문 돕기 성금운동이 벌어졌다.[11]

이렇게 어려운 과정을 거쳐 한국에 들어온 조총련계 동포들은 배고픔에 허덕인다는 친척집이 전화, 텔레비전 등을 갖추고 있는 것을 눈으로 확인하였다. 그들은 남한의 빠른 경제성장에 놀라면서 북한의 기만적이고 허위에 가득찬 선전선동술에 속았다는 생각을 하게 되었다. 이에 따라 자신이 속한 조총련 조직에 대한 회의가 들게 되고 급기야는 그 조직을 탈퇴하는 식으로 발전하였다. 다시 말해 초기에 한국을 방문한 50~60대의 조총련계 동포들은 '죽기 전에 고향산천을 보고 싶다'라는 인간적 욕구가 발동하여 만난을 무릅쓰고 한국을 방문하였다고 볼 수 있다. 그러나 그들이 한국을 방문한 후 '가난에 찌들고 추위에 떨고 있다'는 남한에 대한 북한의 선전이 허위에 기반한 것임을 눈으로 직접 확인한 뒤에는 조국의 참모습을 보고 싶다는 민족적 자각이 들었다고 볼 수 있다.[12]

박정희 정부는 이렇게 남한을 방문한 후 조총련을 이탈하고 전향한 사람들을 1)국민등록을 한 사람, 2)재일한국인 신용조합에 가입한 사람, 3)한국계 학교로 전학한 사람 등으로 구분하여 지속적으로 관리하였다.

한국정부의 이런 노력에 힘입어 조총련계 동포 1진 1300여 명이 들어온 1975년 이후 1979년까지 매년 4000~5000명에 이르렀으나 1981년부터 조총련 1세대의 방한이 뜸해지면서 1990년까지 매년 2000명 수준으로 낮아지고, 1991년부터는 1000명 수준으로 더욱 줄어들었다.[13] 이런 과정을 거쳐 2000년까지 모두 4만 9000명이 한국을 방문하였다.

그 사이 북한은 만성적인 경제난과 부자(父子) 세습의 정치형태 등으로 국제적으로 조롱과 비난을 받는 반면 한국은 전 세계가 인정하는 경제발전과 민주화를 이룩하였다. 이와 같은 국제정세와 남북한 간의 역학관계 변화, 조총련계 모국방문 사업의 지속적인 추진 등으로 '조선'에서 '한국'으로 국적을 바꾸는 사람이 매년 1만 명에 이르게 되었다.[14] 이 사업을 시작하기 전까지 조총련계 동포 34만 명, 민단 25만 명, 중립 7만 명이었으나 이제 조총련계 동포는 간신히 10만 정도에 그칠 정도이고, 민단계 동포는 45만 명을 넘어섰다.[15]

한때 4만 6000명에 이르렀던 조선학교 학생수는 1만 명 이하로 떨어졌고, 조총련계 동포와 북한의 듬직한 자금줄이었던 조선은행의 각 지역조합은 파산하거나 강제합병되었다. 미국의 대표적인 시사 주간지 타임은 2007년 7월10일 발매된 "김정일은 재일조선인 사랑도 잃었다"라는 제하의 기사를 통해 조총련이 소속원들의 삶을 개선시키기보다는 북한의 사상을 주입시키며 김일성, 김정일 정권을 배불리기 위해 돈을 모으는 단체로 전락했다고 지적하였다. 이에 실망한 재일조선인들의 이탈 등으로 조총련은 5000억 원의 빚을 지게 되었고, 동경 조총련 본부까지 경매당했다고 보도하였다.[16]

주

1) 음악세계, 1986년 2월호; 이혜숙·손우석, 2003, p.45, p.302; 중앙일보, 2008. 2.18.
2) 동아일보, 2007. 8.7; 조선일보, 2007. 12.2.
3) 김종호, '조용필과 미군 방송', 문화일보, 2008. 5.27.
4) 이혜숙·손우석, 2003, pp.92~93; 김종호, 2008.
5) 조행만, 2006.
6) 이병선, 2000.
7) 김태익, 2005.
8) 박경진, 1976, p.6.
9) 김당, 2016. 2.28.
10) 박경진, 1976, p.6.
11) 조덕송, 1976, p.10; 박경진, 1976, p.6.
12) 박경진, 1976, p.6.
13) 한겨레 21, 2000. 8.24.
14) 김태익, 2005.
15) 한겨레 21, 2000.
16) 유희연, 문화일보, 2007. 7.11.

잃어버린 30년

박건호 작사
남국인 작곡
설운도 노래
1983년

비가 오나 눈이 오나
바람이 부나 그리웠던 삼십년 세월
의지할 곳 없는 이 몸 서러워하며
그 얼마나 울었던가요
우리 형제 이제라도 다시 만나서
못 다한 정 나누는데
어머님 아버님 그 어디에 계십니까
목 메이게 불러봅니다

내일일까 모레일까 기다린 것이
눈물 맺힌 삼십년 세월
고향 잃은 이 신세를 서러워하며
그 얼마나 울었던가요
우리 남매 이제라도 다시 만나서
못 다한 정 나누는데
어머님 아버님 그 어디에 계십니까
목 메이게 불러봅니다 목 메이게 불러봅니다

〈잃어버린 30년〉 이산가족의 아픔

저는 가수 설운도를 행사장에서 몇 번 본 적은 있으나 개별적으로 만나지는 못했습니다. 그러나 그가 부른 〈잃어버린 30년〉은 좋아하고, 계기가 있을 때마다 자주 부르는 편입니다. 1983년 KBS 이산가족찾기 방송이 전 국민을 울리며 한창 방송중일 때 대구의 처갓집 행사에 갔다가 사촌 동서가 이 노래를 멋지게 부르는 것을 듣고 서울로 와서 부지런히 익혔습니다. 이 노래를 부를 때마다 이산가족이 느끼고 있는 애절한 감정이 가슴 속에서 일어납니다. 지난 해 TV조선의 〈미스터 트롯〉 프로그램에서 가수 이찬원이 부르는 이 노래를 들으면서 참 잘 부르는구나 하는 생각이 들면서 많은 감동을 받은 바 있습니다.

내가 이산가족이며 오래 전에 헤어진 가족을 지금 만나 부여안고 운다는 생각으로 이 가사를 음미하면서 강약과 장단을 잘 조절해야 남들을 감동시킬 수 있다고 봅니다. 그래서 남의 노래를 잘 부른다는 것이 생각보다 쉽지 않습니다.

이제 1000만 이산가족의 서글픈 사연과 관련 있는 설운도의 〈잃어버린 30년〉을 알아보도록 하겠습니다.

KBS의 '이산가족찾기 방송'과 설운도의 '잃어버린 30년'

KBS는 6·25 전쟁 휴전협정 30주년을 기해 생사를 알 수 없어 애태우는 이산가족들의 아픔을 덜어주기 위해 1983년 6월3일 밤 10시 15분 특별생방송 '이산가족을 찾습니다'를 시작하였다. 캠페인 방송으로 시작한 이 프로그램은 당초 95분간 방영하는 것으로 계획되었다.

그러나 이 프로그램은 헤어진 가족을 찾으려는 사람들의 신청 폭주와 시청률 급증으로 계속 연장되었다. 이 방송을 통해 이산가족의 애타는 심정이 극적으로 드러나면서 눈물 없이는 볼 수 없는 감동 대하드라마가 대한민국의 서울에서 펼쳐졌다. 다시 말해 그 어떤 인위적 연출로도 나타내기가 거의 불가능한 희비극이 1983년 6월 대한민국의 여의도와 KBS에서 일어났다. 애타는 사연을 안고 있는 이산가족은 물론 이 프로그램을 시청하는 사람들도 엄청나게 울었다. 갤럽의 여론조사 결과를 보면 응답자의 53.9%가 새벽 1시까지 시청했으며, 조사대상자의 88.8%가 눈물을 흘렸다고 대답하였다.

이 프로그램에 대한 국민의 반응이 이처럼 너무 좋아지면서 KBS는 1641명의 방송 인력을 투입하여 1983년 11월14일 새벽 4시까지 138일 동안 453시간 45분, 24시간 생방송으로 진행하였다. 이 기간 중 매일 6만 통

정도의 신청 전화가 있었으나 전화회선 제한 등으로 일부만 접수되었다. 10만 952건의 이산가족 신청이 있었고, 5만 3536건이 방송에 소개되어 1만 189건의 이산가족 상봉이 있었다.

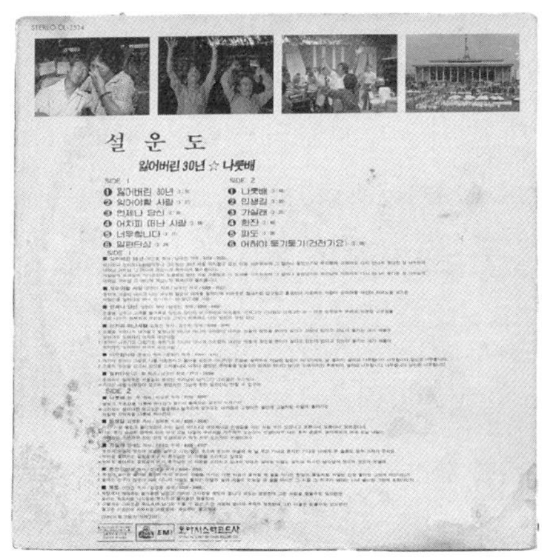

1983년 7월에 발매된 〈잃어버린 30년〉 앨범.

방송이 시작되자 이산가족을 찾는 사람들이 한꺼번에 여의도 광장과 KBS 주변에 몰려나와 저마다의 사연을 적은 벽보를 붙이거나, 그 벽보를 손으로 짚어가며 헤어진 가족들을 찾는 사람들로 넘쳐났다, 심지어 이미 기억 속에서 흐릿해진 이산의 순간을 쓴 종이를 옷처럼 둘러입고 여기저기 다니는 사람들도 많았다. 그곳에 나온 이산가족들은 자신들이 만나는 사람마다 곽순옥의 노래 제목처럼 〈누가 이 사람을 모르시나요〉 하고 애타게 물으며, 자신들이 찾으려는 가족이 얼른 나타나기를 기원하고 있었다.

그때 여러 사람들을 울린 가슴 아픈 사연은 수없이 많다. 그 중에 삼팔선 이북에 살다가 한국전쟁 중 피난길에 부모를 잃고 열 살 전후의 형과 다섯 살 정도의 어린 동생이 서울 중부시장 근처에서 음식을 구걸하며 목숨을 연명하고 있었다고 한다. 그러던 어느 날 어린 동생이 하도 배가 고프다고 칭얼대기에 너무 지친 나머지 자신도 모르게 야단을 치며 손찌검을 한 차례 하고 밥을 구하러 갔다가 늘 지냈던 장소에 돌아오니 동생은 사라지고 없었다고 한다. 형은 그렇게 잃은 동생을 찾기 위해 오랜 세월 중부시장을 떠나지 않고 백방으로 노력했으나 끝내 찾지 못하고 힘들고 철없던 시절 동생에게 가했던 잘못을 끝없이 뉘우치고 있다고 한다. 그분은 KBS의 이산가족 방송이 진행되던 중에 혹시나 하고 방송도 출연하고, KBS 건물 벽에 대자보도 붙이고 했지만 여전히 동생을 찾지 못하고 있다는 안타까운 사연이 보도되어 여러 사람들을 울렸다.

이산가족찾기 방송이 이처럼 한국 내에서 크나큰 화제를 몰고 오자 외신들도 덩달아 취재경쟁에 뛰어들었다. 전 세계 25개국 기자들이 KBS 본관 중앙홀에 상주하며 관련기사를 송고하였다. 특히 미국의 ABC 방송은 자사의 인기 프로그램 '나이트 라인(Night Line)'을 통해 KBS의 이산가족찾기 방송을 생중계하기도 하였다.

텔레비전을 통해 한국인이 앓고 있는 전쟁의 아픔을 가장 리얼하게 드러낸 이 프로그램은 "전쟁의 상처를 고발하고, 평화의 중요성을 전 세계인에게 고취"시킨 공로로 국제적으로 이름 있는 골드머큐리상을 수상하였다. 아울러 2016년 유네스코 세계기록유산으로 등재되어 또 다시 이 프로그램의 가치를 확인하였다.

이 프로그램의 시그널 음악으로 사용되어 이산가족들의 비극적 사연을 대중들의 감성에 흠뻑 증폭시킨 노래 두 곡을 들지 않을 수 없다.

곽순옥이 처음 불러 히트를 했던 〈누가 이 사람을 모르시나요〉라는 노래는 후일 가수 패티킴이 다시 리바이벌하였다. 1983년 KBS는 이산가족찾기 방송을 시작하면서 패티킴이 부른 이 노래를 이산가족찾기 방송 프로그램의 시그널 음악으로 사용되었다. 수십 년 동안 헤어진 가족을 찾고자 하는 이산가족의 심정을 헤아리는 패티킴의 호소력 있는 목소리가 담긴 이 노래는 방송을 보던 많은 사람들의 눈물을 자아내며 다시 폭발적인 인기를 얻었다.

또한 KBS 이산가족 방송을 통해 갑자기 히트한 또 하나의 노래가 설운도가 부른 〈잃어버린 삼십년〉이다. 이 노래가 히트한 전후 사정을 알게 되면 대중가요가 인기를 얻는 것도 특별하게 시절 인연이 닿아야 한다는 생각이 많이 든다.

1982년 KBS 〈신인탄생〉에서 5주간 연속 우승한 설운도는 영화배우 출신 안태섭에게 스카웃되었다. 설운도는 1983년 정은이 작사, 남국인 작곡으로 된 〈아버님께〉라는 곡을 받아 제2집 앨범 취입을 완료하여 레코드 발매를 기다리고 있었다.

KBS 이산가족 방송이 24시간 생방송을 하며 연일 전 국민을 울리고 있던 어느 날이었다. 안태섭 씨는 야간업소 공연을 끝내고 새벽잠을 자려는 설운도를 깨워 작사가 박건호의 아파트로 데리고 갔다. 그 자리에서 그는 이미 취입을 끝낸 설운도의 〈아버님께〉란 노래의 악보를 보여주며, 인기리에 진행되고 있는 KBS의 '이산가족찾기 방송'의 분위기에 맞추어 새로 가사를 만들어 달라고 부탁하였다. 박건호 작사가는 〈아버님께〉라는 곡에

당초 95분 계획으로 시작한 이산가족찾기 방송은 이산가족들의 폭발적인 참여로 138일간 생방송으로 진행됐다.

서 작사가 정은이가 쓴 '비가 오나 눈이 오나 바람이 부나'를 그대로 살린 〈잃어버린 삼십년〉이라는 가사를 부탁받은 그날(7월1일) 아침 바로 완성하였다. 안태섭과 설운도는 즉시 안양의 오아시스 레코드사로 가서 손진석 사장에게 전후 사정을 설명을 하여 재취입 허락을 얻었다. 그날 오후 3시에 취입이 끝난 이 노래는 당일 저녁 KBS의 이산가족찾기 방송의 배경음악으로 나오게 되었다.

이 노래의 녹음이 끝나자 오아시스레코드사 손 사장은 KBS 관계자에게 출연을 섭외하여 설운도가 동 프로그램에 출연하게 되었다. 그런데 그 노래를 부를 설운도는 아직 가사를 제대로 익히지 못한 상태였다. 결국 그는 안태섭 씨가 들고 있는 큰 널빤지에 쓰인 가사를 보며 이 노래를 불렀다고 한다. KBS 스튜디오에서 대기하고 있다가 나오라는 연락을 받으면 노래를 하곤 했는데, 그는 하루에 열 번 정도 부른 경우를 포함하여 4개월간 1000번 넘게 불렀다고 한다.

남국인 작곡가의 뛰어난 선율을 살리는 박건호 작사가의 애절한 가사를 잘 해석한 설운도의 창법이 제대로 합을 이루어 이 노래는 크게 히트했다. 1977년 데뷔한 이래 별로 히트 곡이 없이 밤무대 가수로 활동하던 설운도는 이 노래를 통해 인기가수의 반열에 올랐다. 레코드가 발매된 지 가장 짧은 기간에 히트한 곡으로 알려져 있는 이 노래로 그는 1983년 연말 KBS 7대가수로 선정되었다. 또한 그는 이 노래로 인해 아버지의 사업 실패로 인해 헤어졌던 어머니와 세 동생을 10년 만에 만났다고 한다. 그에겐 여러 가지로 행운을 준 노래였다.

해방 이후 분단과 6·25 전쟁으로 1000만 이산가족 발생

1945년 한반도가 일제로부터 해방되었을 때 남한의 인구는 약 1600만 명, 북한의 인구는 약 930만 명이었다. 해방 이후 전개된 격렬한 이념대립과 분단 과정에서 북한에 살았던 많은 사람들이 공산당의 박해를 피해 남한으로 왔다. 특히, 해방 전 북한에 거주한 남한 출신 인사와 새로 정권을 장악한 소련과 북한을 반대했던 우익인사와 토지개혁 등으로 살기가 어려워진 지주들이 남쪽으로 이주한 사람들의 주축을 이루었다. 6·25 전쟁 전까지 북한에서 남한으로 내려온 사람들의 숫자에 대해 정확한 통계가 없어 추정할 수밖에 없다. 대체로 작게는 25만 명[1]에서 28만 3000명 정도,[2] 많게는 74만여 명 되는 것으로 추산된다.[3] 반면 남한에서 공산주의 혁명을 추진하던 박헌영 등 남한의 공산주의자들은 자신의 이념에 따라 30여만 명 정도가 북측으로 넘어간 것으로 보인다.

그들이 고향을 떠날 때는 잠시 피해있다 곧 돌아와 부모형제를 다시 만난다는 생각을 가지고 고향을 떠난 사람들이 상당히 있었다고 한다. 그러나 해방 이후 치열한 이념대립 끝에 38도선을 경계로 남북의 분단이 고착화되고 6·25 전쟁까지 있게 되자 다시는 정든 고향으로 가서 부모형제를 만날 수가 없었다.

설상가상으로 1950년 6월25일 발발한 6·25 전쟁으로 더 많은 이산가족이 발생하였다. 치열한 전쟁의 와중에서 수많은 사람이 다치거나 죽고, 헤어졌다. 전쟁 중 북한에 납북된 사람은 약 15만 명이고, 실종되거나 포로로 잡혀간 사람이 41만 명이나 되었다. 시간이 지나면서 이 사람들 중에 다시 남한으로 온 사람들을 감안하면 남한에서 북한으로 간 사람은 9만 6000명의 전문인력을 포함하여 30만 명에서 44만 명 정도 되는 것으로 파악된다. 또한 전쟁의 포화를 뚫고 북한을 떠나 남한으로 온 사람들이 약 45만 명에서 100만 명 사이가 되는 것으로 추정된다. 이와 함께 1990년대 중후반부터 식량난, 체제에 대한 염증 등을 이유로 북한을 떠나 한국에 정착한 탈북민은 3만 명을 훨씬 넘는다.[4]

이렇게 남북으로 이산된 수백만 명의 사람들과 그 가족들을 합해 통칭 '천만이산가족'이라고 한다. 통계청이 2005년에 발표한 〈2005 인구주택

총조사〉에 의하면 남한에 있는 이산가족 수는 71만 명이며, 이 사람들 중에 북한 출신은 16만 명이다.[5] 또한 통일부, 이북5도위원회 및 대한적십자사가 공동 운영하는 '이산가족정보통합센터'에 1988년부터 2011년 3월31일까지 등록한 사람은 12만 8532명이다. 이 중에 생존한 사람은 8만 1198명이고, 사망은 4만 7334명이다.[6] 최근 국민일보 보도에 의하면 2020년 8월까지 우리 정부에 이산가족 상봉을 신청한 사람은 13만 3000명으로 그중 북한에 있는 가족을 만나지 못하고 떠난 이산가족이 8만 명이나 되며, 상봉이 성사된 사람은 3300명에 불과하다고 한다.[7] 이처럼 분단이 장기화됨에 따라 고령으로 제1세대 실향민의 숫자가 급감하고 있어 남북 간 서신교환 등 정기적인 교류와 재회가 시급하다고 본다.

본인의 생명보다 소중히 여기는 부모와 형제·처자 등 가족을 잃어버리고, 그 생사조차 알지 못하는 고통은 극심하였다. 그들은 언제 어디서 자신의 가족을 만날까 늘 염두에 두고 살기 때문에 한국 내에서 헤어졌다면 그 헤어진 장소를 이따금 돌거나 그곳에서 이사를 가지 않고 산다고 한다. 실향민의 경우 늘 북에 두고 온 산하와 부모형제를 생각하며, 특히 명절에는 북한 가까운 임진각에 가서 차례를 올리면서 망향의 설움을 삼키었다.

남북이산가족찾기 회담의 전개 과정

6·25 전쟁이라는 골육상쟁을 겪은 이후 남북 간의 갈등과 대립은 한층 더 심화되었다. 특히 북한의 대남도발이 격화되어 대한민국의 반공노선을 더욱 굳게 하였다. 이런 관계로 1950년대와 1960년대에는 남북 간에 교

류가 있을 수 없었기 때문에 이산가족 문제는 그대로 방치되었다.

1970년대에 들어 본격화된 동서진영의 화해를 주조로 한 해빙무드에 힘입어 1971년 8월12일 최두선 대한적십자사 총재는 남북이산가족을 찾는 회담을 제의하였고, 이에 북한이 응하여 1972년 8월30일 제1회 남북적십자회담이 평양에서 열렸다. 또한 1972년 7월4일 남북당국자 간에 있었던 역사적인 '7·4 남북공동성명'에서 앞으로 구성될 〈남북조절위〉의 주요 의제 중 하나로 이산가족 회담을 포함시켰다. 그러나 그 뒤 남북관계가 다시 악화되면서 이산가족 문제는 별다른 진전이 이루어지지 않았다.

이런 답답한 분위기 속에서 남한에 거주하는 북한 출신 이산가족들은 1982년 8월12일을 이산가족의 날로 제정했으며, 1982년 12월20일 '천만 이산가족재회추진위원회'를 결성하였다.

1984년 남한에 대한 북한 수재물자 지원을 계기로 1985년 서울과 평양 간 고향방문단과 예술 공연 행사가 있었다. 이에 따라 남쪽에 있는 이산가족들이 북한의 가족을 상봉하게 되었다. 2000년 남북정상회담의 후속조치로 진행된 남북이산가족 상봉행사가 그해 8월15일 이루어진 이후 소위 '햇볕정책'을 추진하는 김대중, 노무현 정부 아래 몇 차례 더 있었다.

이명박 정부 출범 이후 북한이 핵개발을 본격 추진하고 금강산 관광객 박왕자 씨가 피살당하는 사건이 생기자 더 이상 진전이 없었다. 그러다 2009년 추석과 2010년 10월 상봉 행사가 재개되었으나 그 이후 완전히 중단되었다. 긴장된 남북관계가 일시적으로 풀리는 시점인 2014년 2월과 2015년 10월, 특히 남북정상회담이 있었던 2018년 8월에 다시 이산가족상봉 행사가 있었다. 2005년부터 화상상봉도 가끔 있었으나 2007년 이후 완전히 없어진 상태다.

이산(離散)의 아픔을 그린 드라마와 영화 그리고 대중가요

이처럼 시대정신을 반영하고 있는 한국 대중가요에서 우리 국민이 겪고 있는 이산의 아픔을 드러내는 노래는 지속적으로 나오고 있다. 가수 한정무가 불러서 히트한 〈꿈에 본 내 고향〉(박두환 작사, 김기태 작곡, 1951년)은 한국전쟁 중에 나온 명곡(名曲)이다. 월남 실향민의 이산의 고통을 망향이라는 보편적 정서로 승화한 이 노래를 부른 한정무는 전쟁 중에 고향을 떠난 이북 출신이다.

이와 함께 KBS 라디오 드라마 연속극 〈남과 북〉의 주제곡 〈누가 이 사람을 모르시나요〉는 이산가족의 아픔을 제대로 드러낸 수작(秀作)이다. 이 작품이 나온 데에는 다음과 같은 사연이 있다.

6·25 전쟁이 끝나고 세월이 제법 흐른 어느 날이었다. 극작가 한운사는 그와 친하게 지내던 영화감독 신상옥과 영화배우 최은희 부부로부터 한국으로 넘어온 북한 귀순 장교에 관한 매우 흥미로운 얘기를 들었다.

그들의 얘기에 의하면 휴전협정 체결(1953년 7월27일) 직전 북에서 투항해 온 고위 장교가 그를 심문하는 한국군 정보참모에게 자신의 처 사진을 보여주며 꼭 찾아달라고 부탁했다고 한다. 만약 그녀를 찾아주지 않으면 자신이 알고 있는 북한군에 관한 중대한 정보를 주지 않겠다고 말했다고 한다. 그런데 얄궂은 운명의 장난처럼 북한에서 귀순한 장교가 찾아달라는 그 여인은 바로 그를 잡고 있는 한국군 중대장이 전쟁 중에 만나 결혼한 그의 집사람이었다. 그 뒤에 그들 사이에 무슨 일이 어떻게 전개되었는지 모른다는 말을 신상옥, 최은희 부부로부터 듣고 난 후 그는 그 얘기를 한동안 까맣게 잊어버리고 있었다.[8]

1962년 10월 한운사는 HLKA 라디오에 〈남과 북〉이라는 드라마를 쓰기 시작하였다. 무엇을 쓸까 고민하던 중에 그는 불현듯 그 전에 신상옥 부부가 전해준 이 얘기가 생각이 났다. 귀순한 북한 장교의 이 기막힌 얘기를 바탕으로 작가적 상상력을 발동하여 쓴 라디오 드라마 극본이 바로 〈남과 북〉이다. 주상현, 이창환, 오정환, 정은숙 등 그 당시 최고의 성우(聲優)들이 이 드라마에 참여하여 열연을 했다.[9]

실화를 바탕으로 한운사가 새로 창작한 라디오 드라마 〈남과 북〉의 내용은 참으로 비극적이다. 앞서 얘기한 대로 남한에 귀순한 인민군 소좌 장일구는 관계당국의 갖은 협박에도 불구하고 자기 부인(고은아)을 찾아주지 않으면 가지고 온 주요 정보를 줄 수 없다고 버틴다. 정보참모는 할 수 없이 장 소좌의 부인이 살고 있는 청주로 L19를 보내 데리고 온다. 그 사이에 인민군의 총공격이 있을 것이라는 장 소좌의 고급정보를 바탕으로 국군은 대응작전을 실행한다. 마침내 장 소좌와 국군 장교 이해로 대위, 그리고 부인 고은아 간의 눈물겨운 삼자대면이 있게 된다. 이해로 대위는 대구 육군병원에서 부상당한 자신을 치료해준 간호사(현재의 부인)에게 청혼을 하면서 전 남편이 오면 다시 돌려주겠다는 말을 했다며 그 약속을 지키겠다고 장 소좌에게 말한다. 반면 장 소좌는 한때 자신의 부인이었던 고은아에게 좋은 사람을 만났다며 눈물을 흘리면서 이 대위를 따라가라고 말한다. 장 소좌와 그 부인 사이에 난 아들을 만난 후 장 소좌와 이 대위는 죽게 된다.

이 비극적 드라마를 더욱 인기 있게 한 것은 주제가 〈누가 이 사람을 모르시나요〉였다. 한운사는 한밤중에 작곡가 박춘석에게 전화로 이 드라마 주제가 가사를 불러주면서 빨리 작곡해 달라고 부탁하였다. 박춘석 씨는 한 시간 만에 이 노래의 작곡을 완료하였다. 이 노래를 가수 곽순옥이 녹음할 때 조정실에 있던 엔지니어가 "이상한데요. 우린 불감증이 돼놔서 별 느낌이 없는 편인데, 이건 이상한데요. 될 것 같아요."라고 말하였다. 한운사 자신도 곽순옥이 부르는 그 노래를 듣고 두 볼에 눈물이 주르르 흘러내렸다고 한다. 남북 분단과 전쟁으로 생긴 수많은 이산가족들이 만나면 서로 자신이 가지고 있는 헤어진 가족이나 친지, 혹은 연인의 사진을 보여주며 이 노래처럼 "누가 이 사람을 모르시나요?"라고 묻던 시절이었다. 이 노래만 들어도 코끝이 찡해지면서 눈물을 글썽이는 이산가족의 서러운 감성을 건드려 폭발시켰던 것이다.[10] 곽순옥의 이 노래는 1964년 '곽순옥의 히트쏭 퍼레이드'라는 제하의 앨범으로 나와 대중들의 관심 속에 많이 팔렸다.

누가 이 사람을 모르시나요
(한운사 작사, 박춘석 작곡, 곽순옥 노래, 1964년)

누가 이 사람을 모르시나요
얌전한 몸매의 빛나는 눈
고운 마음씨는 달덩이같이
이 세상 끝까지 가겠노라고

나하고 강가에서 맹세를 하던
이 여인을 누가 모르시나요
누가 이 사람을 모르시나요
부드런 정열의 화사한 입
한번 마음 주면 변함이 없어
꿈 따라 임 따라 가겠노라고
내 품에 안기어서 맹세를 하던
이 여인을 누가 모르시나요

6·25 전쟁으로 인해 사랑하는 연인과 갑작스럽게 이별하고, 그 사이 어느 한쪽이 다른 사람과 재혼한 상태에서 다시 만나는 이 비극적 드라마의 내용은 당시 그런 처지에 있었던 수많은 사람들의 공감을 자아내었다. 결국 이 드라마는 비극이 넘쳐나는 시대상황과 결합되면서 크게 히트하였다.

라디오 드라마가 인기를 얻자 많은 영화사들이 판권을 얻기 위해 한운사에게 접근해왔다. 결국 동아일보 호현찬 기자의 주선으로 극동영화사(사장 차태진)가 영화 판권을 가지게 된다. 영화사가 목표로 하고 있는 다음해 신정(新正) 개봉을 하려면 두 달여의 시간밖에 없었다. 이틀간의 밤샘 작업으로 한운사는 영화시나리오를 완성하였다. 메가폰을 잡은 김기덕 감독은 장일구 소좌 역에는 신영균, 이해로 대위 역에는 최무룡, 정보참모 역은 남궁원, 그리고 고은아 역에는 엄앵란을 캐스팅하여 두 달 만에 촬영을 마쳤다, 아카데미 극장에서 개봉한 이 영화는 관객 10만 명을 동원하며,

크게 히트하였고, 동남아에도 수출하였다. 이 영화는 대종상은 물론 제 3회 청룡영화상에서 남우주연상과 작품상을 받는 등 국내 영화상을 휩쓸었다. 또한 제 12회 아시아영화제 비극상을 수상한 후 베니스영화제 등 국제적으로 이름 있는 영화제에도 출품되었다.[11]

그 이후 한운사의 〈남과 북〉 시나리오 스토리를 토대로 세 번이나 동명의 영화가 만들어지고, TBC와 MBC에서 같은 이름의 TV드라마로 만들어지기도 했다. KBS는 라디오 드라마로 다시 만들었고, 뮤지컬도 제작되었으며, 다른 사람이 쓴 것이지만 소설도 나왔다. 그만큼 이 드라마는 6·25 전쟁이 가져온 이산가족의 아픔을 잘 소화한 '비극의 고전'[12]이 되었다. 또한 이런 소재의 문예 작품이 상업적인 성공을 거둘 만큼 여전히 이산가족 문제가 우리 사회에 큰 상처로 남아 있다는 반증이기도 하다.

주

1) 정연태, 2010, pp.43~44.
2) 한국민족문화대백과, 이산가족, 한국학중앙연구원.
3) 은기수, 1997, p.83.
4) 은기수, 1997, pp.83~84; 김충남, 2006, p.115; 김행선, 2009, p.27; 한국민족문화대백과.
5) Daily NK, 2011. 9.12.
6) 한국민족문화대백과, 이산가족, 한국학중앙연구원.
7) 황윤태, 국민일보, 2020. 10.11.
8) 한운사, 2006, p.144.
9) 한운사, 2006, p.145.
10) 한운사, 2006, p.145.
11) 한운사, 2006, pp.147~148.
12) 한운사, 2006, p.148.

신사동 그 사람

정은이 작사
남국인 작곡
주현미 노래
1988년

희미한 불빛 사이로 마주치는 그 눈길 피할 길 없어
나도 몰래 사랑을 느끼며 만났던 그 사람
행여 오늘도 다시 만날까 그날 밤 그 자리에
기다리는데
그 사람 오지 않고 나를 울리네
시간은 자정 넘어 새벽으로 가는데
아 그날 밤 만났던 사람 나를 잊으셨나 봐

희미한 불빛 사이로 오고 가는 그 눈길 어쩔 수 없어
나도 몰래 마음을 주면서 사랑한 그 사람
오늘 밤도 행여 만날까 그날 밤 그 자리에
마음 설레며
그 사람 기다려도 오지를 않네
자정은 벌써 지나 새벽으로 가는데
아 내 마음 가져간 사람 신사동 그 사람

〈신사동 그 사람〉 80년대 강남 유흥가의 사랑 풍속도

이 노래가 나와 히트한 1988년은 서울올림픽이 열리던 때이고, 저는 청와대에서 바쁘게 근무하고 있었습니다. 그래서 텔레비전을 볼 틈도 없이 일에 쫓기다보니 그 당시 어떤 노래가 유행하는지도 잘 모르고 지냈습니다. 그래서 당시 크게 인기를 얻었던 〈신사동 그 사람〉은 세월이 제법 지난 후에 비로소 저는 배우게 되었습니다. 이 노래는 리듬의 높낮이가 심한데다 흐름도 빨라 음의 강약과 장단의 조절이 쉽지 않아 취미로 노래를 하는 아마추어가 자신만의 감성을 넣어 완성도를 높이기가 상당히 어렵다고 봅니다. 독자 여러분도 아마 저와 같은 느낌을 받을 것입니다.

이 노래를 작사한 정은이와 작곡한 남국인은 부부입니다. 한국 대중가요계에서 부인이 작사하고, 남편이 작곡하여 만든 노래가 히트한 경우는 그렇게 많지 않습니다. 이들 부부와 함께 〈그 겨울의 찻집〉 등을 만든 양인자·김희갑 부부와 〈옛 시인의 노래〉 등을 작사, 작곡한 이경미·이현섭 부부가 그 대표적인 예입니다. 이들 때문에 우리는 삶을 윤택하게 하는 좋은 노래를 부를 수 있어 정말 행복합니다.

이제 1980년대 강남에서 꽃피었던 유흥문화를 반영하는 대표적인 노래 〈신사동 그 사람〉을 둘러싼 여러 사항들을 살펴보도록 하겠습니다.

해방 이후 밤의 유흥문화 전개과정

1945년 8월15일 일제의 패망으로 해방이 되자 한반도의 남쪽에는 미군정이 실시되었다. 이 과정에서 한국은 미국문화의 압도적인 영향권에 들어가 있었다. 미군 등 미국 사람들과의 인적 접촉을 통해서나 매스컴을 통해 들어온 퇴폐적이고 향락적인 유흥문화는 정치사회적 혼란의 와중에 빠져 있던 한국인의 마음을 단번에 사로잡았다.

곧이어 터진 6·25 전쟁으로 수많은 사람들이 가진 재산을 송두리째 잃고, 죽거나 다쳤다. 그 당시 사람들은 전쟁이 초래한 아수라장 속에서 시시각각 다가오는 생존의 위기를 연속적으로 겪으며 살아가야 했다. 이처럼 생사의 기로에 서서 내일을 기대할 수 없는 전쟁이라는 '극한상황'에서 오는 불안과 허무감, 그리고 결핍으로 인한 고통을 '말초적 향락과 찰나적 쾌락 추구'로 해소하려고 했다.[1] 그래서 전쟁의 와중에도 임시수도 부산에서 춤과 노래가 중심이 된 밤의 향락문화가 제법 꽃피고 있었다.

그런 유흥문화의 중심에 댄스의 열풍, 즉 춤바람이 있었다. 시부모 봉양, 남편 내조, 육아 등에 시달리는 주부들은 사람의 개성을 존중하는 미국문화의 영향을 받아 답답한 일상에서 벗어나 감춰진 욕망을 드러내고 싶어 했다. 춤과 술, 그에 따른 성적(性的) 방종은 사회적 지탄과 법적 단죄의 대상이 되긴 하지만 어쨌든 그들에게 '일종의 탈출구'는 물론 해방감을 주었다.[2]

춤바람 속에 터진 박인수 사건, 그리고 자유부인

남자와 여자가 서로 안고 춤을 추는 문화가 없는 한국사회에서 이즈음 가장 뚜렷하게 들 수 있는 것이 노래와 춤, 그리고 술이 흥청거리는 카바레의 등장이다. 겨우 사람들의 윤곽만 보일 정도로 어두운 조명 아래서 서로 모르는 남녀가 몸을 부딪히며 춤을 추면서 일어나는 감정을 억제하지 못하면 곧바로 일탈로 이어진다. 더구나 카바레에서 순진한 여성을 이용하려는 소위 제비라는 이름의 춤꾼들이 농간을 부릴 대상을 항상 물색하고 있기도 하다. 그래서 이런 공간에서 가정 파탄에 직면한 유부녀들이 많이 생기게 되었다.

카바레 등 유흥가를 중심으로 성적 일탈이 일어나는 향락풍조가 만연한 가운데 일어난 대표적인 성추문 사건이 바로 박인수 간통죄 사건이다. 화술과 매너가 좋은 그는 해군 헌병대위를 사칭하면서 1954년 4월에서 1955년 6월까지 국일관, 낙원장, 해군장교구락부 등을 돌며 여대생을 포함하여 70여 명의 여인들을 간음한 것으로 드러나 충격을 주었다. 사법조치를 당한 그는 재판과정에서 "나는 결혼을 약속한 적이 없으며, 여자들이 스스로 따라왔다"고 말하였다. 또한 그는 "댄스홀에서 함께 춤을 춘 이후 여관으로 가는 것은 상식화"되어 있으며, 관계한 여인 중에는 "단 한 명만이 처녀였다"고 증언하였다.[3] 법원은 법은 정숙한 여인의 건전하고 순결한 정조만을 보호'한다며, 1심에서 무죄를 선고했으나 2심과 3심에서는 1년의 징역형을 선고하였다.

이처럼 사회의 시선에서 잠시 멀어진 이런 일탈 공간에서 그들은 부기우기, 맘보, 차차차, 룸바, 탱고와 같은 서양 리듬에 맞추어 춤을 추었다.[4] 특히 부유층 사이에 이런 사교댄스가 유행하였다. 이에 따라 1950년대 중반 서울 시내에 20여 곳의 기존 허가업소 외에 무허가 댄스홀도 100개 소가 넘었다고 한다.[5]

댄스홀에서 사교댄스가 유행함에 따라 소위 양키시장에서 판매하는 코카콜라와 국산맥주의 50% 이상이 댄스홀이나 카바레에서 소비되었다고 한다. 카바레와 같은 은밀한 공간에서는 물론 중국요리점 등에서 무역업자, 중소기업주, 은행원 등이 춤을 추었다. 댄스를 모르면 시대에 뒤떨어진 사람으로 취급당하는 분위기라 댄스교습이 유행병처럼 번졌다. 심지어 가정집까지 춤 선생을 초빙하여 춤을 배우는 등 그 춤바람이 맹위를 떨쳤다. 그 당시 레코드 회사들은 춤을 출 때 사용하는 댄스용 경음악 음반을 많이 출시하였는데, 어떤 때는 이런 유의 레코드가 제작 음반의 90% 가까이 되었다.[6]

대체로 춤바람을 이끄는 노래의 리듬은 시절과 유행 따라 변한다. 해방 이후 한국인의 춤바람 유행을 선도한 것은 부기우기 리듬이었다. 이런 분위기에 맞춰 윤일로의 〈가타 부기〉와 박단마의 〈슈샤인 보이〉와 같은 부기우기 리듬의 노래가 히트했다. 곧 이어 블루스 리듬이 인기를 끌면서 안정애의 〈대전 블루스〉, 고운봉의 〈명동 블루스〉가 나왔다. 아울러 환도(還都) 이후에는 탱고풍의 춤이 인기를 끌면서 송민도의 〈비의 탱고〉, 진방남의 〈망향의 탱고〉, 현인의 〈서울야곡〉 등 탱고풍의 노래도 국민들의 사랑을 받았다.

그 이후 부유층은 물론 서민들도 추는 맘보춤이 많이 유행하였다. 맘보춤의 유행과 함께 맘보 바지, 맘보 카라멜이 나와서 인기를 끌었다. 또한 김정애의 〈닐리리 맘보〉, 심연옥의 〈도라지 맘보〉 등 맘보라는 이름이 들어간 노래가 크게 유행하였다. 그 당시 대단히 화제가 되었던 소설 〈자유부인〉의 여자 주인공 오선영을 자극한 것은 바로 맘보춤이다. 그녀는 맘보춤을 추면서 남편의 제자인 젊은 남자와 놀아났다. 1950대 말부터 맘보의 자리에 차차차 리듬이 들어와 자리잡게 되었다. 이런 분위기에 맞춰 황정자의 〈오동동 타령〉과 〈노랫가락 차차차〉와 김용만의 〈정열의 차차차〉, 김정애의 〈앵두나무 처녀〉와 같은 노래가 인기를 끌었다.[7]

1954년 소설가 정비석이 서울신문에 연재하여 낙양(洛陽)의 지가(紙價)를 올린 〈자유부인〉은 전후 퇴폐풍조가 무르익은 사회풍조 속에 이런 일탈된 행동이 일어나고 있는 사회현상을 제대로 그리고 있다. 대학교수의 아내가 젊은 남자와 춤바람에 빠져 불륜관계를 맺는 이 소설의 사회적 반향은 엄청났다. 황산덕 서울법대 교수는 〈대학신문〉에 '자유부인 작가에게 주는 공격문'을 통해 이 소설이 대학교수를 모독했다는 비난을 퍼부었다. 그러자 정비석 소설가는 서울신문에 이에 대한 반박문을 실었고, 일반 독자들도 이 논란에 가세했다. 어떤 여성단체가 전체 여성을 모독했다며 고발을 하여 소설가 정비석은 경찰에 끌려가 취조를 받기도 하였다.

이런 격심한 논쟁과정을 통해 '자유부인'은 바람난 여성의 대명사가 되었다. 자유부인과 놀아난 대학교수의 제자가 그녀를 부를 때 사용했던 '마담, 마담'이라는 말도 동시에 유행하였다. 이런 인기에 힘입어 단행본으로 나온 소설은 14만여 권이 팔릴 정도로 베스트셀러가 되었다. 이 소설을 바탕으로 1956년 한형모 감독이 박암, 김정림, 양미희 등을 캐스팅하여 영화로 만들었다. 이 영화에 나오는 교수부인과 남자 대학생의 포옹과 키스신이 사회도덕을 해쳤다는 논란을 다시 일으키면서 13만여 명의 관객을 동원할 정도로 대중의 관심을 받았다.

이렇게 퇴폐적인 향락에 빠져 비틀거리는 자유부인의 모습에서 전통적 가부장제가 흔들리는 것을 확인할 수 있다. 그 당시 이 영화를 관람한 여성들은 여자 주인공의 타락은 "자신들과 거리가 먼 이야기"라는 말을 하면서도, "내심으로 선망과 동경, 그리고 두려움이 교차했다"[8]고 술회하고 있다.

차차차에서 고고와 디스코 열풍, 그리고 브레이크 댄스

1960년대 접어들자 본격적으로 시작된 경제개발과 미국문화의 유입과 함께 우리나라의 유흥문화도 변화하기 시작하였다. 1950년대 말 이후 인기를 끌었던 차차차 리듬이 퇴조하고 트위스트가 크게 유행하였다. 이에 따라 이시스터즈의 〈울릉도 트위스트〉, 박재란의 〈둘이서 트위스트〉 등 트위스트 리듬을 타는 노래가 쏟아져 나왔다.[9]

트위스트 리듬이 인기를 얻자 영화 〈맨발의 청춘〉에 출연하여 이름을 날렸던 가수 김한섭은 자신의 예명을 트위스티 김이라고 작명할 정도였다. 1970년대에 접어들자 고고와 디스코가 유행하였고, 1980년대는 1970년대에 유행한 디스코가 계속 인기를 얻었다가 브레이크 댄스의 열풍이 불었다.

이런저런 춤바람과 함께 한국의 유흥문화도 사회 풍속의 변화에 맞추어 점차 변해가고 있었다. 서양문화가 광범위하게 확산되면서 맥주와 위스키를 파는 서양 스타일의 바와 비어홀이 많이 등장하였다. 한편 그 시절 미인들이 고급요리와 술을 서비스하는 요정에 고위층과 부유층이 은밀하게 드나들며 정치적 밀담과 상담을 나누던 '요정정치'가 유행하였다. 이런 곳을 대표하는 요정은 서울시 종로구 삼청공원 인근에 위치한 삼청각 등이 있다. 그러나 그런 비싼 곳을 갈 수 없는 서민들은 포장마차나 '니나노집'이라는 싸구려 술집에서 술을 마셨다.[10]

1960년대 본격적으로 시작된 경제개발과 서양풍의 영향으로 카바레는 더욱 성업하게 된다. 일종의 욕망의 해소공간으로 알려진 카바레는 남녀 간의 불륜을 넘어 소위 제비족이 유부녀를 상대로 돈을 갈취하는 등 범죄공간으로 변해갔다. 1977년에 전국의 카바레 숫자는 100개가 넘었으며(서울에는 52곳), 나이트클럽은 39곳이나 되었다. 퇴폐업소라는 카바레에 대한 여론의 질타와 당국의 엄포와 단속에도 불구하고 1980년에는 200군데로 늘어났다.[11]

춤은 유행 따라 변한다. 1970년대 10대와 20대 청년들에게 인기가 있었던 고고는 1960년대 중후반 한국에 상륙하였다. 1971년 3월14일자 '밤을 흔든다'는 제하의 조선일보 보도에 의하면 서울의 한 고고클럽에 평일에는 200여 명, 붐빌 때는 500명이 넘게 들어와 춤을 춘다고 전하고 있다. 이런 광란의 고고 바람도 1970년대 후반에는 디스코가 유행을 하면서 그 자리를 내어주었다.

경제개발과 함께 매춘산업도 번성

사회적인 비난과 질타에도 불구하고 돈을 받고 성(性)을 사고파는 매매춘이 사회적인 변화와 부침을 같이 하며 여전히 뿌리를 내리고 있었다. 1947년 공창(公娼)에 있었던 창기(娼妓) 2124명이 사창(私娼)으로 전업하였으며, 1948년 2월 공창제는 공식적으로 폐지되었다. 대체로 가난 때문에 무작정 집을 나온 농촌의 딸들과 6·25 전쟁 이후 살 길이 막막해진 부녀자들이 사창가에 진입하였다. 배운 것도 없으며, 재산도 없고, 기술도 없는 전쟁 미망인들은 식모살이를 하거나 윤락여성이 되었다. 1956년 보건사회부 통계에 의하면 접대부는 모두 40만 명이다. 그 중에서 유엔군 상대 접대부는 65.5%, 한국인 상대 사창은 8.7%, 나머지는 댄서나 기생이었다고 한다. 1959년 서울시경의 조사에 의하면 서울시 내에 모두 2700명의 매춘부가 있었으며, 전국적으로 30만 명 정도 된다고 하였다. 댄스홀, 빠 등 음성적으로 활동하는 윤락여성을 감안하면 더 많을 수도 있다.[12]

해방과 함께 이 땅에 온 미군이 6·25 전쟁 이후에도 계속 주둔하게 됨에 따라 미군기지 주변의 유흥가에서 활동하는 소위 '유엔마담', '양공주' 등의 이름으로 불리어지는 화류계 여인의 숫자도 늘어갔다. 그들은 미군 상대 클럽에서 기본급 외에 '드링크 머니'라 하여 손님들에게 판 술값의 20~50%를 따로 받았다. 그래도 생계를 유지할 만한 수입이 되지 않아 매춘을 하게 되었다.[13]

1960년대 소위 '양공주(洋公主)'로 명명된 기지촌 주변의 성매매 여성은 이태원, 의정부, 송탄 등 전국 62개 지역에 약 2만 5000명에서 3만 명 정도 되었다고 한다. 1962년 정부는 전국에 모두 104개의 특정윤락지역을 설치하였다. 1960년대와 70년대는 대체로 농촌 출신 여성들이 도시로 와서 공장노동자로 근무하다가 저임금 등 악화된 근로환경을 견딜 수 없어 매춘의 길로 들어서는 경우가 많았다. 취업사기나 인신매매 등으로 이곳에 끌려온 경우도 있었다. 그 당시 나온 다른 자료에 의하면 정부의 공적 검진을 받는 여성은 댄서 2만997명, 접대부 2만 4950명, 밀집촌 창녀 2만 6623명, 기타 1만 532명이나 된다고 한다.[14]

1970년대 말부터 술집, 음식, 숙박업 등이 급속도로 증가함에 따라 '매춘의 산업화' 경향이 심해졌다. 유흥업소에서 손님을 접대하는 관행이 있는 기업의 접대문화에다 갑자기 돈이 생긴 졸부들이 유흥업소를 출입하면서 향락산업은 빠른 속도로 커져갔다.

특히, 서울의 강남개발이 본격화되면서 1980년대부터 신사동, 논현동, 서초동 등 강남지역에서 향락산업이 번창하였다. 또한 요정, 룸살롱, 카바레, 안마시술소, 이발소 등 다양한 방식으로 매춘이 이루어질 뿐만 아니라 주택가로 파고들 정도로 광범위하게 확산되었다. 1988년 통계에 의하면 음식숙박업 매출이 국민총생산의 5%를 차지했다고 한다. 또한 여성 취업인구 중 서비스 직업에 종사하는 사람은 1980년에 9.9%인 데 반해 10년 후인 1990년대에는 16.7%로 급증하게 된다.[15]

해방 이후 유흥가 여인을 주인공으로 하는 노래들

해방 이후 이렇게 꾸준히 유흥업이 번창하는 가운데 이곳에서 일하는 여인들의 심정을 담은 노래들이 여러 차례 나와 인기를 얻었다. 그 중에서 1953년 가수 한정무가 처음 취입했으나 후에 안다성이 다시 불러 크게 히트했던 〈에레나가 된 순희〉(손로원 작사, 한복남 작곡)는 도시로 와서 '카바레 무희'나 '양색시'가 된 농촌 출신 여성의 '슬픈 사연'을 그리고 있다.[16] 이 노래의 가사에 나타났듯이 농촌에서 석유 등잔불 아래서 실패를 감던 그녀가 이제 카바레의 무희가 되어 말소리가 달라지고, 양담배마저 피우고 있을 정도로 타락하였다.

1959년 안현철 감독이 메가폰을 잡은 영화 〈과거를 묻지 마세요〉의 주제가로 나와 히트했던 나애심의 노래 〈과거를 묻지 마세요〉(정성수 작사, 전오승 작곡)도 6·25 전쟁 중에 있었던 일들과 화류계 여성들의 삶과 관련하여 여러 가지 화두를 던져주고 있다. 황해, 문정숙, 박노식 등이 출연한 이 영화는 절도죄로 법정에 선 성실한 사람을 변호사 친구가 잘 변호해서 석방되어 새롭게 출발하는 것을 주요 내용으로 하고 있다. 유흥가에 있는 여인들의 과거와 이 영화가 직접적으로 관련이 있는 것은 아니다.

그러나 6·25 전쟁의 와중에 상상할 수 없는 일들이 일어났다. 인민군 치하에 부역을 한 일이나, 피치 못하게 다른 사람과 동거를 하였다든지, 먹고 살기 위해 술집에 나간 일 등 차마 남에게 말할 수 없는 이상한 일들을 많은 사람들이 겪었다. 그래서 이 영화가 나왔던 1950년대 중후반에 상대방의 과거를 꼬치꼬치 캐묻는 것은 대단히 실례였다. 자꾸 남의 과거를 묻는 것은 신경과민 상태에 있는 사람들의 화를 돋우어 바로 싸움을 거는 것과 같았다.

특히, '과거를 묻지 마세요'라는 말이 가진 묘한 뉘앙스가 화류계 여인의 삶과 관련하여 이상한 상상을 일으킨다. 술을 먹고 춤을 추면서 가명을 사용하여 살았으나 이제 손을 씻고 새 삶을 사는 화류계 여인에게 과거를 묻는 것은 대단히 실례이다. 숨기고 싶은 과거를 가진 화류계 여인들에게 그녀의 신상을 집요하게 묻는 손님들이 있을 것이다. 그럴 때 그 여인이 해줄 수 있는 말은 '저의 과거를 묻지 마세요'가 아닐까 생각된다.

1960년 박신자가 노래한 〈댄서의 순정〉(김영일 작사, 김부해 작곡)은 카바레 등에서 손님들을 위해서 붉은 등불 아래 빨간 드레스를 걸치고 처음 본 남자 품에 안겨 춤을 추는 댄서의 애환을 그리고 있다. 그렇게 손님과 춤을 추고 난 뒤 숙소로 오면 외롭게 창가에 서서 그들은 자신의 처량한 신세를 한탄하며 남모르게 눈물을 지을 것이다.

1971년 이호가 작사, 작곡하고 조미미가 불러서 히트한 〈먼 데서 오신 손님〉과 〈단골 손님〉(임영일 작사, 이인권 작곡)은 술집 등 환락가에 찾아오거나 호객을 하여 모신 손님을 받아 생계를 이어가는 화류계 여성의 사랑 노래이다.[17] 이곳에서 근무하며 살아가는 사람들의 상당수가 김정애의 〈앵두나무 처녀〉에서 얘기한 대로 대중의 욕망과 희망을 대변하는 도시로 '단봇짐을 싼' '이쁜이와 금순이' 등 이농민 출신 처녀들이다.[18]

정부의 의욕적인 강남 개발

1970년대까지 서울의 유흥문화를 포함한 서울시민의 삶의 주요한 일들은 명동과 무교동, 그리고 충무로를 중심으로 일어났다. 그 당시 박정희 정부는 휴전선에서 멀지 않는 서울시에 너무 많은 인구가 모여 있으며, 이로 인해 교통난·주택난 등 많은 문제가 생긴다고 판단하였다. 강북 인구의 과밀을 해소하고, 서울시 도심기능 분산과 균형개발 차원에서 강남 개발이 강력히 추진되었다. 이를 위해 그들은 우선 기존 도심부 등 강북의 일부 지역을 특정시설 제한구역으로 지정하여 공장, 백화점, 도매시장, 각종 유흥시설의 신설을 몹시 억제하였다.

전성기를 구가하던 강북에 비해 1960년대 이전 강남은 벼나 과일 혹은 채소를 기르는 논밭을 가로지르는 소로(小路)에 소달구지나 지나가는 등 농촌 분위기가 강하게 풍기는 곳이었다. 1970년대 이후 역대 정부는 강남개발을 촉진하기 위해 다리와 도로, 지하철, 고속터미널, 아파트 건설 등 대대적인 인프라 투자를 단행하였다. 예를 들어 1969년 제3 한강교, 1970년 경부고속도로와 남산 1호 터널이 개통되었다. 또한 1972년 7월 잠실대교, 1978년 남산 3호 터널, 1981년 10월 강남고속터미널이 완공되었다. 이와 함께 서울올림픽을 앞두고 1986년에는 올림픽대로가 준공되어 강남시대를 여는 데 큰 역할을 하였다.

그들은 영동과 잠실 등 강남을 개발촉진 지구로 지정하여 부동산 투기 억제세 등 국세와 취득세, 재산세 등 지방세를 감면하였다. 아울러 경기고, 서울고, 숙명여고 등 전통적으로 일류학교로 평가받고 있는 명문 고등학교와 대학입시에서 좋은 성적을 내는 일류 학원들이 옮겨와 소위 말하는 교육특구라 불리는 '강남 8학군'이 그곳에 형성되었다.

1975년에 강남구를 신설한 정부는 대법원과 검찰청, 관세청 등 몇몇 정부기관을 강남에 이전하였다. 아울러 잠실종합운동장과 예술의전당 등 한국의 대표적인 문화체육시설과 대형병원, 백화점, 공원, 호텔 등 각종 보건의료 및 편의시설도 대폭 확충하였다. 심지어 정부는 유흥업소가 강남에 자리를 잡으면 세금을 감면해주는 정책을 추진하였다.[19] 이제 강남은 한국의 부(富)와 권세, 그리고 교육은 물론 유흥문화의 중심으로 자리매김하게 되었다.

1980년대 초는 강남 개발의 열풍이 심하게 불던 시절이었다. 반포와 압구정, 잠실 등에 대형 아파트 단지가 많이 만들어졌다. 이렇게 아파트 공화국이라는 말을 들을 정도로 우후죽순처럼 생긴 아파트가 인기의 상종가를 치기 시작하자 1982년 윤수일이 부른 〈아파트〉(윤수일 작사, 작곡)가 공전의 히트를 쳤다.

〈신사동 그 사람〉에서 드러난 1980년대 강남 유흥가의 사랑 풍속도

1980년대는 부동산 투기와 증권 투자 등으로 갑자기 돈을 많이 번 벼락부자들과 저유가, 저금리, 저물가 등 3저 호기로 기회를 잡은 기업가 등이 선도한 강남의 유흥문화가 한창 꽃피던 시절이었다. 그들은 한국의 유흥문화 중심으로 우뚝 선 강남의 스탠드바, 디스코텍, 나이트클럽, 룸살롱과 고급 음식점에서 술을 마시고, 춤과 노래를 부르며 즐겁게 밤을 보냈다. 그래서 영동 등 강남의 특정 지명을 이용한 화류계 여인의 노래가 이 시절 유행하게 된다.

김수희가 노래한 〈멍에〉(추세호 작사·작곡, 1982년)는 쉽게 만났다 미련 없이 헤어지는 홍등가 여인의 사랑과 이별을 그린 노래이다. 강남의 유흥시설에 근무하는 여인들이 자기 연민의 정으로 이 노래를 많이 부르곤 했다고 한다. 주현미가 불러서 히트한 〈비 내리는 영동교〉(정은이 작사, 남국인 작곡, 1985년), 〈영동 블루스〉(안치행 작사, 안치행 작곡, 1985년). 그리고 〈신사동 그 사람〉(정은이 작사, 남국인 작곡, 1988년)은 물론 문희옥의 〈사랑의 거리〉(정은이 작사, 남국인 작곡, 1987년)는 1980년대 강남 유흥가 여인의 사랑과 이별을 다룬 노래를 대표한다.

이 시절 신흥 개발지 강남으로 대표되는 유흥 공간은 남서울 영동에 있는 신사동과 그 주변지역이 차지하게 된다. 이렇게 강남에 위치한 유흥가에서는 〈사랑의 거리〉의 가사에서 드러나듯이 "사계절은 모두 봄봄봄 웃음꽃 피니까 외롭거나 쓸쓸할 때는 누구라도 한 번쯤은 찾아오세요"라며 노골적으로 호객을 한다. 그렇게 불러들인 손님이든 아니면 스스로 찾아온 손님이든 '먹고, 마시고, 노는' 그 '환락의 동선'[20]을 오며가며 손님과 유흥가 여인과의 일회적 사랑이 상습적으로 이루어진다. 주현미가 부른 〈신사동 그 사람〉은 그 시절 이처럼 '욕망의 공간'인 영동에서 흥청망청 술을 마시고 춤을 추며 노래를 부르면서 정이 든 남자를 새벽까지 기다리는 화류계 여인의 심사를 잘 표현하고 있다.

이 노래를 부른 주현미는 중앙대 약대를 나온 화교(華僑) 출신으로 어릴 때부터 노래를 잘 불렀다고 한다. 작곡가 정종택 선생의 곡을 받아 1975년 중학교 1학년 때 앨범을 내기도 했다. 1984년 대학을 졸업하고 서울시 중구 필동에서 한울약국을 하고 있었는데 정종택 작곡가의 권유로 작곡가 겸 가수인 김준규와 '쌍쌍파티'를 녹음하게 되었다고 한다. 원래 이 작업은 가수 조미미가 녹음을 하도록 되어 있었는데 사정 때문에 오지 못하게 되어 주현미가 대타로 기용되었다. 그런데 아침에 자고 일어나니 유명인사가 되었더라는 말처럼 자신도 모르는 사이에 이 노래가 엄청나게 히트했다고 한다. 그런 일이 있은 후 어느 날 남대문시장을 지나가는데 귀에 익은 목소리가 들려서 장사하는 아저씨에게 물어보니 요즘 히트하는 노래라며 테이프를 사라고 주현미에게 권유를 했다고 한다. 그래서 자신이 부른 노래라고 하니까 믿지 못하겠다고 해서 그 사람 앞에서 불렀다는 에피소드가 있다.[21] 이 노래는 잘 나갈 때는 하루에 1만 장이 나가는 초대형 히트작이 되었다.

〈신사동 그 사람〉이 실린 주현미 2집 앨범.

1985년 3월 주현미는 정은이 작사, 남국인 작곡의 〈비 내리는 영동교〉를 타이틀곡으로 하는 첫 정규 앨범을 내었다. 4분의 3 박자 왈츠풍의 트로트곡인 이 노래는 나오자마자 인기를 얻었다. 그 당시 트로트는 이미 인기를 상당히 상실한 상태였는데도 기이하게도 이 노래는 대중의 관심을 끌었다. 그녀는 이 노래로 1985년 KBS와 MBC 방송의 연말 가요대상에서 여자 신인가수상을 받았다. 이 일로 그녀는 자신이 경영했던 약국을 후배에게 넘기고 직업가수의 길로 들어섰다.

1988년 주현미는 〈신사동 그 사람〉, 〈비에 젖은 터미널〉(정은이 작사, 남국인 작곡) 등이 포함된 앨범을 또 다시 내게 된다. 당초 그녀는 〈비에 젖은 터미널〉을 타이틀곡으로 할 예정이었으나 남편 임동신의 강력한 권유로 〈신사동 그 사람〉을 타이틀곡으로 했다고 한다. 대중의 기호를 바로 적중한 이 선택으로 인해 주현미는 1980년대 후반 인기가수의 정상에 서게 된다. 그녀는 이 노래로 1988년 KBS와 MBC의 연말 가요대상을 동시에 받았다.

약사 주현미를 일약 스타 가수 반열에 오르게 한 〈쌍쌍파티〉. 1984년 1집 앨범이 나왔고 12월에 카세트 테이프가 발매되어 1980년대 중반 전국 거리와 택시·버스 등 대중교통에 흥겨운 메들리가 넘쳐 흘렀다.

주

1) 김행선, 2009, p.45, 장유정, 2015, p.186.
2) 전경옥·변신원·김은정·이명실, 2005, p.30.
3) 김행선, 2009, p.49.
4) 박성서, 2019, p.155.
5) 장유정, 2015, p.191.
6) 김행선, 2009, pp.47~48.
7) 김행선, 2009, p.46; 박찬호, 2009, pp.342~357.
8) 김소희, 2000, p.88.
9) 박찬호, 2009, pp.347~349.
10) 김명환, 2006, pp.74~75.
11) 김명환, 2006, pp.83~96.
12) 전경옥·변신원·김은정·이명실, 2005, p.48; 김행선, 2009, p.42; 강정숙, 2009, p.300.
13) 전경옥·변신원·김은정·이명실, 2005, p.52.
14) 전경옥·변신원·김은정·이명실, 2005, p.174; 김명환, 2006, p.130; 서중석, 2007; 김행선, 2009, p.44; 강정숙, 2009, p.301.
15) 강정숙, 2009, pp.301~302.
16) 이영훈, 2007, p.150.
17) 이영미, 2008, p.149.
18) 이영미, 2008, p.144.
19) 주현미, 2020, p.44.
20) 김재관·장두식, 2007, pp.263~264.
21) 주현미, 2020, pp.38~39.

마무리 글

대중가요가 본격적으로 태동한 1920년대 이후 지난 100년 간 한국인들은 많은 일들을 겪으며 고난으로 점철된 격동의 세월을 살아왔습니다. 나라가 망하면서 일제의 식민지가 되어 국가 잃은 민족의 슬픔을 처절하게 맛보았습니다. 그렇게 이민족의 식민지배 아래 힘들게 지내다 타인의 힘으로 광복을 맞이했습니다. 이제 자유와 정의가 제대로 구현되는 자주독립 국가를 만들어보자는 꿈이 영글기 전에 국내외에서 전개된 격렬한 좌우 이념전쟁으로 국토가 분단이 되었습니다. 북한의 기습남침으로 시작된 6·25 전쟁으로 수백만 명이 죽거나 다치며 나라는 잿더미가 되었습니다.

그런 전쟁 폐허와 대중적 빈곤의 아픔을 딛고 우리는 1960년대부터 '하면 된다'는 신념 아래 지도자와 온 국민이 하나가 되어 나라의 근대화에 매진하였습니다. 그 결과 우리는 세계인이 놀랄 만한 기적을 일구었습니다. 그 첫째가 경이적인 성장을 기록한 '경제 기적'입니다. 1964년 1억 달러 수출에서 1971년 10억 달러 수출로, 1977년 100억 달러 수출로 세계사에서 유례를 찾아보기 힘든 경제발전을 이룩하였습니다.

1970년대까지 박정희 정부가 급속히 추진한 경제근대화 과정에서 자유민주주의가 많이 위축되고, 사회분위기가 경직되었으며, 농민과 노동자가 상대적으로 분배에서 소외되었습니다. 그러나 나라의 국력은 올라가고, 과거 초근목피로 배를 굶주리며 근근이 살아가던 사람들의 삶은 현저히 개선되었습니다.

1980년대에 들어와서도 권위주의 정부의 지도 아래 경제발전을 위한 정부와 국민의 노력은 계속되어 엄청난 성과를 거두었습니다. 특히 1980년대 중후반에 있었던 소위 3저(低) 호기(저물가, 저유가, 저금리)로 수출은 엄청나게 늘면서 국제수지가 크게 개선되었습니다. 더구나 88올림픽을 개최한 이후 소련, 중국, 동구권 국가들과 수교를 하면서 한국의 국제적 위상은 많이 올라갔습니다.

야당과 학생, 종교계 등 재야그룹에서 나라의 민주화를 요구해왔습니다. 특히 경제발전과 동시에 중산층이 두꺼워지면서 그들은 권위주의 정부의 퇴장을 요구하는 야권의 입장을 지지하면서 한국은 1987년 6·29 선언을 통해 급속히 권위주의 체제의 민주화를 이행하였습니다.

제2차 세계대전 이후 이렇게 '경제 기적'과 '민주 기적'을 동시에 이룩한 나라는 대만 등 몇 개 국가뿐입니다. 더구나 한국이 원조를 받는 나라에서 원조를 주는 나라로 변해 가는 것을 보면 금석지감(今昔之感)을 금할 수 없습니다.

1960년대 시작한 한국의 근대화 혁명은 여기서 멈추지 않았습니다. 1980년대 중후반 이후 시작된 민주화로 표현의 자유가 확대되면서 한국인 특유의 잠재된 예술적 끼가 폭발하였습니다. 1990년대 이후 한국의 가요, 영화, 드라마 등 대중문화가 대만, 중국, 베트남, 태국, 인도네시아, 필리 핀 등 동남아시아와 중앙아시아 등에서 인기를 끌기 시작하였습니다. 이른바 '대중문화 한류'가 형성되면서 늘 외래문화를 받아들이던 '문화의 수신자'에서 우리 문화를 세계로 보내는 '문화의 발신자'로 전환되었습니다.

시간이 흐르면서 대중문화 한류의 폭은 넓어지고, 깊이는 더해가고 있습니다. 몇 년 전 가수 싸이가 부른 '강남 스타일'의 세계적인 히트나, 최근 방탄소년단의 노래들이 빌보드 차트 1위에 오른 것을 보면 K팝의 위력을 확인할 수 있습니다. 또 봉준호 감독의 '기생충'이 아카데미 영화상을 수상하여 '대중문화 한류'의 기세가 대단하다는 것을 입증했습니다. 요즘 우리 가요계를 비롯한 대중문화계의 위대한 성취에는 여건이 좋지 않았는데도 이 길을 개척한 선구자들의 엄청난 희생과 헌신이 바탕이 되었다고 봅니다.

최근 우리는 '대중문화 한류'를 넘어 한국의 음식과 주거, 화장품 등 한국인의 삶의 방식, 즉 '생활문화 한류'가 진행되는 느낌을 갖게 되었습니다. 이처럼 한국은 해방 이후 분단과 전쟁 그리고 대중적 빈곤의 어려움을 이기고 '경제 기적', '정치 기적'에 이어 '문화 기적'이라는 '트리플 크라운'(삼관왕)을 달성하였습니다. 세계사에 이런 빛나는 업적을 이룩한 나라들은 소위 제국(Empire)을 형성한 로마, 영국 등 유럽의 선진국이나 오늘의 미국 등 몇몇 국가에 불과합니다.

이를 더 심화시키고 발전시켜 세계인의 삶을 이끄는 사상과 이념을 만들어 유통시키는 것이 우리에게 남은 앞으로의 과제입니다. 이를 일러 저는 '정신문화 한류'라 부르고 싶습니다. 만약 우리가 이런 일을 성공적으로 해내면 우리의 선조들과 선각자들이 그토록 이루고 싶었던 '일류 문화 선진국'이 되는 것입니다. 이는 인도의 시성(詩聖) 타고르가 과거 한국을 두고 말한 대로 우리나라는 '동방의 빛'이 되는 것입니다.

수많은 난관을 뚫고 이렇게 위대한 역사를 성취한 한국인의 삶을 어루만지며 이끌었던 것이 바로 한국의 대중가요입니다. 한국의 대중가요는 아무리 밟아도 다시 일어서는 잡초의 왕성한 생명력을 뽐내며 지금까지 한국인의 감성을 이끌었습니다. 굴곡 많은 한국사와 호흡을 같이 하며 우리의 대중가요는 지금까지 온갖 풍상을 겪은 한국인의 기쁨과 슬픔을 같이 하였습니다. 그런 의미에서 보면 한국의 역사와 우리 대중가요의 흐름은 서로 떼고 싶어도 도저히 뗄 수 없는 밀접한 관계를 맺어왔습니다.

사실 한 대중가요가 어떤 시대에 인기를 얻는다는 것은 그 가요가 그 시대정신을 제대로 반영했기 때문입니다. 이 시대정신은 그 당시 일어난 크나큰 정치사회적 사건들과 연관되어 있습니다. 저는 대중들이 몹시 좋아하는 가요를 정치사회적 사건들과 연계시켜 해석하는 거시적 작업을 통해 격동의 한국사와 그 속에 살았던 한국인의 삶의 실체를 새롭게 이해하게 되었습니다. 그런 가요를 만들었던 작사가, 작곡가, 가수와 음반제작자들 사이에 있었던 연예사적 에피소드를 추적하여 한국인들의 감성을 어느 정도 느끼게 되었습니다.

한국 가요 100년사에 밤하늘의 별처럼 수많은 가요가 나왔습니다. 하루에도 몇 곡씩 나오니 일 년이면 수천 곡이 나오고 있습니다. 그렇게 많은 노래들 중에서 한국사에서 정치사회적으로 매우 의미 있는 18곡으로 이 작업을 마무리하는 것은 대단히 아쉽습니다. 다음에 다시 새로운 관점으로 도전할 수 있으면 다른 모습으로 새롭게 해보려고 합니다. 독자 여러분들의 깊은 관심에 감사드립니다.

참고문헌

한글 문헌

강규형, "소련 문서를 통해 본 6·25전쟁의 기원:모스크바, 베이징, 그리고 평양", 김영호 외 12명, 「6·25 전쟁의 재인식:새로운 자료, 새로운 해석」(서울:기파랑). 2010, pp.55~80.

강명관, 「사라진 서울:20세기 초 서울사람들의 서울 회상기」(서울:푸른 역사), 2009.

강재언, 「조선민족운동사연구」(神戶:青丘文庫), 1984.

강준만, 「한국현대사산책」(3권):6·25전쟁에서 4·19 전야까지(서울:인물과 사상사), 2004.

강준만, 「어머니 수난사:여자보다 강한 어머니들 이야기」(인물과 사상사), 2009.

강정숙, "매매춘 공화국", 한국역사연구회, 「우리는 지난 100년 동안을 어떻게 살았을까」(서울:역사비평사), 1998, pp.290~305, pp.61~75.

고광무·이정국, 「명곡의 탄생」(경남 창원:피플파워), 2018.

고석규, "문화, 그 말의 출처는", 한국역사연구회, 「우리는 지난 100년 동안 어떻게 살았을까」(서울:역사비평사), 1998, pp.61~75.

고은, 「역사와 더불어 비애와 더불어」(서울:청하), 1991.

고은, 「1950년대:그 폐허의 문학과 인간」(서울:향연), 2005.

곽상경, 「경제로 본 한국역사」(서울:아름다운 앎), 2007.

교과서포럼, 「한국현대사」(서울:기파랑), 2008.

국립극장 공연예술박물관, 「6·25전쟁, 공연예술의 기억과 흔적:2010 공연예술박물관 전관 개관 기념 특별전 도록」(서울:국립극장), 2010.

국립민속박물관, 「6·25전쟁 60주년 기념 특별전 <굳세어라 금순아!> 도록」(서울:국립민속박물관), 2010.

국립한글박물관, 「기획특별전 <노랫말-선율에 삶을 싣다> 전시도록」(서울:국립한글박물관), 2020.

권오문, 「대한민국사를 바꾼 핵심 논쟁 50:말. 말. 말」(서울:삼진기획), 2004.

김경동, 「한국사회변동론」(서울:나남), 1993.

김규민, "차라리 만주국 관리가 낫다", 문제안 외 39인, 「8·15의 기억:해방공간의 풍경」,

40인의 역사체험(서울:한길사), 2005.
김남인, "조기유학 2년 새 2배 급증:서울지역 초·중·고생…귀국도 2배 늘어", 조선일보, 2008. 6. 18, 1면.
김명환, "이야기로 듣는 옛노래:'불효자는 웁니다'와 가수 진방남", 충청투데이, 2005. 6. 18.; 2005. 6. 25.; 2005. 7. 2.; 2005. 7. 16.
김명환, "이야기로 듣는 옛노래:'단장의 미아리 고개'와 작사가 반야월", 충청투데이, 2005. 7. 23.; 2005. 7. 30.; 2005. 8. 6.
김명환, "이야기로 듣는 옛노래:'눈물 젖은 두만강'에 얽힌 사연", 충청투데이, 2005. 9. 16; 2005. 9. 24, 2005. 10. 1.; 2005. 10. 8.
김명환, "이야기로 듣는 옛노래:'이별의 부산정거장'에 얽힌 사연", 충청투데이, 2005. 10. 15.; 2005. 10. 10. 22; 2005. 10. 29.; 2006. 3. 10.; 2006. 3. 17.; 2006. 3. 24.
김명환, "이야기로 듣는 옛노래:'황성옛터'에 얽힌 사연", 충청투데이, 2005. 11. 5.; 2005.11. 12.; 2005. 11. 9.; 2005. 11. 26.
김명환, "이야기로 듣는 옛노래:'울며 헤진 부산항'에 얽힌 사연", 충청투데이, 2005. 12. 31.; 2006. 1. 6.; 2006. 1. 13.; 2006. 1. 20.;2006. 1. 27.
김명환, "이야기로 듣는 옛노래:'가거라 38선'에 얽힌 사연", 충청투데이, 2006. 2. 13.; 2006. 2. 10.; 2006. 2. 17.
김명환, "이야기로 듣는 옛 노래:'연락선은 떠난다'에 얽힌 사연", 충청투데이, 2006. 10. 13.; 2006. 10. 23.;2006. 10. 27.;2006. 11. 3.
김성진, 「박정희를 말하다:그의 개혁정치, 그리고 과잉충성」(서울:삶과 꿈), 2006.
김성환 외 12명, 「대중음악 속의 철학」(서울:천지), 2001.
김소희, "「아리랑」에서 「파업전야」까지", 한국역사연구회, 「우리는 지난 100년 동안 어떻게 살았을까」(서울:역사비평사), 1998, pp.79~95.
김영번, "'타국살이' 100년 재일교포의 발자취", 문화일보, 2007. 10. 2.
김영번, "국적은 중국…민족성은 조선…:조선족 그들은 어디로 향하는가", 문화일보, 2007. 11. 6, 24면.
김영번, "일 위안부 최대 20만 명…절반이 한국인", 문화일보, 2007. 12. 4, 26면.
김영주, 「한국의 청년 대중음악 문화」(서울:한국학술정보), 2006.
김영준, 「한국가요사 이야기」(서울:아름출판사), 1994.
김영호 외 12명, 「6·25전쟁의 재인식:새로운 자료, 새로운 해석」(서울:기파랑), 2010.
김영호, "한국전쟁의 원인의 국제 정치적 재해석:스탈린의 롤백이론", 박지향·김철·김일영·이영훈, 「해방전후사의 재인식」(서울:책세상), p.2006, pp.177~214.
김영호, "탈냉전과 6·25 전쟁의 재인식", 김영호 외 12명, 「6·25 전쟁의 재인식:새로운 자료, 새로운 해석」(서울:기파랑), 2010, pp.17~54.
김영철, 조선일보에 비친 '모던 조선' ⑬:'카페 걸'과 의대생 사랑에 장안이 "훌쩍", 조선일보,

2011. 3. 20. A33면.
김은신, 「여러분이시여 기쁜 소식이 왔습니다:쇼가 있는 경성 연예가 풍경」(서울:김영사), 2008.
김장실, "특별기고 대중가요 '동백아가씨' 빅히트의 정치·사회적 의미", 월간 부산문학 제5호, 2019. 6, pp.37~45.
김재관·장두식, 「문학 속의 서울」(서울:생각의 나무), 2007.
김종성, "신익희 서거 후 '비 내리는 호남선' 작사가가 경찰에 끌려간 이유", 오마이뉴스, 2020. 5. 5.
김종욱, 「부산의 대중음악:영도다리에서 부산항까지, 부산 사람들과 함께 한 부산의 대중음악」(부산:밀밭), 2015.
김종호, "조용필과 미군 방송", 문화일보, 2008. 5. 27, 30면.
김지평, 「한국가요정신사」(서울:아름출판사), 2000.
김진송, 「현대성의 형성:서울에 딴스홀을 허하라」(서울:현실문화연구), 1999.
김창남 외 3명, 「노래1:진실의 노래와 거짓의 노래」(서울:실천문학사), 1984.
김창남, 「대중문화의 이해」(서울:한울아카데미), 1998.
김충남, 「대통령과 국가경영:이승만에서 김대중까지」(서울:서울대학교 출판부), 2006.
김충남, "한국 국가건설의 도전과 이승남의 응전:한국 현대정치사의 새로운 해석", 이인호·김영호·강규형(편), 「대한민국 건국의 재인식」(서울:기파랑), 2009, pp.405~457.
김충남, 「당신이 알아야 할 한국 현대사」(서울:기파랑), 2014.
김충남, 「5·16에서 10·26까지 계속된 박정희의 국가건설혁명」(서울:박정희대통령기념재단), 2019.
김행선, 「6·25전쟁과 한국사회 문화변동」(서울:서인), 2009.
김홍묵, "역사라는 이름의 무기", 자유칼럼그룹, 2007. 7. 6.
나종남, "6·25 전쟁과 한국군의 대응", 김영호 외 12명, 「6·25 전쟁의 재인식:새로운 자료, 새로운 해석」(서울:기파랑), 2010, pp.121~162.
동아일보, 「이고위감:동아일보가 담은 근대 100경」(서울:동아일보사), 2010.
동아일보, 「현대사를 어떻게 볼 것인가(2)」(서울:동아일보사), 1988.
데일리 엔케이(Daily NK), 2011. 9. 12.
문부식, "'돌에서 헤엄치는 물고기'-재일한국·조선인", 조선일보, 2003. 3. 10.
문제안 외 39명, 「8·15의 기억:해방공간의 풍경, 40인의 역사체험」(서울:한길사), 2005.
문향란, "도전과 휴매니티의 55년:한눈에 보는 한국일보 55년", 인터넷 한국일보, 2009. 6. 9.
박경진, "재일동포 모국방문 1년", 주간조선, 1976. 9. 12, 6면.
박성서, 「한국전쟁과 대중가요, 기록과 증언」(서울:책이 있는 풍경), 2010.
박성서, 「100년 음악 박시춘:작곡가 박시춘 탄생 100주년 기념 기록집」(서울:소동), 2012.
박영규, 「한 권으로 읽는 대한민국 대통령실록」(서울:웅진지식하우스), 2014.
박은숙, "도시화의 뒤안길, 달동네 사람들", 한국역사연구회, 「우리는 지난 100년 동안 어떻게 살았을까(2)」

(서울:역사비평사), 2010, pp.155~171.
박정호, "황성옛터를 위하여!", 중앙일보, 2008. 7. 3, 26면.
박지향·김철·김일영·이영훈, 「해방전후사의 재인식(1, 2)」(서울:책세상), 2006.
박지향·김일영, "대한민국 국가 만들기와 그 의의:인도와의 비교", 이인호·김영호·강규형(편), 「대한민국 건국의 재인식」(서울:기파랑), 2009, pp.695~724.
박진도, "근대화의 물결에 떠내려간 농촌", 한국역사연구회, 「우리는 지난 100년 동안 어떻게 살았을까」(서울:역사비평사), 2010, pp.137~154.
박찬호(안동림 옮김), 「한국가요사(1, 2)」(서울:미지북스), 2009.
박효종 외 6인, 「건국 60년:위대한 국민, 새로운 꿈」(서울:문화체육관광부), 2008.
반야월, 「불효자는 웁니다:가요인생 반야월의 회고록」(서울:도서출판 화원), 2005.
배경식, '모던보이'에서 'X세대'까지', 한국역사연구회, 「우리는 지난 100년 동안 어떻게 살았을까(2)」(서울:역사비평사), 2010, pp.192~207.
백선엽, 「내가 물러서면 나를 쏴라:1128일의 기억」(서울:중앙일보사), 2010.
비마이너, "자선의 이름으로 실행된 '전쟁고아 구호', 실상은 '고아 추방'이었다", 2017년 7월 25일.
서우석, "한국 대중가요의 가사분석:가사의 시대적 양상과 그 삶의 모습", 「계간 예술과 비평」, 제2권 여름호(1984, 6월), pp.224~245.
서중석, 「이승만과 제1공화국」(서울:역사비평사), 2007.
서지영, "근대적 사랑의 이면:정사를 중심으로", 「한국문화」, 49권 49호(2010), pp.297-319.
선성원, 「우리가 정말 알아야 할 우리 대중가요」(서울:현암사), 2008.
소정희, "교육받고 자립된 자아실현을 열망했건만:조선인 '위안부'와 '정신대'에 관한 '개인중심'의 비판인류학적 고찰", 박지향·김철·김일영·이영훈, 「해방전후사의 재인식(1)」(서울:책세상), 2006, pp.434~478.
손민정, 「트로트의 정치학」(서울:음악세계), 2009.
손성진, 「럭키 서울 브라보 대한민국」(서울:추수밭), 2008.
송파책박물관, 「노래책, 시대를 노래하다:2019 송파책박물관 기획특별전 전시도록」(서울:송파책박물관), 2019.
신광영, 「한국의 계급과 불평등」(서울:을유문화사), 2004.
신주백, "해외이민의 사회사", 한국역사연구회, 「우리는 지난 100년 동안 어떻게 살았을까(2)」(서울:역사비평사), pp.66~82.
신준수·이봉숙(옮김), 재일 코리언의 역사작성위원회(편), 「역사교과서 재일 한국인의 역사」(서울:역사넷), 2007.
올리버 로버트, "박정희 이전 시대:이승만 정부와 장면 정부", 조이제·카터 에커트(편), 「한국의 근대화, 기적의 과정」(서울:조갑제닷컴), 2017.

원정환, "'한국의 쉰들러' 현봉학 씨 별세", 조선일보, 2007. 11. 27, A30면.
유희연, "김정일은 재일 조선인 사랑도 잃었다", 문화일보, 2007. 7. 11, 37면.
유팔무, "한국전쟁과 문화변동", 「아시아문화」, 제16호. 2000, pp.213~235.
오규열, "세계혁명의 일환으로 결정된 중국의 6·25 전쟁 개입", 김영호 외 12명, 「6·25 전쟁의 재인식:새로운 자료, 새로운 해석」(서울:기파랑), 2010, pp.271~310.
오수형, "한자이야기(314)", 동아일보, 2007. 12. 17, A29면.
우한솔, "'앙카라 고아원'을 아시나요?", KBS, 2016년 6월 27일.
유석재, "사진으로 본 '건국 60년, 60대 사건'〔17〕 탄광서 울어버린 박 대통령", 조선일보, 2008.
유석재, "사진으로 본 '건국 60년, 60대 사건'〔19〕 월남파병:피와 바꾼 달러, 가난 탈출의 종자돈으로", 조선일보, 2008. 7. 4, A6. 7. 2, A6면.
유인경, "기러기 아빠의 양극화(커버 스토리)", 주간경향, 2007. 2. 27.
유차영, 「트로트 열풍:남인수에서 임영웅까지」(서울:행복에너지), 2020.
윤재걸, "부를 수 없는 노래, 들을 수 없는 노래", 음악동아, 1984. 6.
윤종성, 「박정희 리더십 스토리:대한민국 NEW 디자이너」(서울:시아), 2010.
은기수, "한국의 인구변동", 한국사회사학회 엮음, 「한국 현대사와 사회변동」(서울:문학과 지성사), 1997, pp.76~104.
이노형, 「한국전통 대중가요의 연구」(울산:울산대 출판부), 1994.
이삼돌(뿌리의 집 엮음), 「해외 입양과 한국민족주의」(서울:소나무), 2008.
이동순, 「번지 없는 주막」(서울:도서출판 선), 1995.
이두휴, "기러기 아빠의 '잃어버린 세월'", 조선일보, 2007. 11. 5, A35면.
이만훈, "항해의 달인? 난 바다 몰라…바다는 인간 너머 존재":마도로스 41년째 강대기 대한해운 선임선장, 중앙일보, 2008. 2. 4, 25면.
이미자, 「동백아가씨」(서울:나무와 숲), 2009.
이상회, "우리 대중가요의 종합진단:한국대중가요의 가사를 중심으로", 「객석」, 1984. 6.
이애숙, "여성, 그들의 사랑과 결혼", 한국역사연구회, 「우리는 지난 100년 동안 어떻게 살았을까(2)」(서울:역사비평사), 2010, pp.208~224.
이영미, "일제시대 대중가요", 김창남·이영미·박윤우·김해식, 「노래1:진실의 노래와 거짓의 노래」(서울:실천문학사), 1984, pp.83~119.
이영미, 「한국대중음악사」(서울:시공사), 1998.
이영미, 「흥남부두의 금순이는 어디로 갔을까」(서울:황금가지), 2002.
이영미, "대중가요 속의 바다와 철도", 한국역사연구회, 「우리는 지난 100년 동안 어떻게 살았을까」(서울:역사비평사), 2007, pp. 96~114.
이영미, 「광화문 연가」(서울:위즈덤하우스), 2008.

이영미, 「동백아가씨는 어디로 갔을까:대중문화로 보는 박정희 시대」(서울:인물과 사상사), 2017.
이영미·이준희, 「사의 찬미(외):근대 대중가요 편」(서울:범우), 2006.
이영훈, "왜 다시 해방 전후사인가", 박지향·김철·김일영·이영훈(편), 「해방 전후사의 재인식(1)」(서울:책세상), 2006, pp.11~63.
이영훈, 「대한민국 이야기:'해방 전후사의 재인식' 강의」(서울:기파랑), 2007.
이인호·김영호·강규형(편), 「대한민국 건국의 재인식」(서울:기파랑), 2009.
이임하, 「여성, 전쟁을 넘어 일어서다」(서울:서해문집), 2004.
이임하, 「전쟁미망인, 한국현대사의 침묵을 깨다:구술로 풀어 쓴 한국전쟁과 전후사회」(서울:책과함께), 2010.
이준희, "유행가 시대(30) - 이룰 수 없는 사랑, '봉자의 노래'", http://www.gayo114.com.
이중연, 「신대한국 독립군의 백만 용사야:일제강점기 겨레의 노래사」(서울:혜안), 1998.
이정식, "냉전의 전개과정과 한반도 분단의 고착화:스탈린의 한반도 정책", 박지향·김철·김일영·이영훈(편), 「해방전후사의 재인식(2)」(서울:책세상), 2006, pp.13~56.
이제교, "올 해외건설 수주 380억 달러 될 듯", 문화일보, 2007. 12. 3, 3면.
이지수, "제2차 세계대전과 소련의 한반도 정책", 이인호·김영호·강규형(편), 「대한민국 건국의 재인식」(서울:기파랑), 2009, pp.55~92.
이지연·신수진, "한국 대중가요에 나타난 낭만적 사랑", 「한국가족관계학회지」, 제9권 1호, 2004, pp.25~55.
이철우, "일제하 법치와 권력", 박지향·김철·김일영·이영훈, 「해방 전후사의 재인식(1)」(서울:책세상), 2006, pp.145~187.
이혜숙·손우석, 「한국의 대중음악사:통기타에서 하드코어까지」(서울:리즈 앤 북), 2003.
이희용, "6·25 무패 신화 에티오피아 강뉴부대", 연합뉴스, 2020년 6월 22일.
임성연 외 39인, 「6·25-우리들의 이야기」(서울:월간조선), 2001.
임영태, 「대한민국 50년사(1, 2)」(서울:들녘), 2009.
임진모, 「우리 대중음악의 큰 별들(대중예술 산책·4)」(서울:민미디어), 2004
임진모, "우리네 희로애락, 배와 항구의 노래들", 한국해운조합, 「해운스케치」, 2018년(신년호).
임계순, 「우리에게 다가온 조선족은 누구인가」(서울:현암사), 2003.
장유정, 「오빠는 풍각쟁이야:대중가요로 본 근대의 풍경」(서울:황금가지), 2006.
장유정·서병기, 「한국대중음악사 개론」(서울:성안당), 2018.
전국경제인연합회, 「한국경제연감」(서울:전경련), 1979.
전경옥·변신원·김은정·이명실, 「한국여성문화사2」(서울:숙명여대 아시아여성연구소), 2005.
전복수, "조총련도 자유로이 모국 방문", KBS, 2007. 7. 31.
전상인, "해방공간의 사회사", 박지향·김철·김일영·이영훈(편), 「해방 전후사의 인식」(서울:책세상), 2006, pp.141~176.

전우용, “식민지 자본가의 초상”, 한국역사연구회, 「우리는 과거 100년 동안 어떻게 살았을까」 (서울:역사비평사), 2010, pp.102~119.
전홍기혜, “그들은 죽지도 않은 자식을 가슴에 묻었다”, 프레시안, 2017년 5월 13일.
정순태, 「서울의 6000년:민족과 함께, 한강과 함께 흘러온 한성·한양·경성·서울 이야기」 (서울:조갑제닷컴), 2018.
정두수, 「노래 따라 삼천리」(서울:미래를 소유한 사람들), 2013.
정신철, 「중국 조선족:그들의 미래는…」(서울:신인간사), 2000.
정영도, 「철학교수와 대중가요의 만남」(서울:화산문화사), 2008.
정연태, “근대의 인구변동”, 한국역사연구회, 「우리는 지난 100년 동안 어떻게 살았을까(2)」 (서울:역사비평사), 2010, pp.32~49.
정재도, “선생님요, 표준말 좀 가르쳐 주이소”, 문제안 외 39인, 「8·15의 기억:해방공간의 풍경, 40인의 역사체험」(서울:한길사), 2005, pp.136~145.
정재훈, “기러기 아빠 이야기 싱글라이더, 내려놓으니 홀가분한 가장의 짐”, 이코노미뉴스, 2020. 8. 20.
정찬일, 「삼순이:식모·버스안내양·여공」(서울:책과 함께), 2019.
중앙일보, “신년특집 조용필 40년 울고 웃던 40년:돌아와요 부산항에”, 2008. 2. 19, 25면.
조갑제, 「박정희의 결정적 순간들:62년 생애의 62개 장면」(서울:기파랑), 2009.
조동일, “유행가 시인과 비애라는 상품”, 「청맥」, 1965. 12.
조덕송, “재일동포 귀성단 모국방문사업”, 주간조선, 1976. 2. 8, 10면.
조선일보, “작사가 반야월의 증언”, 1990. 8. 5.
조선일보, “조용필 ‘해운대 홍보대사’ 됐다”, 2007. 12. 21, A31면.
조선일보, “특별취재반 심층 리포트:조기유학 1세대의 현주소”, 2009. 6. 30, A 6면.
조영남·이나리, 「쎄시봉 시대」(서울:민음인), 2011.
조우석, 박정희, 「한국의 탄생」(서울:살림), 2009.
조이제·카터 에커트 편저, 「한국 근대화, 기적의 과정」(서울:월간조선사), 2005.
조행만, “이념을 넘은 재일동포사회 ‘작은 통일’”, 재외동포신문, 59호, 2006. 6. 1.
주익종, “식민지 시기 생활수준”, 박지향·김철·김일영·이영훈, 「해방 전후사의 재인식(1)」(서울:책세상), 2006, pp.107~144.
주현미, 「추억으로 가는 당신」(서울:쌤앤 파커스), 2020.
차상철, “6·25 전쟁과 한미동맹의 성립”, 「6·25 전쟁의 재인식:새로운 자료, 새로운 해석」(서울:기파랑), 2010, pp,203~132.
천관우, 「자료로 본 대한민국 건국사」(서울:지식산업사), 2007.
최창호, 「민족수난기의 대중가요사」(서울:일월서각), 2000.
최규성, 「서울 대중가요」(서울:청계천 문화관), 2010.

캐서린 웨더스비, "미국과 소련 그리고 대한민국 건국", 이인호·김영호·강규형, 「대한민국 건국의 재인식」(서울:기파랑), 2009. pp.23~36.
한국무역협회 국제무역연구원, "급증하는 서비스 수지 적자, 활로는 있다:관광, 의료, 교육을 중심으로", 2007. 5. 4.
한국사회사학회 엮음, 「한국현대사와 사회변동」(서울:문학과 지성사), 1997.
한국역사연구회, 「우리는 지난 100년 동안 어떻게 살았을까(1, 2, 3)」(서울:역사비평사), 1999.
한국민족문화대백과(http://encykorea.asks.ac.kr/), "이산가족", 한국학중앙연구원.
한국영화박물관, 「한국영화와 대중가요 그 100년의 만남(전시도록)」(서울:한국영상자료원), 2017.
한겨레21, "고향방문단이 세력판도 바꿨다", 2000. 8. 24.
한운사, 「구름의 역사:한국 방송계를 풍미한 작가 한운사의 인생 회고담」(서울:민음사), 2006.
허근회, 「1970년대 한국영화문화에 대한 고찰」, 중앙대학교 석사학위 논문, 1987.
현진건, 고향, 현상길 엮음, 「중·고생이 꼭 읽어야 할 한국단편 33」(서울:도서출판 풀잎), 2004, pp. 91~104.
홍두승, 「한국의 중산층」(서울:서울대학교 출판부), 2005.
황병주, "근대적 시간의 등장", 한국역사연구회, 「우리는 지난 100년 동안 어떻게 살았을까(2)」(서울:역사비평사), 1999, pp.15~31.
황성규, "노랫말산업", 문화일보, 2008. 5. 29, 30면.
황윤태, "가족 못 만나고 세상 떠난 이산가족 벌써 8만 명", 국민일보, 2020.10.11.

외국어 문헌

Biddle, Ian and Knights, Vanessa, Music, 「National Identity and the Politics of Location:Between the Global and the Local」(Burlington:Ashgate), 2007.
Eckert, Carter, "Total War, Industrialization, and Social Change in Late Colonial Korea", Peter Duus·Ramon H. Myers·Mark R. Peattie(eds.), 「The Japanese Wartime Empire, 1931~1945」(Princeton:Princeton Univ. Press), 1996.
Elena Kim, 「The Origions of Korean Adoption:Cold War Geopolitics and Intimate Diplomacy」, working paper series, US.
Ha-Joon Chang, 「Bad Samarians:The Myth do Free Trade and The Secret History of Capitalism」(New York:Bloomsbury Press), 2008.
Halberstam, David, 「The Coldest Winter:America and The Korean War」(New York:Hyperion), 2007.
Howard, Keith (ed), 「Korean Pop Music:Riding the Wave」(Kent:Global Oriental), 2006.
Rowen, Henry S (ed), 「Behind East Asian Growth:the Political and Social Foundation of Prosperity」(London and New York, Routledge), 1998.

이 책은 집필 과정에서 서울대 아시아연구소의 학술연구비 지원을 받았습니다.
관계자 여러분께 감사드립니다.

트롯의 부활

가요로 쓴 한국 현대사

지은이 | 金長實
펴낸이 | 趙甲濟
펴낸곳 | 조갑제닷컴
초판 1쇄 | 2021년 4월1일
초판 2쇄 | 2021년 4월23일

주소 | 서울 종로구 새문안로3길 36, 1423호
전화 | 02-722-9411~3
팩스 | 02-722-9414
이메일 | webmaster@chogabje.com
홈페이지 | chogabje.com

등록번호 | 2005년 12월2일(제300-2005-202호)
ISBN 979-11-85701-71-4-03910

값 17,000원

*파손된 책은 교환해 드립니다.